汉语口语实训教程

Hanyu Kouyu Shixun Jiaocheng

乌兰哈斯　哈琴　主编

高等教育出版社·北京

内容简介

本书是针对内蒙古地区民族院校学生的汉语水平实际状况，对民族院校的学生进行普通话口语表达训练及思维训练的高校教材。编者参考了大量语言教学和口语训练方面的资料，结合多年的教学实践经验，形成了本书“实践训练为主，理论知识为辅”的教材特色。全书包括普通话口语表达概述、普通话语音系统训练、思维与语言表达训练、口头表达能力训练、职业口才训练五大板块。

图书在版编目（CIP）数据

汉语口语实训教程 / 乌兰哈斯，哈琴主编. -- 北京 ：高等教育出版社，2019.9（2021.9重印）

ISBN 978-7-04-052678-3

Ⅰ. ①汉… Ⅱ. ①乌… ②哈… Ⅲ. ①汉语-口语-民族学院-教材 Ⅳ. ①H193.2

中国版本图书馆 CIP 数据核字(2019)第 187586 号

策划编辑 姜兰志　　责任编辑 姜兰志　　封面设计 王 鹏　　版式设计 王艳红
责任校对 马鑫蕊　　责任印制 存 怡

出版发行 高等教育出版社
社　　址 北京市西城区德外大街 4 号
邮政编码 100120
印　　刷 北京市艺辉印刷有限公司
开　　本 787mm × 960mm　1/16
印　　张 16.25
字　　数 290 千字
购书热线 010-58581118
咨询电话 400-810-0598
网　　址 http://www.hep.edu.cn
　　　　 http://www.hep.com.cn
网上订购 http://www.hepmall.com.cn
　　　　 http://www.hepmall.com
　　　　 http://www.hepmall.cn
版　　次 2019 年 9 月第 1 版
印　　次 2021 年 9 月第 2 次印刷
定　　价 31.00 元

物 料 号 52678-00

编写说明

当今社会，人们之间的交际越来越频繁，良好的口语表达能力成为大学生走向社会生活的必备素质；随着内蒙古自治区经济社会的不断进步与发展，亟待培养大量蒙汉兼通的创新型人才。因此，蒙古语授课学生具有良好的汉语表达能力不仅会提升个人的社会竞争力，也将会满足内蒙古自治区及蒙古语文协作八省区经济社会发展和民族团结对人才的要求。

为适应21世纪社会对高素质人才的迫切需要，为蒙古语文协作八省区培养大量蒙汉兼通的人才，呼和浩特民族学院全体汉语教师在长期的大学汉语文教学实践中，勇于探索，大胆尝试，锐意改革，总结出丰富的汉语教学经验，编写了《汉语口语实训教程》一书。该书适用于内蒙古及周边地区高校蒙古语授课学生的大学汉语文教学。

本教材由五章构成。

第一章“普通话口语表达概述”，介绍了普通话口语训练的基本知识、普通话口语表达能力的特点、基本要求，以及普通话口语表达训练的原则，为训练的开展奠定基础。

第二章“普通话语音系统训练”，对学生进行普通话语音系统的全面训练，并针对内蒙古汉语方言语音及蒙古族学生普通话语音难点音进行辨正训练，有效纠正学生汉语发音的偏误，使学生能够发准音，通过朗读训练，指导学生正确、流畅、有感情地朗读汉语文章，打好学生的普通话语音基础。此内容是本教材的一大特色。

第三章“思维与语言表达训练”，目的在于培养和提高学生运用思维的能力。

第四章“口头表达能力训练”，按照由易到难、循序渐进的原则，依次进行复述训练、描述训练、介绍训练、命题说话训练、演讲训练、辩论训练，使学生逐步形成较强的普通话口语表达能力。

第五章“职业口才训练”，针对呼和浩特民族学院蒙古语授课学生的专业特点及未来的职业方向，选择了求职面试口才训练、导游口才训练、主持人口才训练、推销口才训练、公关口才训练等几项训练内容，增强学习训练内容的实用性。

教材采取理论知识、典型范例及其分析、实训环节三大板块的体例，其中以实训环节为主，在教学中通过大量的实训实现教学目标。本教材力求知识精当、例文典型、训练灵活，既能实现培养和提高学生的汉语口语表达能力的目标，同时达到激发学生的学习兴趣、开拓学生的人文视野、扩大学生的知识信息量的目的。

本教材特色鲜明，主要在于突出了蒙古族学生的汉语基础和双语学习特点，以期有效提高学生的普通话口语表达能力。

第一章，第三章，第四章的第五节、第六节由乌兰哈斯编写；第二章由乌玲花编写；第四章的第一节、第二节、第三节、第四节由哈琴编写；第五章由任凤琴编写。本教材由乌兰哈斯负责统稿。由于时间仓促，编写中有疏漏和不当之处，敬请有关专家和广大师生提出宝贵意见和建议。

编　者

2019年8月10日

目　　录

第一章　普通话口语表达概述 ······ 1

第一节　训练普通话口语表达能力的意义 ······ 1

第二节　口语表达能力的特点 ······ 3

第三节　口语表达的基本要求 ······ 4

第四节　口语表达训练的原则 ······ 5

第二章　普通话语音系统训练 ······ 7

第一节　普通话语音训练概说及普通话水平测试 ······ 7

第二节　普通话语音系统训练 ······ 11

第三节　内蒙古自治区汉语方言语音辨正及训练 ······ 37

第四节　蒙古族学生汉语语音难点音训练 ······ 41

第五节　朗读训练 ······ 48

第三章　思维与语言表达训练 ······ 58

第一节　形象思维训练 ······ 58

第二节　逻辑思维训练 ······ 63

第三节　发散思维训练 ······ 68

第四节　聚合思维训练 ······ 71

第四章　口头表达能力训练 ······ 75

第一节　复述训练 ······ 75

第二节　描述训练 ······ 82

第三节　介绍训练 ······ 99

第四节　命题说话训练 ······ 116

第五节　演讲训练 ······ 136

第六节　辩论训练 …… 163

第五章　职业口才训练 …… 198

第一节　求职面试口才训练 …… 198
第二节　导游口才训练 …… 217
第三节　主持人口才训练 …… 228
第四节　推销口才训练 …… 232
第五节　公关口才训练 …… 243

第一章　普通话口语表达概述

第一节　训练普通话口语表达能力的意义

随着时代的进步与发展，人际交往愈来愈频繁，口头表达能力显得更为重要，它是构成优秀人才综合素养的一项重要素质，也是衡量一个优秀人才的重要依据。

口头表达是人们在一定的目的支配下，根据特定的对象、时间、环境，运用准确的、恰当的口头语言表情达意、传递信息的语言活动。普通话口头表达能力就是运用准确的、恰当的普通话来表情达意、传递信息的语言能力。

一、训练普通话口语表达能力是现代社会发展的需要

语言表达能力是现代人才必备的基本素质之一。随着时代的发展，人际交往日益密切，沟通成为维系人际交往的纽带，而口语表达是沟通的最普通也是最重要的形式。语言表达能力的重要性日益增强，良好的口才越来越被认为是现代人必须具备的能力。作为现代人，我们不仅要有新的思想和见解，还要在他人面前很好地表达出来；不仅要用自己的行为对社会做贡献，还要用自己的语言去感染、说服别人。

就职业而言，现代社会从事各行各业的人都需要口才：对政治家和外交家而言，口齿伶俐、能言善辩是基本的素质；对教育工作者和语言工作者而言，思维敏捷、语言准确生动是重要能力；对商业工作者而言，推销商品、招徕顾客是职业需要；对企业家而言，经营管理企业、协调团队需要口才。有良好的口才，在工作中能清楚地表达自己的思想，很好地与他人沟通，是做好各项工作的前提条件。良好的表达能力在人们的日常交往中也很重要，具有口才天赋的人能把平淡的话题讲得非常吸引人，而口笨嘴拙的人就算他讲的话题内容很好，人们听起来也是索然无味。有些建议，口才好的人一说就通过了，而口才

不好的人即使说很多次还是无法获得通过。

二、训练普通话口语表达能力是培养少数民族人才的需要

我国是一个拥有 56 个民族的大家庭，普通话是中华人民共和国通用语，是全国各民族相互交流共同使用的语言工具，学好普通话已成为各少数民族的共同愿望。随着各民族之间日益频繁的经济、文化交流，少数民族学生在运用好本民族语言的同时，还要能够熟练地运用普通话，才能适应现代经济社会发展的需要，才能满足工作与生活的需要。

随着我国改革开放步伐的加快，少数民族地区的政治经济文化发展需要大量的建设人才，急需培养大批少数民族人才。对于内蒙古自治区而言，要大力培养蒙汉兼通的创新型、复合型少数民族人才，全面提升人才质量，以推动我区经济社会的建设与发展。创新型、复合型少数民族人才应具有较强的社会活动能力、组织管理能力和口头表达能力。对蒙古族学生来说，学好普通话，对于掌握知识与技能、加强沟通与交流、提高综合素质至关重要。

三、训练普通话口语表达能力是通往成功之路的必要途径

人的思想需要表达，需要与他人交流，这样才能相互了解。随着人际交往面的不断扩大，口语交流将会更普遍，将发挥更大的作用。在交流的过程中，能够对事物获得较为正确的认识，逐步提高自己的思想境界。我们应该尽力培养出一种能力，让他人能够进入我们的脑海和心灵，能够在他人面前、在人群当中、在大众之前清晰地把自己的思想和意念传递给他人。在我们这样努力去做而不断进步时，便会发觉：真正的自我正在人们心目中塑造一种前所未有的形象，产生前所未有的震击。

近年，我国社会在经济、文化各方面迅速发展，网络传媒、通信工具得到广泛应用。人际交往日益频繁，信息传播手段日益现代化，要求有更高的工作效率，对普通话口语表达的要求也越来越高。例如，电视电台播音主持、新闻发布、谈判签约、法庭辩护、演讲辩论、论文答辩、应聘面试、即兴发言、公务员处理日常公务、教师的教育教学等，都需要一定的口才，良好的口才是做好每个工作的重要条件之一。

总之，语言能力的提高是大学生提升素质、开发潜力的重要途径，是大学生驾驭人生、创造生活、追求事业成功的无价之宝。

少数民族学生通过双语学习，能熟练运用普通话表达思想，将极大地增强少数民族学生在现代社会中的竞争力。

第二节　口语表达能力的特点

一、表达与思维的同步性

思维与语言的关系密不可分，思维是语言的基础，语言是思维的反映与表现形式。口语交际最明显的特点是现想现说，即外部语言表达与内部思维是同步进行的，口语只是将思维外化了。在口语交际时，需要说话人快速启动头脑中的知识信息储备，并针对具体情况，快速做出准确、得体、巧妙的应答，将内部思维转化为外部语言。

二、表达的简散性

口语表达常使用的句子是短句、散句，有时可使用体态语辅助表达，它的结构是简单、松散的。一般情况是先把表达的“主题”想清楚，然后表达的时候在“主题”基础上添枝加叶，做到出口千言而不离中心。在具体组织言语时，常用简单句、短句。

三、语音的暂留性

我们讲话是通过声波传播的，而声波瞬间即逝，有心理学家做过一次测试：我们听话的过程中能够精确留在记忆中的内容大概不超过 7~8 秒。既然是短暂的，怎么去评价一个人的口才呢？是从整体上把握、从语流上把握。语速给我们的启示：一是想好了再说，二是说话速度不可太快。用汉语发言，一般每分钟 200 字左右，最快不能超过每分钟 280 字。每次发言最好不超过 2 分 10 秒，否则，被吸收的信息将大大削弱。

四、表达的临场性

口语交际表达具有特定性，首先是在特定的时间和地点发生的，说话必须符合时间和空间的特定要求并受其制约。其次表达的内容是特定的，受交际目的的限制，交流的内容在一定范围内。再次听众是特定的，是与特定的交际对象发生的交流。了解交际表达的这些特点给我们两点启示：第一，由于是特定的，说出去的话想收回来是不可能的，这就要求想好了再说；第二，说话要受现场氛围的影响，要考虑“现场反应”，要适时调整语言及语速，这就要求提高自身的语言素质。

五、明显的综合性

口语表达有一个过程，就是先有思维，再由思维外化成口语，在这个过程中，每个人所说的话，包含了这个人的生活阅历、文化素质、思想水平、语言技巧和天赋禀性，听其言可了解这个人，因此，口语表达能够全面表现说话人各方面的修养与能力。

口语表达是传声的、有感情的，同时手段是多样的。传声包括声音的高低快慢、强弱长短；感情包括面部表情、肢体语言。说话时，要综合考虑语言、声调、态势语等要素，如果语调没有变化，语言是枯燥的；如果没有加一点体态语，语言是不生动的。综合性要求在说话时要调动各要素来完成说话内容，且要有整体感、协调感。

第三节　口语表达的基本要求

口语表达是最丰富、最具个性的一种交流方式，世界各地的人们，在口语表达上各具特色，在语音、语法习惯上也不完全相同，但多姿多彩的口语表达，有着基本的要求。

一、清晰响亮

由于口语表达是通过语音来传递信息的，语音又具有易逝性，这就要求说话人发音吐字要清晰，发音标准，声音要有一定的响度，否则，会给交流带来困难。清晰、响亮是口语表达的基本要求。

二、准确简洁

口头表达是将思维转换成语言的过程，以声音的形式表现出来，思维与表达几乎同步，虽然没有更多的时间去斟酌词句，但仍要求用词准确、贴切，精心选择最确切、最恰当的词语，正确反映客观事物，简明地表达自己的思想感情。

三、清楚突出

表达清楚是指条理清晰，先说什么，后说什么，要有层次。虽然口语表达不像书面语那样要求条分缕析，有严密的逻辑性，但也不能没有头绪，漫无边际。表达的中心要突出，表达的重点、目的是什么，要让听话人一听即明，不能东一句，西一句，啰里啰唆，语无伦次，使人不得要领，抓不住中心。

四、文明礼貌

文明礼貌是表达者具有较高素质、修养的具体表现。口语表达要文明得体，使用文明语言，遵守礼貌原则，做到谦恭、平和、文雅。用诚恳、虚心、恭敬的语言与人交流，胸怀坦荡，尊重他人的人格、尊严和隐私，不把自己的观点强加于人；说话态度温和，语气委婉，做到平易近人、和蔼可亲；语言纯洁、健康、高雅，不粗野、不鄙俗、不恶语伤人。

五、口语化

口头表达是运用口语表达，是说给他人听的，因此语言要口语化。口语化有三个途径：一是书面语中的单音节词在口语里多要变成双音节词。比如，书面语“此时”，口语表述就要用“这个时候”。二是文言词变成白话词。例如有一篇演讲稿中的一句话：“教育历来被视为一片未受污染的绿洲”，如果说出去就有两个地方要变动一下，“教育历来被人认为是一片没有受到污染的绿洲”，显然用口语表达，效果好些。第三是把书面的停顿变成口语的停顿。书面语停顿靠标点，口语停顿靠情感的处理，靠语气的变化，靠词与词之间、句子与句子之间间歇的时间来表现，而且，口语停顿远远多于书面语停顿的时间。

第四节　口语表达训练的原则

汉语口语表达能力的培养和提高，离不开科学、系统、严谨的训练。汉语口语表达训练要遵循以下原则。

一、阶段性原则

口语表达能力的训练总体上要由易到难，由简到繁，依据口语表达的特点和规律进行：由读到说，由听到说；由字、词到段落、篇章；由有文字凭借到无文字凭借；由有准备到即兴。既要使训练体现出由易到难的层次性，又要使训练遵循各知识体系的内在规律性，使总体训练具有阶段性、系统性，循序渐进。

二、实践性原则

口语表达训练作为一种技能的培养，虽然离不开系统理论知识的学习和掌握，但理论毕竟是一种知识，知识的掌握不等于能力的提高，只有通过大量具体的、有系统的、艰难的训练，才能将理论知识转化为实践技能，达到提高的目的。所以在学习中要以练为主，突出实践性。同时也要将实践与理论相结合，以理论作指导，因为离开理论的指导，训练就会带有盲目性，盲目的训练可能导致事倍功半，而理论指导下的训练会更科学，更有成效。

三、多样性原则

口语表达训练的具体内容与项目很多，针对不同的训练内容要用不同的训练方法；同一内容，根据学习对象不同的学习特点，也可以使用不同的训练方法，这就是训练方法的多样性。采用多种多样的方法，既提高了学习效率，也避免了方法单一造成训练的枯燥乏味。

四、渗透性原则

提高汉语口语表达能力，不能将训练只限于课堂，要将课内训练延伸到课外实践中，把说汉语渗透到生活中，让自己获得更多的说汉语机会，说得多自然会说得好。

五、竞争性原则

竞争有利于激发人的挑战精神，能更好地挖掘人的潜力。通过参加多种多样的竞赛活动，例如朗诵比赛、演讲比赛、辩论大赛、法庭辩论等竞赛活动，激发个人的竞争意识，在竞争中锻炼自己的思维和口才。

第二章　普通话语音系统训练

第一节　普通话语音训练概说及普通话水平测试

语音是人类发音器官发出的具有区别意义功能的声音。语音不是纯粹的自然物质，而是最直接地记录思维活动的符号体系，是语言交际工具的声音形式。

语音的物理属性主要包括音高、音强、音长、音色四个要素。音高指声音的高低，取决于声波频率，即每秒钟振动次数的多少；音强指声音的强弱，取决于声波振幅的大小；音长指声音的长短，即声波振动持续时间的长短，也称为“时长”；音色指声音的特色和本质，也称作“音质”或“音品”。音色是一个声音区别于另一个声音的基本特征，四个要素中音色最为重要。

语音的源头是人的发音器官。人的发音器官大致可分三部分：1. 动力源。包括肺、气管和支气管。肺是呼吸器官的中心，是产生语音动力的基础。2. 发音体。喉头和声带，它们是发音的振动体。3. 共鸣器。由口腔、咽腔、鼻腔构成，它们都是发音的共鸣器。

语音和意义的联系是人们在长期的语言实践中约定的，这种音义的结合关系体现了语音有区别其他声音并有着一定系统性的重要的社会属性。

一、普通话语音基础知识

1. 音节和音素

音节是语音的基本单位。人们说话和朗读，总是一个音节一个音节发出来的。在汉语里，一般一个音节就是一个汉字。儿化是个例外，比如“圈儿”实际上是一个音节。

音节是由音素构成的，音素是最小的语音单位。例如：“广”就是由 g-u-a-ng 四个音素构成的。普通话语音系统中有 32 个音素。

2. 元音和辅音

音素按发音特点分成两大类：元音和辅音。

元音又叫母音。发音时，颤动声带，声音响亮，气流在口腔不受到阻碍。普通话的元音有 10 个，即 ɑ、o、e、ê、i、u、ü、-i[ɿ]、-i[ʅ]、er。

辅音又叫子音。发音时，不一定颤动声带（有的颤动声带，如：m、n、l；有的不颤动声带，如：s、sh、x），声音不响亮，气流在口腔要受到不同部位、不同方式的阻碍。普通话的辅音有 22 个，即 b、p、m、f、d、t、n、l、g、k、ng、h、j、q、x、zh、ch、sh、r、z、c、s。

辅音一般要跟元音拼合，才能构成音节。

3. 声母、韵母、声调

声母、韵母、声调构成普通话的音节，它们是我国传统分析汉语音节的结构单位。如：花（huā）中“h”是声母，“uɑ”是韵母，“ - ”是声调。

声母是音节开头的辅音，例如：明（míng）开头的“m”就是声母；没有辅音声母的，叫做“零声母”音节，如：恩（ēn）。

韵母是音节中声母后面的部分，它主要是由元音构成的（鼻韵母有鼻辅音 n 或 ng 作韵尾）。例如：电（diàn）的“iɑn”就是韵母。韵母是每个音节不能缺少的成分。没有韵母，就不能构成音节。韵母里面分韵头、韵腹和韵尾。如：“iɑn”中“i”是韵头，“ɑ”是韵腹，“n”是韵尾。只有一个元音的韵母，这个元音就是韵腹，如 i、ɑ。做韵头的元音只有 i、u、ü，如 iɑ、uɑ、üe。做韵尾的只有元音 i、o（u）和辅音 n、ng，如：ɑi、ɑo、ɑn、ɑng。

声调是音节的高低升降形式，它是由音高决定的。例如：科（kē）、咳（ké）、渴（kě）、课（kè）四个音节的声母都是“k”，韵母都是“e”，但是它们的声调不同，就构成了不同的音节，表示不同的意义。所以，声调是构成音节非常重要的成分。

普通话声母和韵母相拼构成的基本音节（包括零声母音节）有 400 多个，加上声调的区别有 1 200 多个音节。这 1 200 多个音节的能量非常大，它构成了汉语言里成千上万的词。

二、普通话水平测试

1. 普通话的含义

普通话是指“以北京语音为标准音，以北方话为基础方言，以典范的现代白话文著作为语法规范的汉民族的共同语”。

2. 普通话水平测试（PSC）

2000 年 10 月 31 日，九届全国人大常委会第十八次会议通过了《中华人民共和国国家通用语言文字法》，这是我国第一部关于语言文字的专门法律。该法的颁布，对促进语言文字的规范化、标准化，提高国民素质，增进各地区、各民族之间的交流与沟通，增强中华民族的凝聚力具有重要意义。

随着《中华人民共和国国家通用语言文字法》的颁布实施，普通话水平测试有了明确的法律依据。普通话水平测试是在教育部、国家语言文字工作委员会领导下，根据《普通话水平测试大纲》规定的统一标准和要求，在全国范围内展开的一项测试。随着测试的普及和推广，应试人的范围也由播音员、节目主持人、影视话剧演员、教师、师范专业学生等向国家机关工作人员、在校大学生、公共服务行业等领域拓展；普通话水平测试也在港澳地区受到广泛认同。

作为一项国家级考试，普通话水平测试是指对“应试人普通话所达到的标准程度的检测和评定”。这里的“标准”实际上主要是从“规范”的角度来说的。普通话水平测试的性质决定了测试的内容与方法、测试适用的范围与对象；同时，测试对象与范围的明确化也影响了普通话水平测试的正确定位。

3. 测试方法、项目及等级划分

（1）测试方法、项目

普通话水平测试采用口试的形式，试卷共分 4 道题。

第一题：读单音节字 100 个（10 分）

第二题：读双音节词语 50 个（20 分）

第三题：指定材料 60 篇（《普通话水平测试大纲》）朗读（30 分）

第四题：抽签说话，单向说话 3 分钟（40 分）

（2）等级

划分三级六等。

一级甲等：97 分及以上　　（一甲）

一级乙等：92 分—96.9 分　　（一乙）

二级甲等：87 分—91.9 分　　（二甲）

二级乙等：80 分—86.9 分　　（二乙）

三级甲等：70 分—79.9 分　　（三甲）

三级乙等：60 分—69.9 分　　（三乙）

国家语言文字工作委员会普通话水平测试等级标准（试行）（1997 年 12 月 5 日）中规定：

一级　甲等：朗读和自由交谈时，语音标准，语汇、语法正确无误，语调自然，表达流畅。测试总失分率在 3%以内。乙等：朗读和自由交谈时，语音标准，语汇、语法正确无误，语调自然，表达流畅。偶有字音、字调失误。测试总失分率在8%以内。

二级　甲等：朗读和自由交谈时，声韵调发音基本标准，语调自然，表达流畅。少数难点音（平翘舌音、前后鼻尾音、边鼻音等）有时出现失误。语汇、语法极少有误。测试总失分率在13%以内。乙等：朗读和自由交谈时，个别调值不准，声韵母发音有不到位现象。难点音（平翘舌音、前后鼻尾音、边鼻音、fu-hu、z-zh-j、送气不送气、i-ü不分、保留浊塞音、浊塞擦音、丢介音、复韵母单音化等），失误较多。方言语调不明显，有使用方言词、方言语法的情况。测试总失分率在20%以内。

三级　甲等：朗读和自由交谈时，声韵母发音失误较多，难点音超出常见范围，声调调值多不准。方言语调明显。语汇、语法有失误。测试总失分率在30%以内。乙等：朗读和自由交谈时，声韵调发音失误多，方音特征突出。方言语调明显。语汇、语法失误较多。外地人听其谈话有听不懂的情况。测试总失分率在40%以内。

4. 应接受测试人员及根据各行业的规定有关从业人员的普通话水平达标要求

《普通话水平测试管理规定》（中华人民共和国教育部令第16号）第十五条规定应接受测试的人员为：

（1）教师和申请教师资格的人员；

（2）广播电台、电视台的播音员、节目主持人；

（3）影视话剧演员；

（4）国家机关工作人员；

（5）师范类专业、播音与主持艺术专业、影视话剧表演专业以及其他与口语表达密切相关专业的学生；

（6）行业主管部门规定的其他应该接受测试的人员。

第十七条：社会其他人员可自愿申请接收测试。

第十八条：在高等学校注册的港澳台学生和外国留学生可随所在校学生接受测试。

《内蒙古自治区实施〈中华人民共和国国家通用语言文字法〉办法》中第十八条规定：

以汉语为工作、学习用语的下列人员应当分别达到相应的普通话等级标准：

（1）广播电台、电视台的播音员、节目主持人和影视话剧演员应达到一级水平，自治区广播电台、电视台的播音员和节目主持人应达到一级甲等水平。

（2）教师应达到二级以上水平，其中汉语文教师、对外汉语教学教师应当达到二级甲等以上水平，普通话测试员和培训课教师应达到一级水平；以少数民族语言授课为主的民族学校的汉语课教师应达到三级甲等以上水平。

（3）国家机关工作人员应当达到三级甲等以上水平。

（4）公共服务行业的播音、解说、话务、导游等特定岗位人员应当达到二级甲等以上水平。

（5）高等学校、中等职业学校毕业生应当达到三级甲等以上水平，其中播音、主持和影视话剧表演专业毕业生应当达到一级水平，师范类中文专业毕业生应当达到二级甲等以上水平，师范类其他专业毕业生应当达到二级以上水平。

尚未达到前款规定的普通话等级标准的人员应当接受普通话培训和测试。

第二节　普通话语音系统训练

一、声母的发音训练

普通话中共有除 ng 以外的 21 个辅音声母，它们分别是 b、p、m、f、d、t、n、l、g、k、h、j、q、x、zh、ch、sh、r、z、c、s。此外，在普通话中还有一些音节不以辅音开头，而以元音开头，就是我们通常所说的零声母音节，如：爱（ài）、鹅（é）、银（yín）等。

声母的发音部位和发音方法：

发音部位是指发音时气流受到阻碍的部位。双唇（b、p、m）、唇齿（f）、舌尖前（平舌）（z、c、s）、舌尖中（d、t、n、l）、舌尖后（翘舌）（zh、ch、sh、r）、舌面前（j、q、x）、舌面后（舌根）（g、k、h）。

发音方法是指发音时形成阻碍和克服阻碍的方式。塞音（b、p、d、t、g、k）、擦音（f、h、x、sh、r、s）、塞擦音（j、q、zh、ch、z、c）、鼻音（m、n、ng）、边音（l）。送气音（p、t、k、q、ch、c）—不送气（b、d、g、j、zh、z）、清音—浊音（l、m、n、ng、r）。

（一）辨正练习

1. 双唇音 b、p、m 练习

b：版本 bǎnběn　　保镖 bǎobiāo　　蚌埠 bèngbù　　奔波 bēnbō
　　标兵 biāobīng　　白布 báibù　　背包 bēibāo　　卑鄙 bēibǐ
P：偏旁 piānpáng　　偏僻 piānpì　　排炮 páipào　　匹配 pǐpèi

拼盘 pīnpán　　瓢泼 piáopō　　乒乓 pīngpāng　　铺平 pūpíng

绕口令：八百标兵奔北坡，炮兵并排北边跑，炮兵怕把标兵碰，标兵怕碰炮兵炮。

m：面貌 miànmào　　埋没 máimò　　迷茫 mímáng　　眉目 méimù

盲目 mángmù　　麻木 mámù　　密码 mìmǎ　　买卖 mǎimai

绕口令：妹妹磨墨，墨抹妹妹一抹墨；妈妈添煤，煤爆妈妈两眉煤。

2. 唇齿音 f 练习

f：方法 fāngfǎ　　丰富 fēngfù　　付费 fùfèi　　反复 fǎnfù

纷纷 fēnfēn　　夫妇 fūfù　　防范 fángfàn　　反腐 fǎnfǔ

绕口令：化肥会挥发，黑化肥发灰，灰化肥发黑。黑化肥发灰会挥发；灰化肥挥发会发黑。黑化肥挥发发灰会花飞；灰化肥挥发发黑会飞花。

3. 舌尖中音 d、t、n、l 练习

d：当代 dāngdài　　弟弟 dìdi　　单独 dāndú　　订单 dìngdān

地点 dìdiǎn　　淡定 dàndìng　　电动 diàndòng　　道德 dàodé

t：头疼 tóuténg　　天堂 tiāntáng　　抬头 táitóu　　淘汰 táotài

团体 tuántǐ　　体贴 tǐtiē　　探讨 tàntǎo　　天梯 tiāntī

绕口令：调到敌岛打特盗，特盗大力投短刀，挡推顶打短刀掉，踏盗得力盗打倒。

n：奶奶 nǎinai　　牛奶 niúnǎi　　南宁 nánníng　　男女 nánnǚ

能耐 néngnai　　暖男 nuǎnnán　　袅袅 niǎoniǎo　　牛腩 niúnán

l：流量 liúliàng　　力量 lìliang　　理论 lǐlùn　　流浪 liúlàng

浏览 liúlǎn　　萝莉 luólì　　联络 liánluò　　拉链 lāliàn

绕口令：蓝教练是女教练，吕教练是男教练。蓝教练不是男教练，吕教练不是女教练。蓝男是男篮主力，吕楠是女篮主力。吕教练在男篮训练蓝男，蓝教练在女篮训练吕楠。

4. 舌根音 g、k、h 练习

g：广告 guǎnggào　　规格 guīgé　　谷歌 gǔgē　　尴尬 gāngà

挂钩 guàgōu　　光顾 guānggù　　巩固 gǒnggù　　高管 gāoguǎn

k：可靠 kěkào　　扣款 kòukuǎn　　开课 kāikè　　刻苦 kèkǔ

苛刻 kēkè　　慷慨 kāngkǎi　　空壳 kōngké　　坎坷 kǎnkě

h：呵呵 hēhē　　后悔 hòuhuǐ　　换号 huànhào　　豪华 háohuá

辉煌 huīhuáng　　绘画 huìhuà　　幻化 huànhuà　　花卉 huāhuì

绕口令：哥哥过河捉个鸽，回家割鸽来请客，客人吃鸽称鸽肉，哥哥请客乐呵呵。

5. 舌面前音 j、q、x 练习

j：拒绝 jùjué　　奖金 jiǎngjīn　　纠结 jiūjié　　基金 jījīn

即将 jíjiāng　　讲解 jiǎngjiě　　集结 jíjié　　晋级 jìnjí

绕口令：母鸡骂小鸡，你这笨东西。教你咯咯咯，你偏叽叽叽。

q：亲戚 qīnqi　　情趣 qíngqù　　全球 quánqiú　　全勤 quánqín

侵权 qīnquán　　祈求 qíqiú　　崎岖 qíqū　　窃取 qièqǔ

x：下线 xiàxiàn　　歇息 xiēxi　　休闲 xiūxián　　新兴 xīnxīng

纤细 xiānxì　　献血 xiànxiě　　修行 xiūxíng　　喧嚣 xuānxiāo

绕口令：锡匠卖锡，漆匠卖漆。锡匠说漆匠偷了他的锡，漆匠说锡匠偷了他的漆。不知是漆匠偷了锡匠的锡，还是锡匠偷了漆匠的漆。

6. 平舌音 z、c、s 与翘舌音 zh、ch、sh、r 练习

z—zh

z：自尊 zìzūn　　藏族 zàngzú　　总则 zǒngzé　　罪责 zuìzé

在座 zàizuò　　做作 zuòzuo　　走卒 zǒuzú　　粽子 zòngzi

zh：纸质 zhǐzhì　　真挚 zhēnzhì　　褶皱 zhězhòu　　长者 zhǎngzhě

正中 zhèngzhōng　　政治 zhèngzhì　　执著 zhízhuó　　支柱 zhīzhù

自治 zìzhì——纸质 zhǐzhì

阻力 zǔlì——主力 zhǔlì

资源 zīyuán——支援 zhīyuán

瞻望 zhānwàng——藏王 zàngwáng

造就 zàojiù——照旧 zhàojiù

资助 zīzhù——支柱 zhīzhù

c—ch

c：层次 céngcì　　仓促 cāngcù　　措辞 cuòcí　　猜测 cāicè

从此 cóngcǐ　　曹操 cáocāo　　苍翠 cāngcuì　　彩瓷 cǎicí

ch：充斥 chōngchì　　抽查 chōuchá　　穿插 chuānchā　　除尘 chúchén

戳穿 chuōchuān　　唇齿 chúnchǐ　　出产 chūchǎn　　驰骋 chíchěng

村庄 cūnzhuāng——春装 chūnzhuāng

参阅 cānyuè——禅月 chányuè

粗布 cūbù——初步 chūbù

词典 cídiǎn——吃点 chīdiǎn

促成 cùchéng——出城 chūchéng

猜测 cāicè——拆车 chāichē

s—sh

s：色素 sèsù　　缫丝 sāosī　　诉讼 sùsòng　　琐碎 suǒsuì

四散 sìsàn　　洒扫 sǎsǎo　　搜索 sōusuǒ　　三思 sānsī

sh：史诗 shǐshī　舒适 shūshì　神圣 shénshèng　少数 shǎoshù

善事 shànshì　射手 shèshǒu　审视 shěnshì　盛世 shèngshì

私人 sīrén——诗人 shīrén

搜集 sōují——收集 shōují

俗人 súrén——熟人 shúrén

桑叶 sāngyè——商业 shāngyè

撒谎 sāhuǎng——沙皇 shāhuáng

散步 sànbù——苫布 shànbù

r：仍然 réngrán　　荣辱 róngrǔ　　忍让 rěnràng　　软弱 ruǎnruò

融入 róngrù　　如若 rúruò　　荏苒 rěnrǎn　　柔然 róurán

绕口令：

史老师讲时事，常学时事长知识，时事学习看报纸，报纸登的是天下事，常看报纸要多思，心里装着天下事。

早晨早早起，早起做早操，人人做早操，做操身体好。

7. 零声母练习

开口呼（韵母开头不是 i、u、ü 的韵母）：

恩爱 ēn'ài　　安保 ānbǎo　　欧版 ōubǎn　　偶尔 ǒu'ěr

齐齿呼（韵母开头是 i 的韵母）：

语言 yǔyán　　音乐 yīnyuè　　运用 yùnyòng　　引言 yǐnyán

医院 yīyuàn

合口呼（韵母开头是 u 的韵母）：

维稳 wéiwěn　　娃娃 wáwa　　威武 wēiwǔ　　外围 wàiwéi

委婉 wěiwǎn

撮口呼（用隔音字母 ü 开头）：

愈合 yùhé　　瑜伽 yújiā　　缘分 yuánfen　　元代 yuándài

预约 yùyuē　　永远 yǒngyuǎn

（二）综合练习

1. 散文作品练习

Wǒ ài yuèyè dàn wǒ yě ài xīngtiān Cóngqián zài jiāxiāng qī–bā yuè de
我 爱 月夜，但 我 也 爱 星天。 从前 在 家乡 七八 月 的

yèwǎn zài tíngyuàn·lǐ nàliáng de shíhou wǒ zuì ài kàn tiān·shàng
夜晚 在 庭院里 纳凉 的 时候，我 最 爱 看 天上

mìmì-mámá de fánxīng Wàngzhe xīngtiān wǒ jiù huì wàngjì yíqiè fǎngfú
密密麻麻 的 繁星。 望着 星天，我 就 会 忘记 一切，仿佛
huídàole mǔ·qīn de huái·lǐ shìde
回到了 母亲 的 怀里 似的。

Sān nián qián zài Nánjīng wǒ zhù de dìfang yǒu yí dào hòumén měi
三 年 前 在 南京 我 住 的 地方 有 一 道 后门，每
wǎn wǒ dǎkāi hòumén biàn kàn·jiàn yí gè jìngjì de yè Xià·miàn shì yí piàn
晚 我 打开 后门，便 看见 一 个 静寂 的 夜。下面 是 一 片
càiyuán shàng·miàn shì xīngqún mìbù de lántiān Xīngguāng zài wǒmen de
菜园，上面 是 星群 密布 的 蓝天。星光 在 我们 的
ròuyǎn·lǐ suīrán wēixiǎo rán'ér tā shǐ wǒmen jué·dé guāngmíng
肉眼里 虽然 微小，然而 它 使 我们 觉得 光明
wúchù-búzài Nà shíhou wǒ zhèng zài dú yìxiē tiānwénxué de shū yě rènde
无处不在。那 时候 我 正 在 读 一些 天文学 的 书，也 认得
yìxiē xīngxing hǎoxiàng tāmen jiù shì wǒ de péngyou tāmen chángcháng zài
一些 星星，好像 它们 就 是 我 的 朋友，它们 常常 在
hé wǒ tánhuà yíyàng
和 我 谈话 一样。

Rújīn zài hǎi·shàng měi wǎn hé fánxīng xiāngduì wǒ bǎ tāmen rènde
如今 在 海上，每 晚 和 繁星 相对，我 把 它们 认得
hěn shú le Wǒ tǎng zài cāngmiàn·shàng yǎngwàng tiānkōng Shēnlánsè de
很 熟 了。我 躺 在 舱面上，仰望 天空。深蓝色 的
tiānkōng·lǐ xuánzhe wúshù bànmíng-bànmèi de xīng Chuán zài dòng xīng yě
天空里 悬着 无数 半明半昧 的 星。船 在 动，星 也
zài dòng tāmen shì zhèyàng dī zhēn shì yáoyáo-yùzhuì ne Jiànjiàn de wǒ
在 动，它们 是 这样 低，真 是 摇摇欲坠 呢！渐渐 地 我
de yǎnjing móhu le wǒ hǎoxiàng kàn·jiàn wúshù yínghuǒchóng zài wǒ de
的 眼睛 模糊 了，我 好像 看见 无数 萤火虫 在 我 的
zhōuwéi fēiwǔ Hǎi·shàng de yè shì róuhé de shì jìngjì de shì mènghuàn
周围 飞舞。海上 的 夜 是 柔和 的，是 静寂 的，是 梦幻
de Wǒ wàngzhe xǔduō rènshi de xīng wǒ fǎngfú kàn·jiàn tāmen zài duì wǒ
的。我 望着 许多 认识 的 星，我 仿佛 看见 它们 在 对 我
zhǎyǎn wǒ fǎngfú tīng·jiàn tāmen zài xiǎoshēng shuōhuà Zhèshí wǒ
眨眼，我 仿佛 听见 它们 在 小声 说话。这时 我
wàngjìle yíqiè Zài xīng de huáibào zhōng wǒ wēixiàozhe wǒ chénshuìzhe
忘记了 一切。在 星 的 怀抱 中 我 微笑着，我 沉睡着。

Wǒ jué·dé zìjǐ shì yí gè xiǎoháizi xiànzài shuì zài mǔ·qīn de huái·lǐ le
我 觉得 自己 是 一 个 小孩子，现在 睡 在 母亲 的 怀里 了。

2. 议论文作品练习

Wǒ cháng xiǎng dúshūrén shì shìjiān xìngfú rén yīn·wèi tā chúle
我 常 想 读书人 是 世间 幸福 人，因为 他 除了
yōngyǒu xiànshí de shìjiè zhī wài hái yōngyǒu lìng yí gè gèng wéi hàohàn yě
拥有 现实 的 世界 之 外，还 拥有 另 一 个 更 为 浩瀚 也
gèng wéi fēngfù de shìjiè Xiànshí de shìjiè shì rénrén dōu yǒu de ér hòu
更 为 丰富 的 世界。现实 的 世界 是 人人 都 有 的，而 后
yí gè shìjiè què wéi dúshūrén suǒ dúyǒu Yóu cǐ wǒ xiǎng nàxiē shīqù huò
一 个 世界 却 为 读书人 所 独有。由 此 我 想，那些 失去 或
bùnéng yuèdú de rén shì duōme de búxìng tāmen de sàngshī shì bùkě
不能 阅读 的 人 是 多么 的 不幸，他们 的 丧失 是 不可
bǔcháng de Shìjiān yǒu zhūduō de bù píngděng cáifù de bù píngděng quánlì
补偿 的。世间 有 诸多 的 不 平等，财富 的 不 平等，权力
de bù píngděng ér yuèdú nénglì de yōngyǒu huò sàngshī què tǐxiàn wéi
的 不 平等，而 阅读 能力 的 拥有 或 丧失 却 体现 为
jīngshén de bù píngděng
精神 的 不 平等。

Yí gè rén de yìshēng zhǐnéng jīnglì zìjǐ yōngyǒu de nà yí fèn xīnyuè
一 个 人 的 一生，只能 经历 自己 拥有 的 那 一 份 欣悦，
nà yí fèn kǔnàn yěxǔ zài jiā·shàng tā qīnzì wénzhī de nà yìxiē guānyú
那 一 份 苦难，也许 再 加上 他 亲自 闻知 的 那 一些 关于
zìshēn yǐwài de jīnglì hé jīngyàn Rán'ér rénmen tōngguò yuèdú què néng
自身 以外 的 经历 和 经验。然而，人们 通过 阅读，却 能
jìnrù bùtóng shíkōng de zhūduō tārén de shìjiè Zhèyàng jùyǒu yuèdú
进入 不同 时空 的 诸多 他人 的 世界。这样，具有 阅读
nénglì de rén wúxíng jiān huòdéle chāoyuè yǒuxiàn shēngmìng de wúxiàn
能力 的 人，无形 间 获得了 超越 有限 生命 的 无限
kěnéngxìng Yuèdú bùjǐn shǐ tā duō shíle cǎo-mù-chóng-yú zhī míng érqiě
可能性。阅读 不仅 使 他 多 识了 草木虫鱼 之 名，而且
kěyǐ shàngsù yuǎngǔ xià jí wèilái bǎolǎn cúnzài de yǔ fēi cúnzài de
可以 上溯 远古 下 及 未来，饱览 存在 的 与 非 存在 的
qífēng-yìsú Gèng wéi zhòngyào de shì dúshū jiāhuì yú rénmen de bùjǐn
奇风异俗。更 为 重要 的 是，读书 加惠 于 人们 的 不仅
shì zhīshi de zēngguǎng érqiě hái zàiyú jīngshén de gǎnhuà yǔ táoyě
是 知识 的 增广，而且 还 在于 精神 的 感化 与 陶冶。

Rénmen cóng dúshū xué zuòrén cóng nàxiē wǎngzhé xiānxián yǐjí dāngdài
人们 从 读书 学 做人，从 那些 往哲 先贤 以及 当代
cáijùn de zhùshù zhōng xuédé tāmen de réngé Rénmen cóng Lúnyǔ zhōng
才俊 的 著述 中 学得 他们 的 人格。人们 从《论语》中
xuédé zhìhuì de sīkǎo cóng Shǐjì zhōng xuédé yánsù de lìshǐ jīngshén
学得 智慧 的 思考，从《史记》中 学得 严肃 的 历史 精神，
cóng Zhèngqìgē zhōng xuédé réngé de gāngliè cóng Mǎkèsī xuédé rénshì de
从《正气歌》中 学得 人格 的 刚烈，从 马克思 学得 人世 的
jīqíng cóng Lǔ Xùn xuédé pīpàn jīngshén cóng Tuō'ěrsītài xuédé dàodé
激情，从 鲁 迅 学得 批判 精神，从 托尔斯泰 学得 道德
de zhízhuó
的 执着。

3. 记叙文作品练习

Wǒ zài Jiānádà xuéxí qījiān yùdàoguo liǎngcì mùjuān nà qíngjǐng zhìjīn shǐ
我 在 加拿大 学习 期间 遇到过 两次 募捐，那 情景 至今 使
wǒ nányǐ wànghuái Yì tiān wǒ zài Wòtàihuá de jiē·shàng bèi liǎng gè nán
我 难以 忘怀。一 天，我 在 渥太华 的 街上 被 两 个 男
háizi lánzhù qùlù Tāmen shí lái suì chuān de zhěngzhěng-qíqí měirén
孩子 拦住 去路。他们 十 来 岁，穿 得 整整齐齐，每人
tóu·shàng dàizhe gè zuògōng jīngqiǎo sècǎi xiānyàn de zhǐmào shàng·miàn
头上 戴着 个 做工 精巧、色彩 鲜艳 的 纸帽，上面
xiězhe Wèi bāngzhù huàn xiǎo'érmábì de huǒbàn mùjuān Qízhōng de yí
写着“为 帮助 患 小儿麻痹 的 伙伴 募捐。”其中 的 一
gè bùyóu-fēnshuō jiù zuò zài xiǎodèng·shàng gěi wǒ cā·qǐ píxié lái lìng
个，不由分说 就 坐 在 小凳上 给 我 擦起 皮鞋 来，另
yí gè zé bīnbīn-yǒulǐ de fāwèn Xiǎo·jiě nín shì nǎ guó rén Xǐhuan
一 个 则 彬彬有礼 地 发问：“小姐，您 是 哪 国 人？喜欢
Wòtàihuá ma Xiǎo·jiě zài nǐmen guójiā yǒu méi·yǒu xiǎoháir huàn
渥太华 吗？”“小姐，在 你们 国家 有 没有 小孩儿 患
xiǎo'érmábì Shéi gěi tāmen yīliáofèi Yìliánchuàn de wèntí shǐ wǒ zhège
小儿麻痹？谁 给 他们 医疗费？”一连串 的 问题，使 我 这个
yǒushēng-yǐlái tóu yí cì zài zhòngmù-kuíkuí zhī xià ràng bié·rén cā xié de
有生以来 头 一 次 在 众目睽睽 之 下 让 别人 擦 鞋 的
yìxiāngrén cóng jìnhū lángbèi de jiǒngtài zhōng jiětuō chū·lái Wǒmen xiàng
异乡人，从 近乎 狼狈 的 窘态 中 解脱 出来。我们 像
péngyou yíyàng liáo·qǐtiānr·lái
朋友 一样 聊起天儿来 ……

Jǐ gè yuè zhīhòu yě shì zài jiē·shàng Yìxiē shízì lùkǒu chù huò chēzhàn
几个月之后，也是在街上。一些十字路口处或车站
zuòzhe jǐ wèi lǎorén Tāmen mǎntóu yínfà shēn chuān gè zhǒng lǎoshì
坐着几位老人。他们满头银发，身穿各种老式
jūnzhuāng shàng·miàn bùmǎnle dàdà-xiǎoxiǎo xíngxíng-sèsè de huīzhāng
军装，上面布满了大大小小形形色色的徽章、
jiǎngzhāng měi rén shǒu pěng yí dà shù xiānhuā yǒu shuǐxiān shízhú
奖章，每人手捧一大束鲜花，有水仙、石竹、
méi·guī jí jiào·bùchū míngzì de yísè xuěbái Cōngcōng guòwǎng de
玫瑰及叫不出名字的，一色雪白。匆匆过往的
xíngrén fēnfēn zhǐbù bǎ qián tóujìn zhèxiē Lǎorén shēnpáng de báisè
行人纷纷止步，把钱投进这些老人身旁的白色
mùxiāng nèi ránhòu xiàng tāmen wēiwēi jūgōng cóng tāmen shǒu zhōng
木箱内，然后向他们微微鞠躬，从他们手中
jiēguo yì duǒ huā Wǒ kànle yíhuìr yǒu rén tóu yì-liǎng yuán yǒu rén tóu
接过一朵花。我看了一会儿，有人投一两元，有人投
jǐ bǎi yuán hái yǒu rén tāochū zhīpiào tiánhǎo hòu tóujìn mùxiāng Nàxiē
几百元，还有人掏出支票填好后投进木箱。那些
lǎojūnrén háobúzhùyì rénmen juān duō·shǎo qián yìzhí bùtíng de xiàng
老军人毫不注意人们捐多少钱，一直不停地向
rénmen dīshēng dàoxiè
人们低声道谢。

二、韵母的发音训练

韵母是指一个音节声母后面的部分。普通话共有 39 个韵母：

a、o、e、ê、i、u、ü、-i[ɿ]、-i[ʅ]、er、ai、ei、ao、ou、ia、ie、ua、uo、üe、iao、iou、uai、uei、an、en、ian、in、uan、uen、üan、ün、ang、eng、ong、iang、ing、iong、uang、ueng

（一）单元音韵母的练习

单韵母的发音特点：第一，发音时舌位、唇形及开口度按发音要求维持发音状态，始终不变，否则就成了复合元音。第二，发音时软腭要向上抬起堵塞鼻腔通道，不能夹带鼻音色彩，否则就会发成鼻化元音。第三，发音时声带振动。

1. 单元音韵母发音练习

a［A］的发音练习：

哪怕 nǎpà　　哈达 hǎdá　　砝码 fǎmǎ　　腌臜 āzā

刹那 chànà　　拉萨 lāsà　　打靶 dǎbǎ　　大厦 dàshà

o［o］的发音练习：

磨墨 mómò　　磨破 mópò　　菠萝 bōluó　　薄膜 bómó

婆婆 pópo　　脉脉 mòmò　　勃勃 bóbó　　馍馍 mómo

e［ɤ］的发音练习：

特赦 tèshè　　隔热 gérè　　特色 tèsè　　客车 kèchē

割舍 gēshě　　苛刻 kēkè　　隔阂 géhé　　折射 zhéshè

ê［ɛ］的发音练习：韵母 ê 除叹词“欸”外一般不单用，只出现在复韵母 ie、üe 中。

i［i］的发音练习：

笔记 bǐjì　　提议 tíyì　　霹雳 pīlì　　洗涤 xǐdí

袭击 xíjī　　细腻 xìnì　　习题 xítí　　礼仪 lǐyí

u［u］的发音练习：

瀑布 pùbù　　粗鲁 cūlǔ　　束缚 shùfù　　目睹 mùdǔ

辜负 gūfù　　互助 hùzhù　　出租 chūzū　　输入 shūrù

ü［y］的发音练习：

聚居 jùjū　　旅居 lǚjū　　女婿 nǚxu　　区域 qūyù

豫剧 yùjù　　序曲 xùqǔ　　须臾 xūyú　　絮语 xùyǔ

-i［ɿ］的发音练习：

此次 cǐcì　　自私 zìsī　　赐死 cìsǐ　　四次 sìcì

恣肆 zìsì　　字词 zìcí　　子嗣 zǐsì　　刺字 cìzì

-i［ʅ］的发音练习：

值日 zhírì　　支持 zhīchí　　实质 shízhì　　事实 shìshí

日蚀 rìshí　　致使 zhìshǐ　　制止 zhìzhǐ　　咫尺 zhǐchǐ

er［ər］的发音练习：

偶尔 ǒu’ěr　　儿女 érnǚ　　二胡 èrhú　　而且 érqiě

儿戏 érxì　　儿童 értóng　　耳语 ěryǔ　　洱海 ěrhǎi

2. 绕口令

（1）一个胖娃娃，捉了三个大花活蛤蟆，三个胖娃娃，捉了一个大花活蛤蟆，捉了一个大花活蛤蟆的三个胖娃娃，真不如捉了三个大花活蛤蟆的一个胖娃娃。

（2）河上是坡，坡下是河。坡上立着一只鹅，鹅低头望着一条河，宽宽的河，肥肥的鹅，鹅过河，河渡鹅，河坡飞来丹顶鹤，鹤望河与鹅。小鹤笑呵呵，鹤唱鹅应和。

（3）坡上立着一只鹅，坡下就是一条河。宽宽的河，肥肥的鹅，鹅要过河，河要渡鹅，不知是鹅过河，还是河渡鹅？

（4）山上五棵树，架上五壶醋，林中五只鹿，箱里五条裤。伐了山上的树，搬下架上的醋，射死林中的鹿，取出箱中的裤。

（5）山前有只虎，山下有只猴。虎撵猴，猴斗虎；虎撵不上猴，猴斗不了虎。

（二）复韵母的练习

复韵母的发音特点：第一，发音时，从一个元音逐渐滑动到另一个元音，舌位、唇形及开口度都会发生变化，即有动程，而不像单韵母那样始终不变。第二，发音时，一个复韵母的几个元音之间，响度和清晰度并不是同样的，而是只有一个发音响亮的主要元音（即韵腹），其他都是次要元音，发音轻短模糊。

1. 复韵母发音练习

ai 的发音练习：

采摘 cǎizhāi	海外 hǎiwài	百态 bǎitài	爱戴 àidài
择菜 zháicài	白菜 báicài	灾害 zāihài	开采 kāicǎi

ei 的发音练习：

配备 pèibèi	贝类 pèilèi	黑煤 hēiméi	雷飞 léifēi
肥美 féiměi	蓓蕾 bèilěi	黑水 hēishuǐ	妹妹 mèimei

ao 的发音练习：

祷告 dǎogào	高考 gāokǎo	早操 zǎocāo	讨好 tǎohǎo
暴躁 bàozào	抛锚 pāomáo	报告 bàogào	敖包 áobāo

ou 的发音练习：

丑陋 chǒulòu	抖擞 dǒusǒu	手头 shǒutóu	兜售 dōushòu
绸缪 chóumóu	优厚 yōuhòu	佝偻 gōulóu	口臭 kǒuchòu

ia 的发音练习：

家鸭 jiāyā	掐架 qiājià	下架 xiàjià	加价 jiājià
假牙 jiǎyá	恰恰 qiàqià	鸭架 yājià	押下 yāxià

ie 的发音练习：

结业 jiéyè	借鞋 jièxié	爹爹 diēdie	贴切 tiēqiè
铁屑 tiěxiè	斜街 xiéjiē	趔趄 lièqie	歇业 xiēyè

ua 的发音练习：

挂花 guàhuā	耍滑 shuǎhuá	娃娃 wáwa	刮花 guāhuā
花袜 huāwà	画画 huàhuà	刷刷 shuāshua	夸夸 kuākua

uo 的发音练习：

硕果 shuòguǒ	阔绰 kuòchuò	错过 cuòguò	蹉跎 cuōtuó
着落 zhuóluò	哆嗦 duōsuo	错落 cuòluò	躲过 duǒguò

üe 的发音练习：

决绝 juéjué	绝学 juéxué	雀跃 quèyuè	约略 yuēlüè
月缺 yuèquē	雪月 xuěyuè	略学 lüèxué	缺血 quēxiě

iao 的发音练习：

逍遥 xiāoyáo	巧妙 qiǎomiào	调料 tiáoliào	缥缈 piāomiǎo
吊桥 diàoqiáo	苗条 miáotiao	叫嚣 jiàoxiāo	撂挑 liàotiāo

iou 的发音练习：

悠久 yōujiǔ	优秀 yōuxiù	求救 qiújiù	牛油 niúyóu
绣球 xiùqiú	舅舅 jiùjiu	妞妞 niūniu	修修 xiūxiu

uai 的发音练习：

外快 wàikuài	摔坏 shuāihuài	怀揣 huáichuāi	乖乖 guāiguāi
快拽 kuàizhuài	外踝 wàihuái	拽帅 zhuàishuài	怪坏 guàihuài

uei 的发音练习：

追随 zhuīsuí	摧毁 cuīhuǐ	荟萃 huìcuì	愧对 kuìduì
回归 huíguī	垂危 chuíwēi	水位 shuǐwèi	醉鬼 zuìguǐ

2. 绕口令

（1）高高山上有座庙，庙里住着俩老道，一个年纪老，一个年纪少。庙前长着许多草，有时候老老道煎药，小老道采药；有时候小老道煎药，老老道采药。

（2）磨房磨墨，墨碎磨房一磨墨；梅香添煤，煤爆梅香两眉灰。

（3）出南门，走六步，见着六叔和六舅，叫声六叔和六舅，借我六斗六升好绿豆；过了秋，打了豆，还我六叔六舅六十六斗六升好绿豆。

（4）哥挎瓜筐过宽沟，过沟筐漏瓜滚沟。隔沟挎筐瓜筐扣，瓜滚筐空哥怪沟。

（5）山前有个崔粗腿，山后有个崔腿粗。二人山前来比腿，不知是崔粗腿比崔腿粗的腿粗，还是崔腿粗比崔粗腿的腿粗？

（三）鼻韵母的练习

鼻韵母的发音特点：第一，发音时，由元音的发音状态向鼻音的发音状态逐渐变动，即元音响亮清晰地发出，气流不中断，舌头动作向鼻辅音滑动，直至鼻音发完为止。第二，韵母中鼻音的发音与作声母的鼻音略有不同，发音过程中只有成阻和持阻阶段，而没有除阻阶段，发音完毕才能解除阻碍。

1. 鼻韵母发音练习：

an-ang 的发音练习：

反叛 fǎnpàn	展览 zhǎnlǎn	感染 gǎnrǎn	湛蓝 zhànlán
散漫 sǎnmàn	汗衫 hànshān	漫谈 màntán	参赞 cānzàn
党章 dǎngzhāng	长江 chángjiāng	厂房 chǎngfáng	沧桑 cāngsāng
帮忙 bāngmáng	昂扬 ángyáng	肮脏 āngzāng	行当 hángdàng
班子—梆子	板子—膀子	翻案—方案	繁育—防御
反之—纺织	饭店—放电	担心—当心	弹簧—堂皇

en-eng 的发音练习：

深圳 shēnzhèn	根本 gēnběn	认真 rènzhēn	人文 rénwén
门诊 ménzhěn	人参 rénshēn	本分 běnfèn	粉尘 fěnchén
承蒙 chéngméng	逞能 chěngnéng	丰登 fēngdēng	风筝 fēngzheng
征程 zhēngchéng	更生 gēngshēng	更正 gēngzhèng	萌生 méngshēng
盆子—棚子	门牙—萌芽	门生—萌生	分流—风流
震荡—正当	沉积—乘机	陈旧—成就	陈迹—成绩

ian-iang 的发音练习：

电线 diànxiàn	简便 jiǎnbiàn	偏见 piānjiàn	年限 niánxiàn
鲜艳 xiānyàn	牵连 qiānlián	减免 jiǎnmiǎn	咽炎 yānyán
粮饷 liángxiǎng	两样 liǎngyàng	亮相 liàngxiàng	香江 xiāngjiāng
踉跄 liàngqiàng	良将 liángjiàng	洋相 yángxiàng	相像 xiāngxiàng
监禁—将近	监狱—疆域	艰难—江南	简化—讲话
检疫—讲义	潜力—强力	钱币—墙壁	钳工—强攻

in-ing 的发音练习：

濒临 bīnlín	拼音 pīnyīn	金银 jīnyín	辛勤 xīnqín
薪金 xīnjīn	民心 mínxīn	音信 yīnxìn	引进 yǐnjìn
兵营 bīngyíng	禀性 bǐngxìng	叮咛 dīngníng	英灵 yīnglíng
影评 yǐngpíng	清醒 qīngxǐng	精灵 jīnglíng	精明 jīngmíng
因而—婴儿	银河—迎合	荫庇—硬币	摈弃—摒弃
林木—陵墓	林立—伶俐	林子—翎子	磷脂—灵芝

uan-uang 的发音练习：

贯穿 guànchuān	专断 zhuānduàn
转弯 zhuǎnwān	婉转 wǎnzhuǎn
专款 zhuānkuǎn	传唤 chuánhuàn

宦官 huànguān　　还愿 huányuàn
双簧 shuānghuáng　　狂妄 kuángwàng
矿床 kuàngchuáng　　网状 wǎngzhuàng
状况 zhuàngkuàng　　黄庄 huángzhuāng
双亡 shuāngwáng　　窗框 chuāngkuàng

完工—王宫　　玩味—王位　　晚年—往年　　官员—光源
关照—光照　　专员—庄园　　传单—床单　　万金—望京

uen-ueng 的发音练习：

春笋 chūnsǔn　　馄饨 húntun　　温顺 wūnshùn　　昆仑 kūnlún
论文 lùnwén　　温存 wēncún　　滚滚 gǔngǔn　　伦敦 lúndūn
渔翁 yúwēng　　老翁 lǎowēng　　嗡嗡 wēngwēng　　小瓮 xiǎowèng

üan 的发音练习：

拳拳 quánquán　　泉源 quányuán　　圆圈 yuánquān　　涓涓 juānjuān

ün 的发音练习：

军训 jūnxùn　　均匀 jūnyún　　芸芸 yúnyún　　循循 xúnxún
熏熏 xūnxūn　　菌群 jūnqún　　群运 qúnyùn　　逡巡 qūnxún

ong 的发音练习：

动容 dòngróng　　公共 gōnggòng　　轰动 hōngdòng　　红肿 hóngzhǒng
空洞 kōngdòng　　恐龙 kǒnglóng　　隆重 lóngzhòng　　浓重 nóngzhòng

iong 的发音练习：

汹涌 xiōngyǒng　　穷窘 qióngjiǒng　　囧熊 jiǒngxióng　　汹汹 xiōngxiōng
炯炯 jiǒngjiǒng　　穷凶 qióngxiōng　　熊熊 xióngxióng　　茕茕 qióngqióng

2. 绕口令

（1）小金到北京看风景，小京到天津买纱巾。看风景，用眼睛，还带一个望远镜；买纱巾，带现金，到了天津把商店进。买纱巾，用现金；看风景，用眼睛。巾、金、京、津、睛、景都要读标准。

（2）扁担长，板凳宽，扁担没有板凳宽，板凳没有扁担长。扁担绑在板凳上，板凳不让扁担绑在板凳上。

（3）一平盆面，烙一平盆饼，饼碰盆，盆碰饼。

（4）任命是任命，人名是人名，任命不能说成人名，人名也不能说成任命。

（5）山前有个严圆眼，山后有个严眼圆，二人山前来比眼，不知是严圆眼的眼圆，还是严眼圆比严圆眼的眼圆？

（6）黄花花黄黄花黄，花黄黄花朵朵黄，朵朵黄花黄又香，黄花花香向太阳。

3. 综合练习

（1）普通话测试中易读错的字词

捆　倚　戳　腻　踹　砸　袅　憋　捐　厥
抵　臀　垒　蓬　诛　粪　蕊　髓　阙　氛
窜　瓮　篾　绢　僧　搓　鳗　瞥　舱　伪
鄙　窟　隋　幂　皿　犊　赖　骇　硼　钡
梧　艇　屑　绞　辰　允　迂　坤　窘　蔫
澈　枫　缪　辖　绺　瞟　玄　框　缫　釉
掂　涡　锲　醇　踝　逊　禀　蹿　拎　璀
潜　臻　袖　掠　攥　秆　揩　穆　郡　癣
倪　撑　冗　洽　槐　拨　鳞　噎　诡　填
咂　鬃　簇　砚　锥　撰　斟　蜷　烘　鼎
芯　仄　舀　苇　淤　颊　辙　炕　陇　弦
靳　拘　篓　擢　廖　寅　撅　榻　溃　券
倾　颌　褶　荚　砌　荐　纂　劣　钳　佟
黏　吠　瞩　穴　趴　巢　瑟　禹　裴　氯
寝　赦　汝　蹭　侵　腊　缀　钾　蛹　廷

创新　水獭　挎包　憎恨　疟疾　舷窗
谬论　撇开　魅力　恰当　窈窕　扫帚
行当　家眷　悄声　创伤　给予　濒临
虐待　似的　恰巧　挫折　解剖　傀儡
角色　然而　恍惚　总得　纤维　偶尔

（2）诗歌练习

面朝大海　春暖花开

海　子

从明天起，做一个幸福的人
喂马，劈柴，周游世界
从明天起，关心粮食和蔬菜
我有一所房子，面朝大海，春暖花开

从明天起，和每一个亲人通信
告诉他们我的幸福
那幸福的闪电告诉我的

我将告诉每一个人

给每一条河每一座山取一个温暖的名字
陌生人，我也为你祝福
愿你有一个灿烂的前程
愿你有情人终成眷属
愿你在尘世获得幸福
而我只愿　面朝大海，春暖花开

（3）短文练习

议论文：

Yí gè dà wèntí yìzhí pánjù zài wǒ nǎodài·lǐ
一个大问题一直盘踞在我脑袋里：
Shìjièbēi zěnme huì yǒu rúcǐ jùdà de xīyǐnlì Chúqù zúqiú běnshēn de
世界杯怎么会有如此巨大的吸引力？除去足球本身的
mèilì zhī wài hái yǒu shénme chāohūqíshàng ér gèng wěidà de dōngxi
魅力之外，还有什么超乎其上而更伟大的东西？

Jìnlái guānkàn shìjièbēi hūrán cóngzhōng dédàole dá'àn Shì yóuyú yì
近来观看世界杯，忽然从中得到了答案：是由于一
zhǒng wúshàng chónggāo de jīngshén qínggǎn guójiā róngyùgǎn
种无上崇高的精神情感——国家荣誉感！

Dìqiú·shàng de rén dōu huì yǒu guójiā de gàiniàn dàn wèibì shíshí dōu
地球上的人都会有国家的概念，但未必时时都
yǒu guójiā de gǎnqíng Wǎngwǎng rén dào yìguó sīniàn jiāxiāng xīn huái
有国家的感情。往往人到异国，思念家乡，心怀
gùguó zhè guójiā gàiniàn jiù biànde yǒuxuè-yǒuròu àiguó zhī qíng lái de
故国，这国家概念就变得有血有肉，爱国之情来得
fēicháng jùtǐ Ér xiàndài shèhuì kējì chāngdá xìnxī kuàijié shìshì
非常具体。而现代社会，科技昌达，信息快捷，事事
shàngwǎng shìjiè zhēn shì tài xiǎo tài xiǎo guójiā de jièxiàn sìhū yě bú
上网，世界真是太小太小，国家的界限似乎也不
nàme qīngxī le Zàishuō zúqiú zhèngzài kuàisù shìjièhuà píngrì·lǐ gè guó
那么清晰了。再说足球正在快速世界化，平日里各国
qiúyuán pínfán zhuǎnhuì wǎnglái suíyì zhìshǐ yuèláiyuè duō de guójiā liánsài
球员频繁转会，往来随意，致使越来越多的国家联赛
dōu jùyǒu guójì de yīnsù Qiúyuánmen búlùn guójí zhǐ xiàolì yú zìjǐ de
都具有国际的因素。球员们不论国籍，只效力于自己的

jùlèbù tāmen bǐsài shí de jīqíng zhōng wánquán méi·yǒu àiguó zhǔyì
俱乐部，他们 比赛 时 的 激情 中 完全 没有 爱国 主义
de yīnzǐ
的 因子。

Rán'ér dàole shìjièbēi dàsài tiānxià dàbiàn Gè guó qiúyuán dōu
然而，到了 世界杯 大赛，天下 大变。各 国 球员 都
huíguó xiàolì chuān·shàng yǔ guāngróng de guóqí tóngyàng sècǎi de
回国 效力，穿上 与 光荣 的 国旗 同样 色彩 的
fúzhuāng Zài měi yì chǎng bǐsài qián hái gāochàng guógē yǐ xuānshì duì
服装。在 每 一 场 比赛 前，还 高唱 国歌 以 宣誓 对
zìjǐ zǔguó de zhì'ài yǔ zhōng-chéng Yì zhǒng xuèyuán qínggǎn kāishǐ zài
自己 祖国 的 挚爱 与 忠诚。一 种 血缘 情感 开始 在
quánshēn de xuèguǎn·lǐ ránshāo qǐ·lái érqiě lìkè rèxuè fèiténg
全身 的 血管里 燃烧 起来，而且 立刻 热血 沸腾。

Zài lìshǐ shídài guójiā jiān jīngcháng fāshēng duìkàng hǎo nán'ér
在 历史 时代，国家 间 经常 发生 对抗，好 男儿
róngzhuāng wèiguó Guójiā de róngyù wǎngwǎng xūyào yǐ zìjǐ de
戎装 卫国。国家 的 荣誉 往往 需要 以 自己 的
shēngmìng qù huànqǔ Dàn zài hépíng shídài wéiyǒu zhè zhǒng guójiā zhī
生命 去 换取。但 在 和平 时代，惟有 这 种 国家 之
jiān dà guīmó duìkàngxìng de dàsài cái kěyǐ huànqǐ nà zhǒng yáoyuǎn ér
间 大 规模 对抗性 的 大赛，才 可以 唤起 那 种 遥远 而
shénshèng de qínggǎn nà jiù shì Wèi zǔguó ér zhàn
神圣 的 情感，那 就 是：为 祖国 而 战！

散文：

Xīyáng luòshān bùjiǔ xīfāng de tiānkōng hái ránshāozhe yí piàn
夕阳 落山 不久，西方 的 天空，还 燃烧着 一 片
júhóngsè de wǎnxiá Dàhǎi yě bèi zhè xiáguāng rǎnchéngle hóngsè érqiě
橘红色 的 晚霞。大海，也 被 这 霞光 染成了 红色，而且
bǐ tiānkōng de jǐngsè gèng yào zhuàngguān Yīn·wèi tā shì huó·dòng de
比 天空 的 景色 更 要 壮观。因为 它 是 活动 的，
měi dāng yì pái pái bōlàng yǒngqǐ de shíhòu nà yìngzhào zài
每 当 一 排 排 波浪 涌起 的 时候，那 映照 在
làngfēng·shàng de xiáguāng yòu hóng yòu liàng jiǎnzhí jiù xiàng yí
浪峰上 的 霞光，又 红 又 亮，简直 就 像 一
piànpiàn huòhuò ránshāozhe de huǒyàn shǎnshuòzhe xiāoshī le Ér
片片 霍霍 燃烧着 的 火焰，闪烁着，消失 了。而

hòu·miàn de yì pái yòu shǎnshuòzhe gǔndòngzhe yǒngle guò·lái
后面 的 一 排，又 闪烁着， 滚动着， 涌了 过来。

Tiānkōng de xiáguāng jiànjiàn de dàn xià·qù le shēnhóngde yánsè
天空 的 霞光 渐渐 地 淡 下去 了，深红的 颜色
biànchéngle fēihóng fēihóng yòu biànwéi qiǎnhóng Zuìhòu dāng zhè yíqiè
变成了 绯红，绯红 又 变为 浅红。最后，当 这 一切
hóngguāng dōu xiāoshīle de shíhòu nà tūrán xiǎn·dé gāo ér yuǎnle de
红光 都 消失了 的 时候，那 突然 显得 高 而 远了 的
tiānkōng zé chéngxiànchū yí piàn sùmù de shénsè Zuì zǎo chūxiàn de
天空，则 呈现出 一 片 肃穆 的 神色。最 早 出现 的
qǐmíngxīng zài zhè lánsè de tiānmù shàng shǎn shuòqǐ·lái le Tā shì nàme
启明星，在 这 蓝色 的 天幕 上 闪 烁 起来 了。它 是 那么
dà nàme liàng zhěnggè guǎngmò de tiānmù·shàng zhǐ yǒu tā zài nà·lǐ
大，那么 亮， 整个 广漠 的 天幕上 只 有 它 在 那里
fàngshèzhe lìng rén zhùmù de guānghuī huóxiàng yì zhǎn xuánguà zài
放射着 令 人 注目 的 光辉， 活像 一 盏 悬挂 在
gāokōng de míngdēng
高空 的 明灯。

Yèsè jiā nóng cāngkōng zhōng de míngdēng yuèláiyuè duō le Ér
夜色 加 浓， 苍空 中 的 “明灯” 越来越 多 了。而
chéngshì gè chù de zhēn de dēnghuǒ yě cìdì liàngle qǐ·lái yóuqí shì wéirào
城市 各 处 的 真 的 灯火 也 次第 亮了 起来，尤其 是 围绕
zài hǎigǎng zhōuwéi shānpō·shàng de nà yí piàn dēngguāng cóng bànkōng
在 海港 周围 山坡上 的 那 一 片 灯光， 从 半空
dàoyìng zài wūlán de hǎimiàn·shàng suízhe bōlàng huàngdòngzhe
倒映 在 乌蓝 的 海面上， 随着 波浪， 晃动着，
shǎnshuòzhe xiàng yí chuàn liúdòngzhe de zhēnzhū hé nà yí piànpiàn mìbù
闪烁着， 像 一 串 流动着 的 珍珠，和 那 一 片片 密布
zài cāngqióng·lǐ de xīngdǒu hùxiāng huīyìng shà shì hǎokàn Zài zhè
在 苍穹里 的 星斗 互相 辉映，煞 是 好看。在 这
yōuměi de yèsè zhōng wǒ tàzhe ruǎnmiánmián de shātān yánzhe
幽美 的 夜色 中， 我 踏着 软绵绵 的 沙滩， 沿着
hǎibiān mànmàn de xiàng qián zǒu·qù Hǎishuǐ qīngqīng de fǔmōzhe
海边， 慢慢 地 向 前 走去。 海水， 轻轻 地 抚摸着
xìruǎn de shātān fāchū wēnróu de shuāshuā shēng Wǎnlái de hǎifēng
细软 的 沙滩，发出 温柔 的 刷刷 声。 晚来 的 海风，

qīngxīn ér yòu liángshuǎng
清新 而 又 凉爽。

三、普通话的声调

声调是指贯穿整个音节的高低升降的变化，是音节中具有区别意义作用的音高变化。汉语普通话共有 4 个声调：阴平、阳平、上声、去声。

声调的辨义作用：

买	处境	底层	赶上	及格	酒厂
卖	出境	低层	感伤	几个	救场
牌匾	指示	深受	通知	四瓣	
排便	知识	神兽	同志	死板	

（一）普通话声调的调值和调类

1. 声调是相对音高的滑动的变化。其调值用五度标记法标注，即 55、35、214、51。

2. 普通话声调的调类是指调值相同的字归纳在一起所建立的类，分为阴平、阳平、上声和去声。

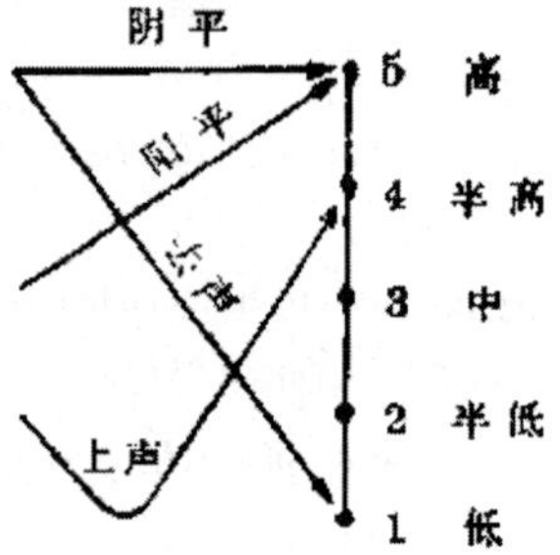

五度标记法

阴平：声调高而平，没有升降变化，调值为 55，称为高平调或 55 调。

例如：飞、天、沟、千。

阳平：声调由中向高扬起，调值为 35，称为中升调或 35 调。

例如：阳、航、梁、王。

上声：声调由次低降到最低，再升到次高，调值为 214（实际 2114），称为降升调或 214 调。

例如：好、打、哄、美。

去声：声调由最高降到最低，中间没有曲折，调值为 51，称为全降调或 51 调。

例如：去、看、万、热。

（二）内蒙古地区易受方言（或其他因素）影响的词语的正确读音

应读阴平：脂肪、菌类、褒奖、山冈、几乎、入侵、不禁、提供、刮风、燕山、叔叔、失去等；

应读阳平：结婚、节日、国家、革命、乘客、福气、媳妇、从容、符合、立即、潜伏、卓越、别去、还没、没有等；

应读上声：处理、骨头、骨髓、脊梁、尽快、矩形、悄然、运转等；

应读去声：赤峰、亚洲、腹部、档案、质量、掠夺、白桦、教诲、比较、理发、浙江、成绩、挫折、当作、梵文、复杂、横财、间断、教室、宁愿、肖像、友谊、暂时、秩序等。

（三）声调的发音训练

1. 字、词训练

（1）按照普通话四声排列的同声同韵字

唉 挨 矮 爱　　巴 拔 把 爸　　餐 残 惨 灿　　搭 达 打 大

翻 烦 反 饭　　歌 阁 葛 个　　蒿 豪 好 号　　家 夹 甲 嫁

科 咳 可 刻　　拉 旯 喇 辣　　妈 麻 马 骂　　孬 挠 脑 闹

拍 牌 迫 派　　七 旗 起 气　　嚷 瓤 壤 让　　申 神 审 甚

涛 逃 讨 套　　温 文 稳 问　　西 习 洗 戏　　招 着 找 照

（2）按照普通话四声排列的双音节词语

春天　飞机　纷飞　兴衰　纠纷　经商　（阴平）

童谣　银行　学习　闻名　行为　朦胧　（阳平）

老板　美好　散曲　脸谱　指点　有理　（上声）

硬件　症状　爱慕　秩序　艳丽　智慧　（去声）

（3）按照普通话同调顺序排列的四言短语

声东击西　发生纠纷　公安机关　休戚相关

陶瓷茶壶　亭台楼阁　学习民俗　完全合格

表演舞蹈　古朴典雅　理想美好　水果可口

灿烂绚丽　变幻莫测　背信弃义　蜕化变质

2. 短文练习

短文一：

Sānshí niándài chū Hú Shì zài BěiJīng Dàxué rèn jiàoshòu Jiǎngkè shí
三十年代初，胡适在北京大学任教授。讲课时
tā chángcháng duì báihuàwén dàjiā chēngzàn yǐnqǐ yìxiē zhǐ xǐhuān
他常常对白话文大加称赞，引起一些只喜欢
wényánwén ér bù xǐhuān báihuàwén de xuéshēng de bùmǎn
文言文而不喜欢白话文的学生的不满。

Yí cì Hú Shì zhèng jiǎng de déyì de shíhòu yí wèi xìng Wèi de
一次，胡适正讲得得意的时候，一位姓魏的
xuéshēng tūrán zhànle qǐ·lái shēngqì de wèn Hú xiānsheng nándào shuō
学生突然站了起来，生气地问："胡先生，难道说
báihuàwén jiù háowú quēdiǎn ma Hú Shì wēixiàozhe huídá shuō
白话文就毫无缺点吗？"胡适微笑着回答说：

Méi·yǒu Nà wèi xuéshēng gèngjiā jīdòng le Kěndìng yǒu Báihuàwén
“没有。”那 位 学生 更加 激动 了：“肯定 有！ 白话文
fèihuà tài duō dǎ diànbào yòng zì duō huāqián duō HúShì de mùguāng
废话 太 多，打 电报 用 字 多， 花钱 多。”胡适 的 目光
dùnshí biànliàng le Qīngshēng de jiěshì shuō Bù yídìng ba Qián jǐ tiān
顿时 变亮 了。 轻声 地 解释 说：“不 一定 吧！ 前 几 天
yǒu wèi péngyou gěi wǒ dǎ·lái diànbào qǐng wǒ qù zhèngfǔ bùmén
有 位 朋友 给 我 打来 电报， 请 我 去 政府 部门
gōngzuò wǒ juédìng bú qù jiù huídiàn jùjué le Fùdiàn shì yòng báihuà xiě
工作， 我 决定 不 去，就 回电 拒绝 了。复电 是 用 白话 写
de kànlái yě hěn shěng zì Qǐng tóngxuémen gēnjù wǒ zhège yìsi yòng
的，看来 也 很 省 字。请 同学们 根据 我 这个 意思，用
wényánwén xiě yí gè huídiàn kànkan jiūjìng shì báihuàwén shěng zì
文言文 写 一 个 回电， 看看 究竟 是 白话文 省 字，
háishì wényánwén shěng zì Hú jiàoshòu gāng shuōwán tóngxuémen lìkè
还是 文言文 省 字？”胡 教授 刚 说完， 同学们 立刻
rènzhēn de xiěle qǐ·lái Shíwǔ fēnzhōng guò·qù Hú Shì ràng tóngxué
认真 地 写了 起来。 十五 分钟 过去， 胡 适 让 同学
jǔshǒu bàogào yòngzì de shùmù ránhòu tiāole yí fèn yòng zì zuì shǎo de
举手， 报告 用字 的 数目， 然后 挑了 一 份 用 字 最 少 的
wényán diànbàogǎo diànwén shì zhèyàng xiě de Cáishū-xuéqiǎn kǒng nán
文言 电报稿， 电文 是 这样 写 的：“才疏学浅， 恐 难
shèngrèn bùkān cóngmìng Báihuàwén de yìsi shì Xuéwen bù shēn
胜任， 不堪 从命。” 白话文 的 意思 是： 学问 不 深，
kǒngpà hěn nán dānrèn zhège gōngzuò bùnéng fúcóng ānpái
恐怕 很 难 担任 这个 工作， 不能 服从 安排。

Hú Shì shuō zhè fèn xiě de quèshí búcuò Jǐn yòngle shí'èr gè zì
胡 适 说， 这 份 写 得 确实 不错， 仅 用了 十二 个 字。
Dàn wǒ de báihuà diànbào què zhǐ yòngle wǔ gè zì
但 我 的 白话 电报 却 只 用了 五 个 字：

Gàn·bùliǎo xièxie
“干不了， 谢谢！”

Hú Shì yòu jiěshì shuō Gàn·bùliǎo jiù yǒu cáishū-xuéqiǎn kǒng nán
胡 适 又 解释 说：“干不了” 就 有 才疏学浅、 恐 难
shèngrèn de yìsi Xièxie Jìduì péngyou de jièshào biǎoshì gǎnxiè yòu yǒu
胜任 的 意思；“谢谢”既对 朋友 的 介绍 表示 感谢， 又 有

jùjué de yìsi
拒绝 的 意思。

短文二：

Hěn jiǔ yǐqián zài yí gè qīhēi de qiūtiān de yèwǎn wǒfànzhōu zài
很 久 以前，在 一 个 漆黑 的 秋天 的 夜晚， 我泛舟 在
Xībólìyà yì tiáo yīnsēnsēn de hé·shàng Chuán dào yí gè zhuǎnwān chù
西伯利亚 一 条 阴森森 的 河上。 船 到 一 个 转弯 处，
zhǐ jiàn qián·miàn hēiqūqū de shānfēng xià·miàn yì xīng huǒguāng mòdì yì
只 见 前面 黑黢黢 的 山峰 下面 一 星 火光 蓦地 一
shǎn Huǒguāng yòu míng yòu liàng hǎoxiàng jiù zài yǎnqián
闪。 火光 又 明 又 亮， 好像 就 在 眼前……

Hǎo la xiètiān-xièdì Wǒ gāoxìng de shuō Mǎshàng jiù dào guòyè de
“好 啦，谢天谢地！” 我 高兴 地 说， “马上 就 到 过夜 的
dìfang la
地方 啦！”

Chuánfū niǔtóu cháo shēnhòu de huǒguāng wàngle yì yǎn yòu
船夫 扭头 朝 身后 的 火光 望了 一 眼，又
bùyǐwéirán de huá·qǐ jiǎng lái
不以为然 地 划起 桨 来。

Yuǎnzhe ne
“远着 呢！”

Wǒ bù xiāngxìn tā de huà yīn·wèi huǒguāng chōngpò ménglóng de
我 不 相信 他 的 话， 因为 火光 冲破 朦胧 的
yèsè míngmíng zài nàr shǎnshuò Búguò chuánfū shì duìde shìshí·shàng
夜色， 明明 在 那儿 闪烁。 不过 船夫 是 对的， 事实上，
huǒguāng díquè hái yuǎnzhe ne Zhèxiē hēiyè de huǒguāng de tèdiǎn shì
火光 的确 还 远着 呢。这些 黑夜 的 火光 的 特点 是：
Qūsàn hēi'àn shǎnshǎn fāliàng jìn zài yǎnqián lìng rén shénwǎng Zhàyíkàn
驱散 黑暗， 闪闪 发亮，近 在 眼前， 令 人 神往。 乍一看，
zài huá Jǐ xià jiù dàole Qíshí què hái yuǎnzhe ne
再 划 几 下 就 到了，其实 却 还 远着 呢！……

Wǒmen zài qīhēi rú mò de hé·shàng yòu huále hěn jiǔ Yí gè gè xiágǔ hé
我们 在 漆黑 如 墨 的 河上 又 划了 很 久。一 个 个 峡谷 和
xuányá yíngmiàn shǐ·lái yòu xiàng hòu yí·qù fǎngfú xiāoshī zài mángmáng
悬崖， 迎面 驶来， 又 向 后 移去， 仿佛 消失 在 茫茫
de yuǎnfāng ér huǒguāng què yīrán tíng zài qiántou shǎnshǎn fāliàng lìng rén
的 远方， 而 火光 却 依然 停 在 前头， 闪闪 发亮，令 人

shénwǎng　yīrán shì zhème jìn　yòu yīrán shì nàme yuǎn
神往——依然是这么近，又依然是那么远……

Xiànzài　wúlùn shì zhè tiáo bèi xuányá qiàobì de yīnyǐng lǒngzhào de
现在，无论是这条被悬崖峭壁的阴影笼罩的
qīhēi de héliú　háishì nà yì xīng míngliàng de huǒguāng dōu jīngcháng fúxiàn
漆黑的河流，还是那一星明亮的火光，都经常浮现
zài wǒ de nǎojì　zài zhè yǐqián hé zài zhè yǐhòu　céng yǒu xǔduō huǒguāng
在我的脑际，在这以前和在这以后，曾有许多火光，
sìhū jìn zài zhǐ-chǐ　bùzhǐ shǐ wǒ yì rén xīnchí-shénwǎng Kěshì shēnghuó
似乎近在咫尺，不止使我一人心驰神往。可是生活
zhī hé què réngrán zài nà yīnsēnsēn de liǎng'àn zhī jiān liúzhe　ér huǒguāng
之河却仍然在那阴森森的两岸之间流着，而火光
yě yījiù fēicháng yáoyuǎn Yīncǐ　bìxū jiājìn huájiǎng
也依旧非常遥远。因此，必须加劲划桨……

Rán'ér　huǒguāng a　bìjìng　bìjìng jiù zài qiántou
然而，火光啊……毕竟……毕竟就在前头！……

四、变调

（一）上声的变调

上声的调值是214。当单念上声字或上声在词末句尾时，要读原调。当上声在阴平、阳平、上声和去声前都会产生变调，调值发生变化。

1. 上声+非上声的变调：变为211

感恩 gǎn'ēn	颈椎 jǐngzhuī	老师 lǎoshī	守约 shǒuyuē
警察 jǐngchá	楚辞 chǔcí	美颜 měiyán	朗读 lǎngdú
请罪 qǐngzuì	想象 xiǎngxiàng	沮丧 jǔsàng	抵赖 dǐlài
姥爷 lǎoye	姐姐 jiějie	胆子 dǎnzi	膀子 bǎngzi
骨头 gǔtou	委屈 wěiqu	本事 běnshi	毯子 tǎnzi

单音节动词重叠后和习惯上第二个音节读轻声的词语中的上声音节的调值基本上由214变读为35。

例如：

想想 xiǎngxiang	管管 guǎnguan	本领 běnling	打手 dǎshou

2. 上声+上声的变调：变为35

（1）两个上声相连，前一个上声变读阳平，即调值由214变为35。

比拟 bǐnǐ	理想 lǐxiǎng	舞蹈 wǔdǎo	瓦解 wǎjiě
彼此 bǐcǐ	美景 měijǐng	悔改 huǐgǎi	友好 yǒuhǎo

（2）三个上声相连，变读情况不同

单双式：上声+（上声+上声）→半上 211+（阳平 35+上声 214）

讲法语 jiǎngfǎyǔ　　你领舞 nǐlǐngwǔ　　水产品 shuǐchǎnpǐn

双单式：（上声+上声）+上声→（阳平 35+阳平 35）+上声 214

胆小鬼 dǎnxiǎoguǐ　　狗尾草 gǒuwěicǎo　　演讲稿 yǎnjiǎngǎo

（3）三个以上上声相连，可根据语气、意义或结构自然分节，再按各自的变调规律变调。请你∥往北走，找∥马厂长。

（二）“一”、“不”的变调

当“一”单念、出现在词末句尾或表序数时，保持原调值 55，读原调。当“不”单念、出现在词末句尾或在非去声音节之前，保持原调值 51，读原调。

例如：一　　第一　　整齐划一　　不　　决不　　不安

（1）在非去声音节（阴平、阳平和上声）前变读为去声

一般 yìbān　　一端 yìduān　　一天 yìtiān　　一些 yìxiē

一板一眼 yìbǎn-yìyǎn　　一表人才 yìbiǎo-réncái

一尘不染 yìchén-bùrǎn　　一得之功 yìdézhīgōng

一刀两断 yìdāo-liǎngduàn　　一锤定音 yìchuí-dìngyīn

（2）在去声音节前变读为阳平

一切 yíqiè　一例 yílì　一臂之力 yíbìzhīlì　一带一路 yídài-yílù

不惑 búhuò　　不必 búbì

不动声色 búdòng-shēngsè　　不共戴天 búgòng-dàitiān

不到黄河不死心 bú dào Huánghé bù sǐxīn

（3）在重叠的动词之间变读为次轻声

看一看 kàn · yīkàn　　跑一跑 pǎo · yīpǎo

聊一聊 liáo · yīliáo　　笑一笑 xiào · yīxiào

瞧不瞧 qiáo · bùqiáo　　冷不冷 lěng · bùlěng

来不及 lái · bùjí　　对不起 duì · bùqǐ

（三）形容词重叠后缀的变调

1. AA 式：读原调

花花的　松松的　美美的　黄黄的　薄薄的

脆脆的　亮亮的　热热的　轻轻地　狠狠地

2. ABB 式：一部分读原调

圆滚滚　泪盈盈　红艳艳　乐陶陶　黄灿灿　湿漉漉　明晃晃

白皑皑　孤零零　黑沉沉　空落落　喜洋洋　野茫茫　黑黝黝

赤裸裸　恶狠狠　泪涟涟　空荡荡　阴沉沉　直挺挺　汗腻腻

3. ABB 式：一部分变为阴平

绿油油　软绵绵　亮堂堂　红彤彤　慢腾腾　水灵灵

绿茸茸　蓬松松　灰蒙蒙　沉甸甸　直瞪瞪　乱蓬蓬

文绉绉　亮锃锃　黑油油　黄澄澄　懒洋洋　白蒙蒙

4. AABB 式：读原调

红红火火　安安静静　兢兢业业　甜甜蜜蜜　严严实实　粗粗壮壮

扎扎实实　恩恩爱爱　匆匆忙忙　勤勤恳恳　花花绿绿　松松爽爽

5. AABB 式：后 A 和后 B 变读轻声

漂漂亮亮　轻轻松松　大大咧咧　舒舒服服　破破烂烂　认认真真

大大方方　规规矩矩　清清楚楚　密密麻麻　普普通通　清清白白

（四）轻声

1. 常见轻声词分类

（1）结构助词“的、地、得”：

他的　说得清　英勇地战斗

（2）动态助词“着、了、过”：

聊着　红了脸　办过事

（3）语气词“啊、呢、呀、吧、哪”：

来吧　去啊　说话呀　天哪　你说呢

（4）趋向动词“来、去”：

回去　出去　下来　回来　起来

（5）后缀“子、头、们”等：

房子　桌子　儿子　石头　木头　我们　孩子们

（6）叠音名词、动词的第二个音节：

叔叔　爸爸　哥哥　姐姐　想想　看看　听听　瞧瞧

（7）名词、代词后表方位的词：

家里　路上　前面　北边　前头　后边　这边　里面

（8）动词后的某些结果补语：

打开　站住　关上　解开　锁上　留下

（9）量词“个”常读轻声：

这个　那个　三个五个

2. 部分必读轻声词训练

巴结　包袱　灯笼　嘀咕　地方　扁担　别扭　事情

东西　玻璃　薄荷　多少　裁缝　苍蝇　耳朵　柴火

称呼　分析　出息　风筝　畜生　高粱　胳膊　刺激
疙瘩　聪明　工夫　凑合　姑娘　大方　官司　大夫
规矩　耽搁　闺女　老婆　含糊　老实　老爷　合同
篱笆　狐狸　糊涂　粮食　馄饨　活泼　伙计　溜达
机灵　家伙　见识　萝卜　骆驼　交情　麻烦　马虎
结实　买卖　玫瑰　精神　棉花　明白　口袋　名堂
窟窿　名字　困难　蘑菇　脑袋　爽快　客气　叫唤
奴才　收成　暖和　收拾　舒服　朋友　算盘　迷糊
塌实　太阳　便宜　体面　葡萄　头发　亲戚　宽敞
妥当　清楚　外甥　人家　认识　窝囊　软和　吓唬
商量　先生　相声　少爷　消息　笑话　心思　石榴
新鲜　行李　使唤　兄弟　休息　月饼　云彩　学生
早上　衙门　张罗　丈夫　秧歌　帐篷　招呼　核桃
折腾　钥匙　芝麻　知识　衣裳　指甲　意识　意思
嘱咐　应酬　主意　冤枉　鸳鸯　状元　应付　疏忽

朗读练习

燕子去了，有再来的时候；杨柳枯了，有再青的时候；桃花谢了，有再开的时候。但是，聪明的，你告诉我，我们的日子为什么一去不复返呢？——是有人偷了他们罢：那是谁？又藏在何处呢？是他们自己逃走了罢：现在又到了哪里呢？

（五）儿化

常用儿化词：

找茬儿　碎步儿　墨水儿　饭盒儿　邮戳儿
冒尖儿　抓阄儿　小瓮儿　没谱儿　火星儿
挨个儿　露馅儿　人影儿　在哪儿　记事儿
胡同儿　扇面儿　瓜子儿　刀把儿　小丑儿
提成儿　大伙儿　痰盂儿　壶盖儿　口哨儿
墨汁儿　做活儿　号码儿　后跟儿　红包儿
名牌儿　耳膜儿　绝活儿　落款儿　跳高儿
小孩儿　旦角儿　锅贴儿　藕节儿　蝈蝈儿
碎步儿　玩意儿　爆肚儿　大伙儿　馅儿饼
打杂儿　豆芽儿　裤衩儿　板擦儿　胖墩儿
被窝儿　挨个儿　饱嗝儿　木橛儿　纽扣儿
好样儿　煤核儿　门牌儿　雪球儿　打滚儿

娘儿俩　模特儿　心窝儿　衣兜儿　没错儿
羊羔儿　枣核儿　话把儿　酒窝儿　走味儿

（六）语气词“啊”音变

1. 音变规律

（1）“啊”前一音节末尾音素是 ɑ、o、e、ê、i、ü 时，“啊”读作“呀”。

今天天气好热啊（呀）！

我没有合适的鞋啊（呀）！

（2）“啊”前一音节末尾音素是 u（包括 ɑo、iɑo）时，“啊”读作“哇”。

他们今天在哪儿住啊（哇）？

你来的真巧啊（哇）！

（3）“啊”前一音节末尾音素是 n 时，“啊”读作“哪”。

这事可难啊（哪），叫人怎么办啊（哪）！

多伟大的母亲啊（哪）！

（4）“啊”前一音节末尾音素是 ng、-i[ɿ]、-i[ʅ] 时，变读为 ngɑ、zɑ、rɑ，“啊”仍写作“啊”。

这么多糖啊（ngɑ）！

需要来回几次啊（zɑ）？

你有什么事啊（rɑ）？

2. 朗读作品测试中出现的“啊”

（1）这使我们都很惊奇，这又怪又丑的石头，原来是天上的啊（呀）！

（2）今天早晨，天放晴了，太阳出来了。推开门一看，嗬！好大的雪啊（呀）！

（3）清晨，当第一束阳光射进舷窗时，它便敞开美丽的歌喉，唱啊（ngɑ）唱，嘤嘤有韵，宛如春水淙淙。

（4）是啊（rɑ），我们有自己的祖国，小鸟也有它的归宿，人和动物都是一样啊（ngɑ），哪儿也不如故乡好！

（5）我想张开两臂抱住她；但这是怎样一个妄想啊（ngɑ）。

（6）仿佛蔚蓝的天融了一块在里面似的，这才这般的鲜润啊（哪）。

（7）在它看来，这狗是多么庞大的怪物啊（哇）！

（8）是啊（rɑ），请不要见笑。我崇敬那只小小的、英勇的鸟儿，我崇敬它那种爱的冲动和力量。

（9）你砸他们，说明你很正直善良，且有批评不良行为的勇气，应该奖励你啊（呀）！

（10）陶……陶校长你打我两下吧！我砸的不是坏人，而是自己的同学啊

（呀）……

3. 拓展练习

看啊，多美的一幅画啊！那上面有山啊，水啊，树啊，花儿啊，还有许多小动物呢，有公鸡啊，白鸭啊，猪啊，羊啊，大水牛啊，枣红马啊，还有一只小白兔啊，多热闹啊！是啊，画得就像真的一样啊！

看啊（哪），多美的一幅画啊（呀）！那上面有山啊（哪），水啊（呀），树啊（哇），花儿啊（呀），还有许多小动物呢，有公鸡啊（呀），白鸭啊（呀），猪啊（哇），羊啊（nga），大水牛啊（哇），枣红马啊（呀），还有一只小白兔啊（哇），多热闹啊（哇）！是啊（ra），画得就像真的一样啊（nga）！

语流音变综合训练：

大雪整整下了一夜。今天早晨，天放晴了，太阳出来了。推开门一看，嗬！好大的雪啊！山川、河流、树木、房屋，全都罩上了一层厚厚的雪，万里江山，变成了粉妆玉砌的世界。落光了叶子的柳树上挂满了毛茸茸亮晶晶的银条儿；而那些冬夏常青的松树和柏树上，则挂满了蓬松松沉甸甸的雪球儿。一阵风吹来，树枝轻轻地摇晃，美丽的银条儿和雪球儿簌簌地落下来，玉屑似的雪末儿随风飘扬，映着清晨的阳光，显出一道道五光十色的彩虹。

第三节　内蒙古自治区汉语方言语音辨正及训练

内蒙古自治区汉语方言属北方方言区，可以分为三个不同的区域，即东部方言区、西部方言区和阿拉善方言区。各个方言区之间语音差异十分明显。

一、东部方言语音的辨正及训练

东部方言属北方方言区中华北次方言区的东北官话系统，其中包括呼伦贝尔、兴安盟、通辽、赤峰、锡林郭勒盟东部。这些地区方言比较接近普通话，但与普通话相比较，又有一定的差异。

（一）声母的辨正训练

1. 普通话以 u 打头的零声母音节，开头的 u 被唇齿擦音 v 代替，而普通话声母中没有 v 这个音。

斡旋 wòxuán	外资 wàizī	伪造 wěizào	晚餐 wǎncān
无私 wúsī	往事 wǎngshì	稳妥 wěntuǒ	瓦解 wǎjiě

2. 部分地区在以 a、o、e 开头的零声母音节前，常加 n。

讴歌 ōugē	额外 éwài	敖包 áobāo	案板 ànbǎn
矮小 ǎixiǎo	恩爱 ēn'ài	肮脏 āngzāng	棉袄 mián'ǎo

3. 舌尖前音 z、c、s 与舌尖后音 zh、ch、sh 混读。

滋味 zīwèi——磁性 cíxìng——思绪 sīxù

栽树 zāishù——裁衣 cáiyī——塞外 sàiwài

资产 zīchǎn——瓷砖 cízhuān——私产 sīchǎn

租车 zūchē——粗糙 cūcāo——塑料 sùliào

遵守 zūnshǒu——存储 cúchǔ——损失 sǔnshī

招数 zhāoshù——抄书 chāoshū——小数 xiǎoshù——少数 shǎoshù

商量 shāngliang——响亮 xiǎngliàng——丈量 zhàngliáng——敞亮 chǎngliang

4. 东部方言中，普通话的卷舌声母 r 常被读成 i。

染指 rǎnzhǐ	扔掉 rēngdiào	饶舌 ráoshé	人生 rénshēng
惹事 rěshì	如果 rúguǒ	日志 rìzhì	容忍 róngrěn

（二）韵母的辨正训练

1. 东部方言中，当在韵母 o 的前边拼 b、p、m、f 时，大都将韵母 o 读作 e。

抹黑 mǒhēi	波纹 bōwén	菠菜 bōcài	魔术 móshù
破碎 pòsuì	叵测 pǒcè	佛经 fójīng	驳斥 bóchì

2. 东部方言中，赤峰、开鲁及奈曼方言中，发 ai，uai 时韵腹开口度小，且不带韵尾，读成［ɛ］、［uɛ］。

塞外 sàiwài	采购 cǎigòu	买卖 mǎimai	开采 kāicǎi
灾害 zāihuài	代词 dàicí	赖债 lànzhài	海外 hǎiwài

3. 东部方言中，韵母 ong 前拼声母 n、z 时，一般读作 eng 。

农村 nóngcūn	浓厚 nónghòu	弄权 nòngquán
宗教 zōngjiào	粽子 zòngzi	弄鬼 nòngguǐ

4. 东部方言中，赤峰、奈曼、开鲁等地区把普通话中的 ao、iao 韵分读成［ɔ］、［iɔ］。

5. 赤峰、奈曼、开鲁等地区读普通话的前鼻韵母 en、in、uen、ün 和后鼻韵母 ang、iang、uang 时，分别读成［ẽ］、［iẽ］、［uẽ］、［yẽ］、［ã］、［iã］、［uã］。

二、西部方言语音的辨正及训练

西部方言区属北方方言区中华北次方言区的晋语方言。其中包括内蒙古自治区中西部的锡林郭勒盟西部、乌兰察布、呼和浩特、包头、巴彦淖尔、鄂尔多斯、乌海等地区。

（一）声母的辨正训练

1. 西部方言与东部方言一样，以 u 打头的合口呼零声母自成音节时，u 被唇齿擦音 v 代替。

歪曲 wāiqū　　枉费 wǎngfèi　　误会 wùhuì　　蛙泳 wāyǒng

2. 在普通话开口呼零声母（如 an、en、ou 等）前加 ng 作声母。

昂扬 ángyáng　　恩惠 ēnhuì　　傲视 àoshì　　欧洲 ōuzhōu

3. 西部方言中，大部分 z、c、s 与 zh、ch、sh 相混淆，有些地区声母只有 z、c、s 而没有 zh、ch、sh，即把翘舌音字归入平舌音字中。

出差 chūchāi　　商业 shāngyè　　深林 shēnlín　　出操 chūcāo

4. 西部方言中，有些地区声母中没有 r 声母，却有相对应的浊擦音［z］。

笑容 xiàoróng　　热情 rèqíng　　儒家 rújiā　　饶恕 ráoshù

（二）韵母的辨正训练

西部方言与普通话相比，韵母差异很大，情况也比较复杂。

1. ai 与 uai 韵、ao 与 iao 韵、ai 与 ei 韵、uai 与 uei 韵

普通话中的 ai，uai，ao、iao 韵母在西部方言中分别读为［ɛ］、［uɛ］、［ɔ］、［iɔ］，没有韵尾；另外，乌兰察布、鄂尔多斯、呼和浩特的一些地区，ai、ei 分，uai、uei 不分。

（1）ai 与 uai

徘徊 páihuái　　海带 hǎidài　　怪胎 guàitāi　　委派 wěipài

对待 duìdài　　拐卖 guǎimài　　跪拜 guìbài　　排队 páiduì

（2）ao 与 iao

暴躁 bàozào　　教师 jiàoshī　　消耗 xiāohào　　报告 bàogào

侨胞 qiáobāo　　渺小 miǎoxiǎo　　高潮 gāocháo　　调包 diàobāo

（3）ai 与 ei

耐心 nàixīn—— 内心 nèixīn　　麦子 màizi——妹子 mèizi

拜会 bàihuì—— 背会 bèihuì　　分派 fēnpài—— 分配 fēnpèi

埋头 máitóu—— 眉头 méitóu　　外来 wàilái—— 没来 méilái

（4）uai 与 uei

怀抱 huáibào—— 回报 huíbào　　怪人 guàirén—— 贵人 guìrén

甩手 shuǎishǒu—— 水手 shuǐshǒu　　坏话 huàihuà—— 会话 huìhuà

中外 zhōngwài——中尉 zhōngwèi　　怀乡 huáixiāng——茴香 huíxiāng

2. ou、iou 与 u

西部方言中一些地区把普通话的 ou、iou 二韵读错，并且 u 韵与 ou 韵混

读，ou 韵与 iou 韵混读。

（1）ou 与 iou

羊肉 yángròu　邮购 yóugòu　抬头 táitóu　悠久 yōujiǔ

求救 qiújiù　报酬 bàochou　纽扣 niǔkòu　诱惑 yòuhuò

（2）ou 与 u

偷盗 tōudào　逗留 dòuliú　陡峭 dǒuqiào　能够 nénggòu

普通 pǔtōng　路途 lùtú　怒火 nùhuǒ　露珠 lùzhū

3. 前鼻音韵母 en、in，uen、ün 与后鼻音韵母 eng、ing、ong、iong 不分

认真 rènzhēn　身份 shēnfèn　人参 rénshēn　振奋 zhènfèn

辛勤 xīnqín　亲近 qīnjìn　温和 wēnhé　春汛 chūnxùn

4. an、ian、uan、üan 与 ang、iang、uang 韵

普通话中的 an、uan、ang、uang 在西部方言中存在鼻化现象，ian、üan 在西部方言中不存在，这两韵已被归入 ie、üe 二韵。

看守 kānshǒu　砍柴 kǎnchái　报刊 bàokān　探测 tàncè

浅显 qiǎnxiǎn　鲜艳 xiānyàn　观察 guānchá　宽泛 kuānfàn

轩辕 xuānyuán　圆圈 yuánquān　沧桑 cāngsāng　帮忙 bāngmáng

商场 shāngchǎng　洋相 yángxiàng　强壮 qiángzhuàng　双簧 shuānghuáng

（三）声调的训练

西部方言声调类别有两个特点：一是保留了带喉塞音韵尾的入声，二是阴平与阳平不分。

三、阿拉善方言语音的辨正及训练

阿拉善方言属北方方言中西北次方言区的兰银官话系统，包括内蒙古自治区最西部的阿拉善盟，以左旗民勤话为代表。

（一）声母的辨正训练

1. 阿拉善方言中，声母 n、l 不分

男女 nánnǚ　纳凉 nàliáng　嫩绿 nènlǜ　暖流 nuǎnliú

奶酪 nǎilào　内敛 nèiliǎn　农历 nónglì　来临 láilín

2. “zh、ch、sh”与“z、c、s”相混，这与东部方言区情况相同，在此省略

（二）韵母的辨正训练

1. 普通话中 ao、iao 两个韵母，在阿拉善方言中被读成［ɔu］、［iɔu］

巧妙 qiǎomiào　招告 zhāogào　绕道 ràodào　逍遥 xiāoyáo

号召 hàozhào　　表示 biǎoshì　　糟糕 zāogāo　　描述 miáoshù

2. 左旗民勤话 ai 和 an 不分，uai 和 uan 不分

饭菜 fàncài　　财产 cáichǎn　　寒带 hándài　　男孩 nánhái

拐弯 guǎiwān　　穿戴 chuāndài　　欢快 huānkuài　　团拜 tuánbài

3. 左旗民勤话中，前后鼻韵母相混淆尤为明显，en、in、uen、ün 和 eng、ing、ong、iong 合流，常常把前鼻韵母读成后鼻韵母

缝纫 féngrèn　　神圣 shénshèng　　民众 mínzhòng　　问路 wènlù

闻名 wénmíng　　奔腾 bēnténg　　定亲 dìngqīn　　昆仑 kūnlún

雄浑 xiónghún　　清明 qīngmíng　　穷困 qióngkùn　　童年 tóngnián

（三）声调的辨正训练

在阿拉善方言中，左旗民勤话有阴平、阳平、上声、去声四个调类，但上声自成一类，并且将古入声字全部归入去声。

第四节　蒙古族学生汉语语音难点音训练

一、蒙古族学生误读、混读声母的辨正训练

普通话声母中的 b、p、m、d、t、n、l、g、h、s 的发音与蒙古语中的基础辅音基本相同，在训练时按照普通话声母发音进行训练即可。而蒙古语的基本辅音中没有普通话中声母 f、k、z、c、zhi、chi、shi、r、j、q、x 的发音。因此蒙古族学生在读这些声母的汉字时，容易出现误读和混读现象，训练时务必讲清混淆音的发音部位及发音方法，也可以尽量在蒙古语辅音中找到与其相近的音进行发音训练，然后再逐步引导其发出正确的读音。

（一）z、c 和 s 的辨正

z、c、s 在汉语声母里是舌尖前音，按发音方法归两类，塞擦音 z、c 和擦音 s，因为蒙古语基本辅音里只有 s 音，而无 z、c 音，因而经常会把 z、c 音误读为 s 音。

如：“再见”读成“sài 见”；“一座座”读成“一 suòsuò”；“草原”读成“sǎo 原”。

1. 训练方法

讲清 z、c 和 s 在发音方法上的差异。重点讲清 z、c 的发音。发 z 时，舌尖与上齿背形成闭塞，软腭上升，堵塞鼻腔通道，紧接着松开舌尖阻碍的一道窄缝，然后气流从舌尖和上齿背之音的缝隙中挤出，摩擦成声，声带不颤动，

气流较弱。发 c 时，除气流较强外，其他发音特点都与 z 相同。

2. 词语训练

z——自在　曾祖　崽子　自尊　栽赃　自作

　　祖宗　攒足　在座　走卒　造作　凿子

c——参差　苍翠　粗糙　草丛　层次　从此

　　仓促　摧残　猜测　措辞　残存　匆促

s——琐碎　松散　思索　色素　诉讼　洒扫

　　撕碎　搜索　四散　嫂嫂　缫丝　簌簌

3. 对比训练

早稻——扫到　姿势——私事　自立——私立

簪子——三子　阻力——塑立　资源——思源

擦好——洒好　粗木——苏木　藏住——桑珠

词序——思绪　私人——词人　死记——刺激

桑叶——苍叶　三角——藏教　四季——刺激

丝绵——自勉　俗语——粗语　思想——慈祥

4. 绕口令

小四在刺字，四次刺“四”字，“四”字刺四次，四字都是“四”。

（二）f 和 p、h 的辨正

f 和 p、h 根据发音部位划分，f 是唇齿清擦音，p 是双唇清塞音，h 是舌根音，彼此的区分很清楚，但蒙古语中没有 f 音，而 p、h 发音与 f 发音较为相近，因而经常会把 f 音误读为 p、h 音。

如：把“方便面”读为“pāng 便面”或“huāng 便面”；“房子”读为“páng 子”。

1. 训练方法

讲清 f 和 p、h 在发音部位上的差异。重点讲清 f 的发音。发 f 音时，下唇接近上齿，形成窄缝，软腭上升堵塞鼻腔通路，声带不振动，气流从唇齿间的空缝中挤出，摩擦成音。

2. 词语训练

f——肺腑　吩咐　丰富　芬芳　反腐　佛法

f 和 p、h——飞盘　评分　佩服　分盘　荒废　平凡

3. 对比训练

伐树——爬树　烦闷——盘问

发生——花生　谎言——方言

公费——工会　防止——黄纸

斧背——虎背　　废话——绘画

4. 绕口令

凤凰树开凤凰花，凤凰花引来火凤凰。火凤凰是红凤凰，凤凰花是粉凤凰。红凤凰爱粉凤凰。

丰丰和芬芬上街买混纺，红混纺、粉混纺、黄混纺，芬芬丰丰反复挑选混纺，丰丰买了粉混纺，芬芬买了黄混纺。

（三）j、q、x 和 zh、ch、sh 的辨正

zh、ch、sh 是舌尖后音，j、q、x 是舌面音。蒙古语中没有这两组辅音。蒙古族学生发 j、q、x 并不困难，因为在蒙古语辅音中有近似的发音。但经常把 zh、ch、sh 误读为 j、q、x。初学汉语的蒙古族学生发 zh、ch、sh 的难度很大，应该作为训练的重点。

如："知道" 读为 "jī 道"；"通知" 读为 "通 jī"；"吃饭" 读成 "qī 饭"。

1. 训练方法

讲清 zh、ch、sh 发音部位及方法。zh：发音时，舌尖上翘，抵住硬腭前部，软腭上升，堵塞鼻腔通路，声带不振动，较弱的气流把舌尖的阻碍冲开一条窄缝，并从中挤出，摩擦成音。ch：发音的情况和 zh 相比，只是气流较强，其余都相同。sh：发音时，舌尖上翘，接近硬腭前部，形成窄缝，软腭上升，堵塞鼻腔通路，声带不振动，气流从舌尖和硬腭前部形成的窄缝中挤出，摩擦成音。

2. 词语训练

zh——政治　支柱　珍珠　庄重　真挚　转折

ch——踌躇　拆除　抽查　传出　冲茶　闯出

sh——闪烁　属实　熟手　税收　设施　顺水

3. 对比训练

实质——实际　制止——知己

知识——极细　记性——直性

墨迹——墨汁　交际——交织

边际——编制　洗礼——失礼

详细——翔实　缺席——确实

4. 绕口令

史老师，学时事，常学时事长知识。时事学习看报纸，报纸登的是时事。常看报纸要多思，心里装着天下事。

长虫虫长长，长虫长虫虫。常冲怕长虫，长虫怕常冲。

（四）声母发音综合练习

在繁华的巴黎大街的路旁，站着一个衣衫褴褛、头发斑白、双目失明的老

人。他不像其他乞丐那样伸手向过路行人乞讨，而是在身旁立一块木牌，上面写着："我什么也看不见！"街上过往的行人很多，看了木牌上的字都无动于衷，有的还淡淡一笑，便姗姗而去了。

二、蒙古族学生误读、混读韵母的辨正训练

普通话中的单元音韵母 a、o、e、i、u 与蒙古语中的元音的发音基本相同。

在蒙古语中不仅没有 ü、ê、-i（前）、-i（后）、er 这几个元音，而且蒙古语在复合元音的拼合过程中没有突出韵腹的特征，导致韵母的混读或误读。此外，成对儿韵母也经常发生混淆。-i（前）、-i（后）、er 可分别结合声母 z、c、s、zh、ch、sh 及［el］（er 在蒙古语中相似的发音）进行训练。

汉蒙元音及复合元音发音的差别，使得蒙古族学生在普通话韵母的发音时，往往需要纠正以下偏误：

（一）单韵母 ü 及 ü 的复韵母 üe、üan、ün 的辨正

蒙古族学生在学汉语时经常用"i"去代替"ü"，如：将"倔强"读成"jiéjiàng"，"群众"读成"qínjiòng"。训练时要讲清普通话中撮口呼与齐齿呼的唇形区别。

1. 词语训练

ü——虚无　取代　拒绝　蓄意　愚昧　语调　屈服

üe——雀跃　约略　决绝　月饼　缺憾　虐待　缺略

üan——眷恋　宣传　源泉　权利　缘分　隽永　玄虚

ün——军训　孕育　逡巡　君子　寻衅　群众　匀称

2. 对比训练

名义——名誉　结集——结局　意义——寓意　盐分——缘分

绝迹——绝句　沿用——援用　通信——通讯　意见——预见

容易——荣誉　雨具——雨季　原料——颜料　院子——燕子

3. 绕口令

圆圈圆，圈圆圈，圆圆娟娟画圆圈。

娟娟画的圈连圈，圆圆画的圈套圈。

娟娟圆圆比圆圈，看看谁的圆圈圆。

（二）韵腹混读、漏读的辨正

蒙古族学生往往会将复元音韵母习惯性地读作单元音韵母，出现元音丢漏或混用现象，因而造成词义改变。如：将"电影"误读成"dàn 影"，把"头等"误读为"tuó 等"，把"编号"误读为"bān 号"等。

1. 词语训练

an 和 ian——安然　案板　黯淡　贪婪　斑斓　参赞

边沿　变迁　电线　便宴　垫肩　简便

ao 和 iao——敖包　高潮　报告　操劳　抛锚　糟糕

吊销　教条　疗效　秒表　渺小　飘摇

ang 和 iang——帮忙　仓房　苍茫　厂房　长方　当场

亮相　两厢　两样　良将　洋相　想象

2. 成对儿韵母的辨正

蒙古族学生有将成对儿韵母混淆的偏误，如：an-ang、en-eng、in-ing、in-un、ian-uan 等；将“风筝”读为“fēnzhen”、“通讯”读成“tōngxiòng”等。这种情况可以结合前后鼻韵母的偏误进行纠错训练。

（1）词语训练

n——安全　恩情　引文　寻觅　艰险　捐款　宽大　温和

ng——厂商　风声　从容　精明　强调　窘境　慌张　渔翁

（2）对比训练

扳手——帮手　女篮——女郎　反问——访问　担心——当心

同门——同盟　花盆——花棚　瓜分——刮风　分子——疯子

因而——婴儿　弹琴——谈情　人民——人名　频频——平平

（3）绕口令

生身亲母亲，谨请您就寝，请您心宁静，身心很要紧。

姓陈不能说成姓程，姓程不能说成姓陈。禾木是程，耳东是陈。如果陈程不分，就会叫错人。

3. 韵母发音综合训练

雨　巷

戴望舒

撑着油纸伞，独自
彷徨在悠长、悠长
又寂寥的雨巷
我希望逢着
一个丁香一样地
结着愁怨的姑娘

她是有
丁香一样的颜色
丁香一样的芬芳
丁香一样的忧愁
在雨中哀怨
哀怨又彷徨

她彷徨在这寂寥的雨巷
撑着油纸伞
像我一样
像我一样地
默默彳亍着
冷漠、凄清，又惆怅

她默默地走近
走近，又投出
太息一般的眼光
她飘过
像梦一般地
像梦一般地凄婉迷茫

像梦中飘过
一枝丁香地
我身旁飘过这女郎
她静默地远了、远了
到了颓圮的篱墙
走尽这雨巷

在雨的哀曲里
消了她的颜色
散了她的芬芳
消散了，甚至她的
太息般的眼光
丁香般的惆怅

撑着油纸伞，独自
彷徨在悠长，悠长
又寂寥的雨巷
我希望飘过
一个丁香一样地
结着愁怨的姑娘

三、蒙古族学生误读声调的辨正训练

普通话是声调语言，声调有区别意义的作用，并用调值来表明声调曲直的变化。而蒙古语则不讲声调、调值，只讲重音。蒙古族学生由于缺乏对音高变化的感知经验，同时受蒙古语的语调、音节的轻重模式等因素的干扰，发音时常常会出现偏误现象，这是针对蒙古族学生普通话培训中的重点和难点。蒙古族学生声调偏误最多的依次是上声、阳平、阴平、去声，主要表现为上声与阳平的混读、去声与阴平的混读。此外，由于蒙古语中没有轻声和儿化，所以针对这部分内容也需加强训练。

（一）上声与阳平的辨正

普通话声调采用“五度标识法”直观形象地显示音高特征。蒙古族学生读上声时往往将 214 调值读为近似于 224，给人的感觉是拐弯不够明显。而读阳平时起调延续时间长，听起来有拖沓之感，近似于 335 调值，因此上声与阳平音听觉上感觉极为相似。培训中调值是否到位决定了学生能否读清上声和阳平。

1. 词语训练

上声——也许　手掌　总理　勇敢　稳妥　美好
阳平——石岩　留条　能源　潮流　仍然　结合

2. 对比训练

上+阳——女人　假如　水泥　缓和　检查　草原
　　　　本来　腐蚀　比如　语言　可能　点名
阳+上——牛奶　情感　雷雨　营养　如果　泥土
　　　　门口　同伙　拿手　沿海　熟语　民主

3. 绕口令

柳伯伯，李伯伯，饽饽铺里买饽饽，
柳伯伯买了个饽饽大，李伯伯买了个大饽饽。
拿回家里喂婆婆，婆婆又去比饽饽，
也不知是柳伯伯买的饽饽大还是李伯伯买的大饽饽。

（二）去声与阴平的辨正

蒙古族学生在读阴平字、词时，往往无法保持55调值，在5至5的动程中发生降调，如：将“飞”读为54调值；“飞机”读为54、54调值。读去声时，调值降不到1，所以阴平与去声混淆度极高。培训中，应注意读阴平时强调保持55调值；读去声时拉大调域，突出强调其降势。

1. 词语训练

去声——意义　愿望　变化　再见　奋斗　报告

阴平——秋天　将军　声音　司机　姑妈　相当

2. 对比训练

去+阴——下乡　汽车　象征　地方　创新　列车

进攻　间接　降低　特征　印刷　战争

阴+去——医院　播送　音乐　规范　操作　飞快

单位　希望　高兴　中外　失事　担任

3. 绕口令

一只花皮花背花青蛙，遇见花背花皮大西瓜。青蛙说西瓜的背皮没有青蛙的皮背花，西瓜说青蛙的皮背没有西瓜的背皮花。

第五节　朗读训练

普通话朗读是用汉语标准音有感情地把书面文字作品转化为有声语言的一种再创作活动，即用普通话准确、清晰、富有感情地把书面作品的思想内容充分表达出来，感染听众。

普通话朗读测查的目的是测查应试人使用普通话朗读书面作品的水平，在测查声母、韵母、声调读音标准程度的同时重点测查连读音变（上声、轻声、儿化、“一、不”的音变、“啊”的音变、叠声形容词的音变）、停连、语调以及流畅程度。测试用短文从《普通话水平测试实施纲要》的60篇短文中选取，测试时随机给定。要求应试人在4分钟内完成一篇短文的前400个音节。

朗读是提高普通话水平的重要训练手段。要朗读好一部作品，除了要具有一些基本条件（普通话语音标准、不读破句、吐字清楚、语流畅通，等等）以外，还要深入研究作品，准确理解作品的主题、情感、段意和重点词句在作品中的作用。同时，还要恰当地综合运用朗读的各要素（停连、重音、语调、语速）。

一、突出朗读情感色彩的技巧

朗读的技巧主要有：停连、重音、语调和语速。

（一）停连

何谓停连？“停”指停顿，“连”指连接。停连是指停顿（稍顿▲；一般停顿∧；稍长停顿 ︽）和连接（︶）。有停顿，有连接才能更好地传情达意。

停连既是生理需要，同时也是心理需要（表情达意的需要），生理需要必须服从心理需要，不可因停害意、因停断情。停顿是思想感情运动状态的继续和延伸，而不是思想感情的终止、中断和空白。要做到语断意连。

停连在不同的位置，所表达的意思有时候会有不同的效果。

“无鸡鸭也可无鱼肉也可一盘青菜不可”可表达为：

“无鸡∧鸭也可 ︽无鱼∧肉也可 ︽一盘青菜不可”或“无鸡鸭也可∧无鱼肉也可∧一盘青菜不可”。

1. 停连的处理方式

（1）停顿方式

落停：在一句话、一个层次、一篇文章内容结束时使用。当内容在此结束，声音也要呈弱式滑下来，然后缓缓收住。气息正好在收音时用完，停顿时间相对较长。

例如：

我们的船渐渐逼近榕树了。︽我有机会看清它的真面目：∧是一棵大树，▲有数不清的丫枝，▲枝上又生根，▲有许多根一直垂到地上，▲伸进泥土里。︽一部分树枝垂到地面上，▲从远处看，▲就像一棵大树斜躺在水面上一样。（作品 48 号）

扬停：这种方式一般用在句中无标点之处，或一个意思还没有说完而中间又需要停顿的地方。它的特点是，停顿时间较短，停时声停气未尽。

例如：

为什么▲你已经有钱了还要？（作品 7 号）

小姐，在你们国家▲有没有小孩儿患小儿麻痹？（作品 21 号）

（2）连接方式

直连：一般用于有标点符号而内容又联系比较紧密的地方，它的特点是顺势连带，不露痕迹。

缓连：这种连接一般用于较舒缓的内容，而且适合于一句话或一段当中的连接。这种方式也用于没有标点符号而内容又需要有所区分的地方，它的特点是声断意连，环环向前。

例如：

但是，它却是伟岸，︶正直，朴质，︶严肃，也不缺乏温和。（作品1号）

山川、︶河流、树木、︶房屋，全都罩上了一层厚厚的雪。（作品5号）

2. 停连运用的基本原则

停连遵循“标点符号是参考，语法关系是基础，情感表达是根本”的原则。

（1）标点符号是参考

标点符号停顿时间的长短一般是：

顿号<逗号<分号（冒号）<句号（问号、叹号、省略号）

（2）语法关系是基础

在没有标点提示的情况下，停顿一般出现于下列情况：

a. 主语、谓语之间

船∧在树下泊了片刻……（作品48号）

我的狗∧慢慢向它靠近。（作品27号）

幸福∧是一种心灵的震颤。（作品40号）

b. 动词与较长的宾语之间

我仿佛听见∧几只鸟扑翅的声音……（作品48号）

他想∧这么便宜的西红柿，老板肯定会要进一些的……（作品2号）

我常想∧读书人是世间幸福人……（作品6号）

c. 较长的附加成分和中心词之间

从彤云密布的天空中∧飘落下来。（作品48号）

我发现母亲正仔细地∧用一小块儿碎面包∧擦那给我煎牛排用的油锅。（作品48号）

床架上方，则挂着一枚∧我一九三二年∧赢得耐斯市少年乒乓球冠军的∧银质奖章。（作品48号）

d. 并列成分之间

从那些往哲先贤∧以及当代才俊的著述中∧学得他们的人格。（作品5号）

那些失去∧或不能阅读的人是多么的不幸。（作品5号）

（3）情感表达是根本

更多的时候我们为了强调某个事物或突出某个语意、某种感情而停连，此时的停连没有明确的规律。总的来说，按文意、合文气、顺文势，是运用停连的原则。这需要知识的综合应用。

例如：

为什么你已经有钱了∧还要？因为原来不够，但现在∧凑够了。（作品

5 号）

可小鸟憔悴了，给水，︶不喝！喂肉，︶不吃！（作品 22 号）

（二）重音

重音是指朗读时对句子中某些词语或结构成分从声音上加以突出的现象，而不是“加重声音”的简称。重音可以突出语句的重点和作品的主题，增强语言的节奏感和表现力。

重音分为语法重音和强调重音。

1. 语法重音

根据句子的语法结构确定的重音，位置比较固定。

（1）一般短句里的谓语部分

例如：

东风来了，春天的脚步近了。山朗润起来了，水涨起来了，太阳的脸红起来了。

桂林的山真奇啊，……桂林的山真秀啊，……桂林的山真险啊，……

（2）动宾结构中的宾语

例如：

谈文学、谈哲学、谈人生道理。（作品 32 号）

我爱月夜，但也爱星天。（作品 8 号）

她的名字叫翁香玉。（作品 52 号）

（3）定语、状语、补语

例如：

现在正是枝繁叶茂的时节。（作品 48 号）

它是最贵的一棵树。（作品 47 号）

王友惊疑地接过糖果。（作品 39 号）

大雪整整下了一夜。（作品 5 号）

他眼睛睁得大大的。（作品 39 号）

（4）疑问代词和指示代词

例如：

谁能把花生的好处说出来？（作品 26 号）

（5）比喻句中的比喻词和喻体

例如：

看，像牛毛、像花针，像细丝，密密地斜织着。

如果说瞿塘峡像一道闸门，那么巫峡简直像江上一条迂回曲折的画廊。

（6）对比性重音

例如：

骆驼很高，羊很矮。骆驼说：“长得高多好啊！”羊说：“不对，长得矮才好呢！”

孔雀很美丽，但也很骄傲。

我爱热闹，也爱冷静，爱群居，也爱独处。

2. 强调重音

强调重音指的是为了表示某种特殊的感情和强调某种特殊意义而故意说得重一些的音，目的在引起听者注意自己所要强调的某个部分。语句在什么地方该用强调重音并没有固定的规律，而是受说话的环境、内容和感情支配的。又称为“逻辑重音”或“感情重音”。

例如：

我叫他别放手，但他却说是应该放手的时候了。我摔倒之后，妈跑过来扶我，爸却要她走开。我当生气极了，决心要给他点颜色看。于是，我马上爬上自行车，而且自己骑给他看。（作品 10 号）

表达重音的方式有加强音量法、延音法、顿字法、轻读法。

（1）加强音量法

例如：

它不苟且、不俯就、不妥协、不媚俗，甘愿自己冷落自己。（作品 30 号）

我在俄国见到的景物再没有比托尔斯泰墓更宏伟、更感人的。（作品 35 号）

（2）延音法

例如：

是的，智力可以受损，但爱永远不会。（作品 51 号）

（3）顿字法（多见诗歌）

例如：

更喜岷山千里雪，三军过后尽开颜。

欲穷千里目，更上一层楼。

（4）轻读法

例如：

在这幽美的夜色中，我踏着软绵绵的沙滩，沿着海边，慢慢地向前走去。海水轻轻地抚摸着细软的沙滩，发出温柔的刷刷声。（作品 12 号）

重音要精不要多，要站得住脚；要注意分寸，切忌强调过分；有时重音要与停顿结合，可在强调的字词前后加以停顿。

（三）语调

语调指语句声音高低升降的变化。其中以结尾的升降变化最为重要，一般是和句子的语气紧密结合的。应试者在朗读时，如能注意语调的升降变化，语音就有了动听的腔调，听起来便具有音乐美，也就能够更细致地表达不同的思想感情。语调变化多端，主要有以下几种：高升调、降抑调、平直调、曲折调。

1. 高升调

高升调多在疑问句、反诘句、短促的命令句，或者是表示愤怒、紧张、警告、号召的句子里使用。朗读时，注意前低后高、语气上扬。

例如：

这与你无关，你为什么问这个问题？↗（作品 7 号）

胡先生，难道说白话文就毫无缺点吗？↗（作品 15 号）

2. 降抑调

降抑调一般用在感叹句、祈使句或表示坚决、自信、赞扬、祝愿等感情的句子里。表达沉痛、悲愤的感情，一般也用这种语调。朗读时，注意调子逐渐由高降低，末字低而短。

例如：

肯定有！↘白话文废话太多，打电报用字多，花钱多。↘（作品 15 号）

3. 平直调

平直调一般多用在叙述、说明或表示迟疑、思索、冷淡、追忆、悼念等的句子里。朗读时始终平直舒缓，没有显著的高低变化。

例如：

那是力争上游的一种树，笔直的干，笔直的枝。（作品 1 号）

雪纷纷扬扬，下得很大。（作品 5 号）

4. 曲折调

曲折调用于表示特殊的感情，如讽刺、讥笑、夸张、强调、双关、特别惊异等句子里。朗读时由高而低后又高，或由低高而后又低，把句子中某些特殊的音节特别加重、加高或拖长，形成一种升降曲折的变化。

例如：

爸听了便叫嚷道：“你以为这是什么↗车↘？旅游↗车↘？（作品 10 号）

（四）语速

普通话正常语速一般一分钟 200 个音节左右。快的一分钟可达 250～300 个音节，如新闻播音。慢的有 150 个音节左右。测试朗读的要求是读 400 个音节，限时 4 分钟，超时要扣分。一般来说，超时是极少的。控制语速主要还是与朗读水平有关。因为语速过快，会影响字音的准确清晰和语意的表达；语速过慢，又会影响流畅程度。测试用的 60 篇作品都是散文，宜用中速朗读，即一分钟 200~240 个音节较合适。

二、朗读综合训练

作品一：

Péngyou jíjiāng yuǎnxíng
朋友即将远行。

Mùchūn shíjié yòu yāole jǐ wèi péngyou zài jiā xiǎojù Suīrán dōu shì
暮春时节，又邀了几位朋友在家小聚。虽然都是
jí shú de péngyou què shì zhōngnián nándé yíjiàn ǒu'ěr diànhuà·lǐ
极熟的朋友，却是终年难得一见，偶尔电话里
xiāngyù yě wúfēi shì jǐ jù xúnchánghuà Yì guō xiǎomǐ xīfàn yì dié
相遇，也无非是几句寻常话。一锅小米稀饭，一碟
dàtóucài yì pán zìjiā niàngzhì de pàocài yì zhī xiàngkǒu mǎihuí de kǎoyā
大头菜，一盘自家酿制的泡菜，一只巷口买回的烤鸭，
jiǎnjiǎn-dāndān bú xiàng qǐngkè dào xiàng jiārén tuánjù
简简单单，不像请客，倒像家人团聚。

Qíshí yǒuqíng yě hǎo àiqíng yě hǎo jiǔ'érjiǔzhī dōu huì zhuǎnhuà wéi
其实，友情也好，爱情也好，久而久之都会转化为
qīnqíng Shuō yě qíguài hé xīn péngyou huì tán wénxué tán zhéxué tán
亲情。说也奇怪，和新朋友会谈文学、谈哲学、谈
rénshēng dào·lǐ děngděng hé lǎo péngyou què zhǐ huà jiācháng
人生道理等等，和老朋友却只话家常，
chái-mǐ-yóu-yán xìxì-suìsuì zhǒngzhǒng suǒshì Hěnduō shíhou xīnlíng de
柴米油盐，细细碎碎，种种琐事。很多时候，心灵的
qìhé yǐ·jīng bù xūyào tài duō de yányǔ lái biǎodá
契合已经不需要太多的言语来表达。

Péngyou xīn tàngle gè tóu bùgǎn huíjiā jiàn mǔ·qīn kǒngpà jīnghàile
朋友新烫了个头，不敢回家见母亲，恐怕惊骇了
lǎo·rén·jiā què huāntiān-xǐdì lái jiàn wǒmen lǎo péngyou pō néng yǐ yì
老人家，却欢天喜地来见我们，老朋友颇能以一
zhǒng qùwèixìng de yǎnguāng xīnshǎng zhège gǎibiàn Niánshào de shíhou
种趣味性的眼光欣赏这个改变。年少的时候，
wǒmen chà·bùduō dōu zài wèi bié·rén ér huó wèi kǔkǒu-póxīn de fùmǔ
我们差不多都在为别人而活，为苦口婆心的父母
huó wèi xúnxún-shànyòu de shīzhǎng huó wèi xǔduō guānniàn xǔduō
活，为循循善诱的师长活，为许多观念、许多

chuántǒng de yuēshùlì ér huó Niánsuì zhú zēng jiànjiàn zhèngtuō wàizài
传统 的 约束力 而 活。 年岁 逐 增， 渐渐 挣脱 外在
de xiànzhì yǔ shùfù kāishǐ dǒng·dé wèi zìjǐ huó zhào zìjǐ de fāngshì
的 限制 与 束缚， 开始 懂得 为 自己 活， 照 自己 的 方式
zuò yìxiē zìjǐ xǐhuan de shì bú zàihu bié·rén de pīpíng yì·jiàn bú zàihu
做 一些 自己 喜欢 的 事， 不 在乎 别人 的 批评 意见， 不 在乎
bié·rén de dǐhuǐ liúyán zhǐ zàihu nà yí fèn suíxīn-suǒyù de shūtan zìrán
别人 的 诋毁 流言， 只 在乎 那 一 份 随心所欲 的 舒坦 自然。
Óu'ěr yě nénggòu zòngróng zìjǐ fànglàng yí xià bìngqiě yǒu yì zhǒng
偶尔， 也 能够 纵容 自己 放浪 一 下， 并且 有 一 种
èzuòjù de qièxǐ Jiù ràng shēngmìng shùnqízìrán shuǐdào-qúchéng ba
恶作剧 的 窃喜。 就 让 生命 顺其自然， 水到渠成 吧，
yóurú chuāngqián de wūjiù zìshēng-zìluò zhī jiān zì yǒu yí fèn yuánróng
犹如 窗前 的 乌桕， 自生自落 之 间， 自 有 一 份 圆融
fēngmǎn de xǐyuè Chūnyǔ qīngqīng luòzhe méi·yǒu shī méi·yǒu jiǔ yǒu
丰满 的 喜悦。 春雨 轻轻 落着， 没有 诗， 没有 酒， 有
de zhǐshì yí fèn xiāngzhī-xiāngzhǔ de zìzài zìdé
的 只是 一 份 相知相属 的 自在 自得。

作品二：

Gāoxìng zhè shì yì zhǒng jùtǐ de bèi kàndedào mōdezháo de shìwù
高兴， 这 是 一 种 具体 的 被 看得到 摸得着 的 事物
suǒ huànqǐ de qíng·xù Tā shì xīnlǐ de gèng shì shēnglǐ de Tā róng·yì lái
所 唤起 的 情绪。 它 是 心理 的， 更 是 生理 的。 它 容易 来
yě róng·yì qù shéi yě bù yīnggāi duì tā shì'érbújiàn shīzhī-jiāobì shéi yě bù
也 容易 去， 谁 也 不 应该 对 它 视而不见 失之交臂， 谁 也 不
yīnggāi zǒngshì zuò nàxiē shǐ zìjǐ bù gāoxìng yě shǐ pángrén bù gāoxìng de
应该 总是 做 那些 使 自己 不 高兴 也 使 旁人 不 高兴 的
shì Ràng wǒmen shuōyí jiàn zuì róng·yì zuò yě zuì lìng rén gāoxìng de shì
事。 让 我们 说一 件 最 容易 做 也 最 令 人 高兴 的 事
ba zūnzhòng nǐ zìjǐ yě zūnzhòng bié·rén zhè shì měi yí gè rén de
吧， 尊重 你 自己， 也 尊重 别人， 这 是 每 一 个 人 的
quánlì wǒ hái yào shuō zhè shì měi yí gè rén de yìwù
权利， 我 还 要 说 这 是 每 一 个 人 的 义务。

Kuàilè tā shì yì zhǒng fùyǒu gàikuòxìng de shēngcún zhuàngtài
快乐， 它 是 一 种 富有 概括性 的 生存 状态、
gōngzuò zhuàngtài Tā jīhū shì xiānyàn de tā láizì shēngmìng běnshēn de
工作 状态。 它 几乎 是 先验 的， 它 来自 生命 本身 的

huólì láizì yǔzhòu dìqiú hé rénjiān de xīyǐn tā shì shìjiè de fēngfù
活力，来自 宇宙、 地球 和 人间 的 吸引，它 是 世界 的 丰富、
xuànlì kuòdà yōujiǔ de tǐxiàn Kuàilè hái shì yì zhǒng lì·liàng shì mái zài
绚丽、 阔大、 悠久 的 体现。 快乐 还 是 一 种 力量，是 埋 在
dìxià de gēnmài Xiāomiè yí gè rén de kuàilè bǐ wājué diào yì kē dàshù de
地下 的 根脉。 消灭 一 个 人 的 快乐 比 挖掘 掉 一 棵 大树 的
gēn yào nán de duō
根 要 难 得 多。

Huānxīn zhè shì yì zhǒng qīngchūn de shīyì de qínggǎn Tā láizì
欢欣， 这 是 一 种 青春 的、诗意 的 情感。 它 来自
miànxiàngzhe wèilái shēnkāi shuāngbì bēnpǎo de chōnglì tā láizì yì zhǒng
面向着 未来 伸开 双臂 奔跑 的 冲力，它 来自 一 种
qīngsōng ér yòu shénmì ménglóng ér yòu yǐnmì de jīdòng tā shì jīqíng
轻松 而 又 神秘、 朦胧 而 又 隐秘 的 激动，它 是 激情
jíjiāng dàolái de yùzhào tā yòu shì dàyǔ guòhòu de bǐ xiàyǔ háiyào
即将 到来 的 预兆，它 又 是 大雨 过后 的 比 下雨 还要
měimiào de duō yě jiǔyuǎn de duō de huíwèi Xǐyuè tā shì yì zhǒng
美妙 得 多 也 久远 得 多 的 回味…… 喜悦，它 是 一 种
dàiyǒu xíng'érshàng sècǎi de xiūyǎng hé jìngjiè Yǔqí shuō tā shì yì zhǒng
带有 形而上 色彩 的 修养 和 境界。与其 说 它 是 一 种
qíng·xù bùrú shuō tā shì yì zhǒng zhìhuì yì zhǒng chāobá yì zhǒng
情绪，不如 说 它 是 一 种 智慧、一 种 超拔、一 种
bēitiān-mǐnrén de kuānróng hé lǐjiě yì zhǒng bǎojīng-cāngsāng de
悲天悯人 的 宽容 和 理解，一 种 饱经沧桑 的
chōngshí hé zìxìn yì zhǒng guāngmíng de lǐxìng yì zhǒng jiāndìng de
充实 和 自信，一 种 光明 的 理性，一 种 坚定 的
chéngshú yì zhǒng zhànshèngle fánnǎo hé yōngsú de qīngmíng chéngchè
成熟， 一 种 战胜了 烦恼 和 庸俗 的 清明 澄澈。

三、朗读作品应注意的问题

1. 努力克服方音干扰

内蒙古自治区有蒙古族、汉族、满族、回族、达斡尔族、朝鲜族等49个民族，其中蒙古族397.26万人，汉族2 874.65万人，其他少数民族90.01万人。主要通用的语言为汉语和蒙古语，其中汉语区域性明显，划分为东部、西部及阿拉善地区方言。声母方面：平翘舌音不分；韵母方面：前后鼻音不分，ie、ian不分，a开口度不够等；声调方面：调值不到位，一些古入声字的声

调读不准确等。蒙古族在这三个地区均有聚居区域，蒙古族拥有自身系统的语言、文字及传统文化，方言与少数民族语言共存。蒙古族在用汉语交流时，受本民族母语的干扰，在说普通话时在声、韵、调方面均存在突出问题，但最大的问题还是声调的偏误问题。因此，朗读练习时，对发不准的音要下苦功夫纠正。对没有把握的字要勤查字典，不要按个人习惯想当然乱读。

与此同时，还要克服受方言（或其他因素）影响的习惯性误读，应根据《普通话异读词审音表》审定的规范读音念。

2. 要停连得当

停连是朗读技巧之一。停连是否得当，体现了应试人对朗读作品的理解程度和表达效果。停连不当，程度重的会肢解词语或句子，程度轻的也会造成语意不连贯。

停顿不当主要指以下几种情况：

（1）停顿造成对一个双音节或多音节词语的肢解；

（2）停顿造成对一句话、一段话的误解，形成歧义；

（3）每一个意群停顿过长；

（4）结巴，语意不连贯。

要把握好停连，也就是要把握好停顿连接的位置和时间，这与熟悉作品、理解作品和表达技巧有关。因此要熟悉作品，确定基调，反复诵读。

3. 要言语流畅

言语流畅和语音、语调、停连都有关系，这里还要说的是回读和结巴也会影响流畅程度。因此，我们朗读时应尽量避免回读。反复诵读是非常重要的练习方法，它能使书面语言琅琅上口，克服语气不连贯的现象，并进一步加深理解，纠正不正确的读音，提高流畅程度。

4. 要控制语速

宜用中速朗读，即一分钟 200~240 个音节较合适。

第三章　思维与语言表达训练

语言的发展是一种社会心理现象，它遵循着一定的发展阶段和规律。思维是心理活动，也是一种心理过程，它的发展同样遵循着一定的发展阶段和规律。语言的发展促进思维的发展，思维的发展同样对语言的发展产生重要的影响。语言与思维有着密不可分的关系，语言是思维的工具和表达形式，思维是语言的内容。二者共同存在，相互作用、相互影响、相互推进，也相互制约。思维的发展丰富了语言的表现力，语言的发展强化了思维的周密度，促进了思维能力的提高。因此，口语表达能力与思维能力有直接关系，口语表达的训练实际上也是思维训练，是思维能力发展提高的过程。

第一节　形象思维训练

一、什么是形象思维

所谓形象思维，主要是指人们在认识世界的过程中，对事物表象进行取舍时形成的，用直观形象的表象解决问题的思维方法。形象思维是对形象信息传递的客观形象体系进行感受、储存的基础上，结合主观的认识和情感进行识别（包括审美判断和科学判断等），并用一定的形式、手段和工具（包括文学语言、绘画线条色彩、音响节奏旋律及操作工具等）创造和描述形象（包括艺术形象和科学形象）的一种基本的思维形式。

形象思维以表象进行分析、综合、抽象、概括。在文学创作中典型形象的塑造、画家绘画、雕塑师雕塑等也是形象思维的结果。

二、形象思维的特性

1. 形象性

形象性是形象思维最基本的特点。形象思维所反映的对象是事物的形象，思维形式是意象、直感、想象等，其表达的工具和手段是能为感官所感知的图形、图像和形象性的符号等。比如，我们要描述一幅春天的画面，首先出现在我们脑海中的是能够展现春天景象的山水、草木、花鸟等事物的形象。形象思维的形象性使它具有生动性、直观性和概括性的优点。

2. 非逻辑性

形象思维不像抽象（逻辑）思维那样抽取信息的主要特征、一步一步地、线性地进行，而是可以调用许多形象性材料，构成新的形象，或由一个形象跳跃到另一个形象。它对信息的加工过程不是顺序加工，而是平行加工，是面性的或立体性的。它可以使思维主体迅速从整体上把握住问题。形象思维是或然性或似真性的思维。

3. 粗略性

形象思维对问题的反映是粗线条的反映，对问题的把握是大体上的把握，对问题的分析是定性的或半定量的。所以，形象思维通常用于问题的定性分析。抽象思维可以给出精确的数量关系，所以，在实际的思维活动中，往往需要将抽象思维与形象思维巧妙结合，协同使用。

4. 想象性

想象是思维主体运用已有的形象形成新形象的过程。形象思维并不满足于对已有形象的再现，它更致力于追求对已有形象的再造。所以，形象思维具有创造性的优点。

三、形象思维的表现形式

形象思维的表现形式主要有两种，第一是想象，第二是联想。

想象，是指以客观事物和已有的知识、经验、信息为依据，灵活运用多种思维方式，形象化地、创造性地构思出新的图景。爱因斯坦说过："想象力比知识更重要。"大多数科学家是从科学假设中进行创造发明的，而科学假设又开始于科学幻想。可以说，每一种假说都是想象力发挥作用的产物，任何事物的任何一次创新，都是借助想象力开始的。

联想，是指由某人或某事而想起其他相关概念的思维过程和思维方法。联想实际上是对头脑中已有的各种表象的一种重组，在思维中把割断了联系的甚至是风马牛不相及的事物重新联系起来。如牛顿关于万有引力的理论发现就是联想的结果。苹果掉到自己头上后，他产生了联想：月亮为什么不会坠落到地球上呢？于是他把地球上的物体与太空中的星体在思维中联想到了一起，从而证明出了万有引力定律。

想象与联想是一个广大的领域，它是人类文明的源泉，科技发展的动力，艺术创作的支架。人类依靠它才得以超越自己，得以前进。几千年来的艺术家都在拓展它；几千年来的科学家都在研究它；几千年来的思想家都在思考它；所有的演讲家都渴望掌握它。培养丰富的想象力和联想力，对于我们提高语言表达能力，练就良好的口才具有十分重要的作用。

四、形象思维训练范例

1. 猜谜法

【谜语】两人力大冲破天（打一字谜）	【谜底】夫
【谜语】画时圆，写时方，寒时短，热时长（打一字谜）	【谜底】日
【谜语】老鼠过街，人人喊打（打一词语）	【谜底】消耗
【谜语】玄德在时无祸灾（打一成语）	【谜底】有备无患
【谜语】女人加冠，男人称王（打一四字词语）	【谜底】安全第一
【谜语】木才斗米（打一科技名词）	【谜底】合成材料
【谜语】整日接待（打一科技名词）	【谜底】全天候
【谜语】离婚（打一物理名词）	【谜底】绝缘
【谜语】哥俩上天平（打一物理名词）	【谜底】比重
【谜语】白云深处有人家（打一建筑名词）	【谜底】高层建筑
【谜语】家书不宜长（打一科技名词）	【谜底】短信
【谜语】杜（打一建筑名词）	【谜底】土木结构
【谜语】妇女节前夕（打一中药名称）	【谜底】三七
【谜语】囚（打一穴位名称）	【谜底】人中

2. 编谜法

编谜一般有三种方法：

（1）象形法：抓住事物的形貌特征，把它和相似的事物联系起来。如，麻屋子，红帐子，里面睡个白胖子。这是依据花生的形象特点编的。

（2）直述法：抓住事物的某一特点，通过比喻、状物等手法进行描述，越直接越好。如，一朵红花头上戴，锦衣不用剪刀裁；清晨嗓子特别亮，唱的千门万户开。这是用拟人手法对雄鸡的描述。

（3）反比法：按照事物的形态、特征，从反面去构思造像。如，不是桃树却结桃，桃子里面长白毛，到了秋天桃子熟，只摘白毛不摘桃。这是将棉花与桃子对比后描述的棉花的特点。

3. 仿句

运用形象思维进行语言表达，能使语言生动形象，容易让人理解，激发人们的想象力。对于一些抽象词语的理解，可以化抽象为形象，用具体可感的形象词语去阐发或象征这些概念的含义，提高自己的语言表达能力。如，阐释“诚信”的内涵与意义：

诚信是什么？

农民说，诚信是一粒种子，为了大地的丰收，就要在烈日下成长；工人说，诚信是一座熔炉，为了祖国的建设，就要把生铁炼成好钢；军人说，诚信是一个哨位，为了人民的重托，就要守住边疆；学生说，诚信是一棵小树，为了园丁的哺育，就要成为栋梁。

这样就比说“诚信是各行各业的人们都要遵守的道德准则”要形象得多，表达者把“各行各业的人们”这种概括抽象的概念转化成“农民、工人、军人、学生”这些比较具体的可感的对象，并且用他们的言论和具体的工作岗位、成绩、愿望等取代了自己对“诚信”的枯燥解释，这就是形象思维的结果。还有人对“诚信”做出下面的解释：

诚信不是金钱，但千金难买季布一诺；诚信不是美貌，但它使狡诈的郑袖黯然失色；诚信不是知识，但胜过张仪的学富五车。

这样又比说“诚信是最宝贵的人生品格，它比什么都重要”要高出一筹。运用形象思维，化抽象为具体，使语句深入浅出，含蓄隽永，斐然成章，而且能传达更多的知识和信息，其效果远胜抽象解释。

五、实训环节

1. 猜谜法

（1）根据下面的谜面猜一种动物

① 有头无颈，有眼无眉，无脚能走，有翅难飞。

② 一个黑大汉，腰插两把扇，走一步，扇几扇。

③ 像鱼不是鱼，终生住海里。远看是喷泉，近看像岛屿。

④ 此物生得怪，肚下长口袋，宝宝袋中养，跳起来真快。

⑤ 夏天它来到，秋后没处找，催咱快播种，年年来一遭。

⑥ 一只顺风船，白篷红船头，划起两只桨，湖上四处游。

（2）根据下面的谜面猜一种物品

① 满屋瘦娃娃，圆圆小脑瓜，出屋墙上划，开朵小金花。

② 老头子哼哼哼，坐在火里不起身。

③ 红身体，小嘴巴，一年四季墙上挂，不吃饭，不喝茶，火一见它就害怕。

④ 不扁不圆不四方，能倒垃圾能扬糠，忽闪忽闪簸几下，尘土糠皮全飞光。

⑤ 有眼无珠一身光，穿红穿绿又穿黄，跟着懒人它就睡，跟着勤人它就忙。

⑥ 身体不大容量大，亿万雄兵腹为家，古今中外齐聚会，乾坤宇宙都收下。

(3) 根据下面的谜面猜一个字

① 大雨下在横山上。

② 千里姻缘一线牵。

③ 四面不透风，里面刺骨寒。

④ 半江半帆心在底。

⑤ 小狗身上长满了嘴。

⑥ 心里总有过不去的门槛。

2. 编谜法

运用象形法、直述法、反比法等编谜方法，编谜语互猜。

3. 训练

(1) 仿照示例用形象化的语言描述“幸福”。

示例：对小草来说，幸福是享受风的轻拂，雨的滋润。

对教师来说，________________________________。

对医生来说，________________________________。

对运动员来说，______________________________。

对学生来说，________________________________。

(2) 形象阐释以下词语的内涵与意义：人生、信念、愿望、友情、亲情、宽容、和谐。

4. 仿照示例，将下列句子表达得生动形象。

示例：天真的少年时代早已远去。

戴着红领巾欢唱“让我们荡起双桨”的日子已成了照相册里发黄的照片。

(1) 大学生活是忙碌而充实的。

(2) 我们从生活中获得了很多知识。

(3) 温暖在你身边。

5. 根据下面的诗句，合理想象，描述各诗句描写的画面或情境。

(1) 采菊东篱下，悠然见南山。

(2) 几处早莺争暖树，谁家新燕啄春泥。

(3) 碧玉妆成一树高，万条垂下绿丝绦。

(4) 天街小雨润如酥，草色遥看近却无。

(5) 墙角数枝梅，凌寒独自开。

第二节　逻辑思维训练

一、什么是逻辑思维

逻辑思维是人们在认识过程中借助于概念、判断、推理等思维形式能动地反映客观事物本质与规律的理性认识过程。

逻辑思维是人脑的一种理性活动，以抽象为特征，通过对感性材料的分析思考，撇开事物的具体形象和个别属性，揭示出事物的本质特征，形成概念并运用概念进行判断和推理来概括地、间接地反映现实，从而产生新的认识。良好的逻辑思维，会引导出准确、流畅的语言。

二、逻辑思维的表现形式

理性认识是认识的高级阶段，是人借助于抽象的思维对感性认识材料进行加工、整理、概括而形成的关于事物的本质、事物的全体和事物的内部联系的认识。它包括概念、判断、推理三种基本反映形式。

概念是对同类事物共同的一般特性和本质属性的概括的反映，如："山、水、植物、国家、社会"等。概念是思维的细胞，也是最基本的思维形式。

判断是运用概念的组合对客观对象情况做出断定的思维形式，在形式上表现为概念与概念之间的联系或关系，它的内容是对事物之间联系或关系的逻辑反映。如："马克思主义是放之四海而皆准的真理""这朵花是红的"，这些是对事物性质的判断。判断和语句是密切联系的，判断是语句的思想内容，语句是判断的语言表现形式。判断必须通过语句表现出来，才能变为现实的、可理解的。

推理是从一个或几个判断推出一个新判断的思维形式。如："真正的马克思主义者是解放思想、实事求是的，邓小平是真正的马克思主义者，所以，邓小平同志是解放思想、实事求是的。"

从概念、判断到推理，这三种逻辑形式既相互区别又相互联系，在人的理性认识中，任何一种形式都不可能孤立存在，三者是结合在一起的。

三、逻辑思维的方法

逻辑思维的方法主要有归纳和演绎、分析和综合以及抽象和概括等。

1. 归纳和演绎

归纳和演绎是最初也是最基本的思维方法。归纳是从个别上升到一般的方法，即从个别事实中概括出一般的原理。例如：黑马、白马，可以归纳为马。演绎是从一般到个别的方法，即从一般原理推论出个别结论。例如：马可以演绎为黑马、白马等。

归纳和演绎的客观基础是事物本身固有的个性和共性、特殊和普遍的关系。归纳和演绎是方向相反的两种思维方法，但两者又是互相依赖、互相渗透、互相促进的。归纳是演绎的基础，作为演绎出发点的一般原理往往是归纳得来的；演绎是归纳的前提，它为归纳提供理论指导和论证。在实际的思维过程中，归纳和演绎是相互推移、交替使用的。归纳和演绎都具有局限性，单纯的归纳或演绎还不能揭示事物的本质和规律，需要运用更为深刻的其他思维方法。

2. 分析和综合

这是更深刻地把握事物本质的思维方法。分析是在思维过程中把认识的对象分解为不同的组成部分、方面、特性等，对它们分别加以研究，认识事物的各个方面，从中找出事物的本质。综合则是把分解出来的不同部分、方面按其客观的次序、结构组成一个整体，从而达到认识事物的整体。

分析和综合的客观基础是事物整体与部分、系统与要素之间的关系。分析和综合是两种相反的思维方法，但它们又是统一的，相互联系、相互转化、相互促进。分析是综合的基础，没有分析就没有综合；综合是分析的前导，离开了综合就没有科学的分析。分析和综合的统一是矛盾分析法在思维领域中的具体运用。

如：在光的研究中，人们分析了光的直线传播、反射、折射，认为光是微粒，人们又分析研究光的干涉、衍射现象和其他一些微粒说不能解释的现象，认为光是波。当人们测出了各种光的波长，提出了光的电磁理论，似乎光就是一种波，一种电磁波。但是，光电效应的发现又是波动说无法解释的，人们又提出了光子说。当人们把这些方面综合起来以后，一个新的认识产生了：光具有波粒二象性。

3. 抽象和概括

抽象和概括是指从具体共同性的事物中揭示其本质意义的两种思维活动。抽象是指在认识事物的过程中，舍弃那些个别的、偶然的非本质属性，抽取普遍的、必然的本质属性，形成科学概念，从而把握事物的本质和规律的思维过程。概括是指在认识事物属性的过程中，把所研究各部分事物得到的一般的本质属性联系起来，整理推广到同类的全体事物，从而形成这类事物的普遍概念的思维过程。

二者有区别又有联系，不可分割。概括在抽象的基础上进行，没有抽象就不能进行概括；抽象中寓有概括，概括又借助于抽象，其目的都是为了揭示事物本质。

四、逻辑思维的特点

1. 抽象性

逻辑思维撇开事物的具体形象而提取其本质，因而具有抽象性的特征。

2. 逻辑性

逻辑思维的过程，是合理展开、科学抽取事物本质的过程，因而具有逻辑性。

五、逻辑思维训练范例

1. 分析推理法

兄弟四人老大、老二、老三、老四去郊外野炊，他们有四项分工，一个挑水，一个洗菜，一个烧水，一个淘米。回家后，妈妈问他们是怎样分工的，他们这样描述：

① 老大说：我不挑水也不淘米；② 老二说：我不洗菜也不挑水；③ 这时，老四抢着说：如果老大不洗菜，我就不挑水；④ 最后老三说：我没挑水，也没淘米。

妈妈还没听完就糊涂了，头晕得厉害。你能帮着梳理清楚吗？

问题：兄弟四人各自都干了什么？

分析：

由①得知，老大或是烧水，或是洗菜；由②得知，老二或是淘米，或是烧水；由④得知，老三或是烧水，或是洗菜；可见，还没人去挑水。由③得知，如果老大不洗菜，老四就不挑水。老四要是不挑水，就没人挑水了，所以老四是做挑水一项，绑定老大必须洗菜；老大洗菜了，自然老三就不会是洗菜的了，就只能选择烧水；剩下的淘米，老二干吧。

这样就梳理清晰了：老大洗菜，老二淘米，老三烧水，老四挑水。

2. 假设推理法

他们的职业分别是什么？

小王、小张、小赵三个人是好朋友，他们中间一个人下海经商，一个人考上了重点大学，一个人参军了。此外还知道他们的以下条件：小赵的年龄比士兵的大；大学生的年龄比小张小；小王的年龄和大学生的年龄不一样。请推测出这三个人中谁是商人？谁是大学生？谁是士兵？

分析：

小张是商人，小赵是大学生，小王是士兵。假设小赵是士兵，那么就与题目中“小赵的年龄比士兵的大”这一条件矛盾了，因此，小赵不是士兵；假设小张是大学生，那就与题目中“大学生的年龄比小张小”矛盾了，因此，小张不是大学生；假设小王是大学生，那么，就与题目中“小王的年龄和大学生的年龄不一样”这一条件矛盾了，因此，小王也不是大学生。所以，小赵是大学生。由条件小赵的年龄比士兵的大，大学生的年龄比小张小，得出小王是士兵，小张是商人。

3. 排除推理法

他是怎么猜到的？

幼儿园一老师带着 7 个小朋友，她让 6 个小朋友围成一圈坐在操场上，让另一个小朋友坐在中央，拿出 7 块头巾，其中 4 块是红色，3 块是黑色。然后蒙住 7 个人的眼睛，把头巾包在每一个小朋友的头上。然后解开周围 6 个人的眼罩，由于中央的小朋友的阻挡，每个人只能看到 5 个人头上头巾的颜色。这时，老师说：“你们现在猜一猜自己头上头巾的颜色。”大家思索好一会儿，最后，坐在中央的被蒙住双眼的小朋友说：“我猜到了。”

问：被蒙住双眼坐在中央的小朋友头上是什么颜色的头巾？他是如何猜到的？

分析：

红色。周围的 6 个人只能看到 5 个人头上的头巾的颜色，由于中间那个小朋友的阻挡，每个小朋友都无法看到与自己正对面的头巾颜色，他们无法判断自己头巾的颜色，证明他们所看到头巾的颜色是 3 红 2 黑。剩下 1 黑 1 红是他们和自己正对着的人的头巾颜色，这就说明处于正对面的两个人都包着颜色相反的头巾，那么中间的人就只能包红色。

六、实训环节

1. 用分析法进行推理

爷爷有两个钟，一个钟两年只准一次，而另一个钟每天准 2 次，爷爷问小明想要哪个钟。如果你是小明，你会选哪只？当然，钟是用来看时间的。

2. 用假设法进行推理

（1）谁是冠军

电视上正在进行足球世界杯决赛的实况转播，参加决赛的国家有美国、德国、巴西、西班牙、英国、法国六个国家。球迷李锋、韩克、张乐对谁会获得此次世界杯的冠军进行了一番讨论：韩克认为，冠军不是美国就是德国；张乐坚定地认为冠军绝不是巴西；李锋则认为，西班牙和法国都不可能取得冠军。比赛结束后，三人发现他们中只有一个人的看法是对的。那么哪个国家获得了冠军？

（2）甲是哪个部落的人

有一个人到墨西哥探险，当他来到一片森林时，他彻底迷路了，即使他拿着地图也不知道该往哪儿走，因为地图上根本就没有标记出这一地区。无奈，他只好向当地的土著居民请求帮助。但是他想起来曾有同事提醒他：这个地区有两个部落，而这两个部落的人说话却是相反的，即A部落的人说真话，B部落的人说假话。恰在这时，他遇到了一个懂英语的当地的土著甲，他问甲："你是哪个部落的人？"甲回答："A部落。"于是他相信了甲。但在途中，他们又遇到了土著乙，他就请甲去问乙是哪个部落的。甲回来说："他说他是A部落的。"忽然间这个人想起来同事的提醒，于是他奇怪了，甲到底是哪个部落的人，A还是B？

3. 用排除法推理

（1）山羊买外套

小白羊、小黑羊、小灰羊一起上街各买了一件外套。3件外套的颜色分别是白色、黑色、灰色。

回家的路上，一只小羊说："我很久以前就想买白外套，今天终于买到了！"说到这里，它好像是发现了什么，惊喜地对同伴说："今天我们可真有意思，白羊没有买白外套，黑羊没有买黑外套，灰羊没有买灰外套。"

小黑羊说："真是这样的，你要是不说，我还真没有注意这一点呢！"

你能根据他们的对话，猜出小白羊、小黑羊和小灰羊各买了什么颜色的外套吗？

（2）他们被哪个学校录取了

孙康、李丽、江涛三人被哈佛大学、牛津大学和麻省理工学院录取，但不知道他们各自究竟是被哪个大学录取了，有人做了以下猜测：

甲：孙康被牛津大学录取，江涛被麻省理工学院录取。

乙：孙康被麻省理工学院录取，李丽被牛津大学录取。

丙：孙康被哈佛大学录取，江涛被牛津大学录取。

他们每个人都只猜对了一半，孙康、李丽、江涛三人究竟是被哪个大学录取了？

（3）确定他们的民族

六个不同民族的人，他们的名字分别为甲、乙、丙、丁、戊和己；他们的民族分别是汉族、苗族、满族、回族、维吾尔族和壮族（名字顺序与民族顺序不一定一致）。现已知：① 甲和汉族人是医生；② 戊和维吾尔族人是教师；③ 丙和苗族人是技师；④ 乙和己曾经当过兵，而苗族人从没当过兵；⑤ 回族人比甲年龄大，壮族人比丙年龄大；⑥ 乙同汉族人下周要到满族地区去旅行，丙同回族人下周要到瑞士去度假。

请判断甲、乙、丙、丁、戊、己分别是哪个民族的人。

第三节　发散思维训练

一、什么是发散思维

发散思维又称辐射思维、放射思维、扩散思维或求异思维，是指从一个目标出发，沿着各种不同的途径去思考，探求多种答案的思维，是大脑在思维时呈现的一种扩散状态的思维模式，它表现为思维视野广阔，思维呈现出多维发散状，与聚合思维相对。

如，以“牛”为例，可以联想到牛奶、牛肉味道美，营养好；脸朝黄土背朝天，牛踏实苦干的精神很可贵；牛吃草会反刍，好比我们学习，也要温故而知新；牛喜欢窝里斗，缺乏团队精神；牛总要人牵着鼻子走，缺乏自主意识和主动精神；牛生前拉套，死后捐躯：牛肉、牛毛、牛皮、牛黄、牛粪都有用，这可谓鞠躬尽瘁，死而后已等内容。这就是以“牛”为中心，通过联想产生的与“牛”有关的多种品质特点。

不少心理学家认为，发散思维是创造性思维的最主要的特点，是测定创造力的主要标志之一。发散思维能使说话者思路开阔，长于联想发挥，善于应急变通。

二、发散思维的特点

1. 流畅性

流畅性就是观念的自由发挥，指在尽可能短的时间内生成并表达出尽可能多的思维观念。流畅性反映的是发散思维的速度和数量等不受任何限制。

2. 变通性

变通性就是克服人们头脑中某种已有的僵化的思维框架，按照新的方向来思索问题的过程。变通性需要借助横向类比、触类旁通，使发散思维沿着不同的方向扩散，表现出多样性和多面性。

3. 独特性

独特性指人们在发散思维中不同寻常的异于他人的思维特性。独特性是发散思维的特征之一。

4. 多感官性

发散性思维不仅运用视觉思维和听觉思维，而且也充分利用其他感官接收信息并进行思考。发散思维与情感有密切关系，如果思维者能够赋予信息以感情色彩，会提高发散思维的速度与效果。

三、发散思维训练方法与范例

1. 词语发散训练

例：说出与“柔”有关的词语

柔美、柔软、柔情、柔顺、柔道、柔和、柔婉、柔媚、柔润、柔性、温柔、优柔、娇柔、轻柔、刚柔相济等。

2. 词语联想训练

例：把“欢迎”变到“接受”

欢迎→迎接→接受

3. 标题发散训练

给题目加一些限制性条件，使内容具体鲜明地呈现出来。如：“园丁”，可以改为：“老师是辛勤的园丁”“园丁，我赞美你!”“可爱的园丁”等。

4. 多角度阐释事物内涵

以“时间”为内容，运用发散思维表达对“时间”的理解。

我在思考时间，时间在我的思考里是这样三个形象：

时间——伟大的创造者。整个自然宇宙、人类社会的编年史，都是以时间为序列的。在时间这个伟大的创造者手中，人类产生了，社会出现了，历史构成了。

时间——严峻的裁判者。有什么比时间这个法官更公正的呢？任何一个人都是它的臣民，它对每一个人都无一例外地做出审判和裁决：谁是历史的功臣，谁是历史的罪人？谁是英雄，谁是奸佞？谁是智者，谁是庸人？谁是强者，谁是懦夫？谁应该坐在历史的荣誉席上，谁应钉在历史的耻辱柱上？真善美和假丑恶，荣誉与渺小，一一判定，毫不含糊。

时间——无情的盗窃者。世界上有形形色色、大大小小的盗窃者，但时间盗窃者是最冷酷的。所有的盗窃者，只盗窃人们的财物，可时间这个盗窃者却专门盗窃人们的生命。

5. 多角度理解材料内涵

运用发散思维的方法理解下面的故事蕴含的意思。

有个鲁国人，擅长织麻鞋，他的妻子擅长织白绢。他们想到越国去居住，但是有人对他们说："你们将会贫穷不堪。"这个鲁国人问他是何道理，那人说："麻鞋是穿在脚上的，而越国人是赤脚走路的；白绢是做帽子的，而越国人是披发的。你们夫妻的特长，在越国是无用武之地的，怎么能不穷呢？"

分析：

（1）横向思考：就是在思考问题的过程中，思维顺着原材料所告诉读者的指向去考虑。我们无论做什么事，都不能脱离实际。这种立意的好处是能紧扣材料的基本倾向、主要观点，因而不会出现偏题、走题的现象。

（2）反向思考：就是把原材料的问题倒过来想想，从相反的角度对原材料提出质疑。因为越人赤脚、披发，鞋帽就大有市场，就会得出鲁人未必会穷的结论。这就要求鲁人敢于尝试、敢于冒险、敢于改革。

（3）延伸思考：就是在原材料已知内容的基础上，对原材料作合理的联想，进行恰当的推理、引申，得出"亏本生意做不得"，"无用武之地焉能致富"等观点。

（4）类比思考：就是通过联想，把材料的已知内容同材料外的其他内容由此及彼地联系起来考虑，找出其中的相似点。办企业、做生意，要根据当地的生产、消费、风土人情等情况，也要根据需要与可能，那么就要求我们考虑动机与效益，又要扬长避短，才能生财有道。

四、实训环节

1. 词语发散训练

分别说出与"和""凝""洁"有关的词语。

2. 词语联想训练

（1）把"朋友"变到"期待"

（2）把"感觉"变到"想念"

3. 标题发散训练

（1）"春天"

（2）"青春"

4. 分别以"手、时间、眼镜、书、音乐、窗、春天"为内容，运用发散思维表达理解。

5. “树上有十只鸟，打死一只，还有几只？”对这个问题你有几种思考结果？

6. 依照示例，从下列事物中任选一物，运用发散思维，对事物进行多角度的思考。（不要拘泥于示例的句式特点）

示例：雪

角度一：洁白无瑕、一尘不染，赞美雪温暖大地，滋润万物的奉献精神。

角度二：虚伪懦弱——以洁白的外衣掩饰世界。

角度三：冷酷无情，所到之处雪压冰封、千山枯寂、万木萧条。

水　春蚕　圆规　天平　直尺　流星　竹笋　石榴　月亮

7. 请对滥竽充数的故事进行发散思维，可以提出哪些观点？

8. 运用发散思维谈谈你对下面这则寓言故事的多种理解。

趴在鱼缸里晒太阳的乌龟对刚被捕捞起来的鲥鱼说：“哎，你马上就要成为盘中佳肴，再也不能像我一样呼吸自由的空气了。”鲥鱼奄奄一息：“虽然我的生命短暂，但我至少领略过江海的辽远；你的生命再长，却从未欣赏过鱼缸外的山色湖光。”乌龟悠闲地踱了几步，笑着：“连生命都没有了，还拿什么去见识外面的世界？”

9. 运用发散思维谈谈你对下面这个故事的理解和感悟。

曾祖父是名好木匠，他有一句口头禅是：“注意了，留一条缝隙。”木工讲究疏密有致，粘合贴切，该疏则疏，不然易散落。时下，许多人家装修房子，常常出现木地板开裂，或挤压拱起的现象，这就是太“丰满”的缘故。高明的装修师傅则懂得恰到好处地留一条缝隙，给组合材料留足吻合的空间，便可避免出现这样那样的问题。

第四节　聚合思维训练

一、什么是聚合思维

聚合思维是指从已知信息中产生逻辑结论，从现成资料中寻求正确答案的一种有方向、有条理的思维方式。聚合思维法又称为求同思维法、集中思维法、辐合思维法和同一思维法等。

聚合思维法是把广阔的思路聚集成一个焦点的方法。它是一种有方向、有范围、有条理的收敛性思维方式，与发散思维相对应。聚合思维也是从不同来源、不同材料、不同层次探求出一个正确答案的思维方法。因此，聚合思维对于从众多可能性的结果中迅速做出判断、得出结论是最重要的。能使话题中心明确、条理清晰。

二、聚合思维的特点

1. 同一性

同一性是指它是一种求同性，即找到解决问题的办法或答案。

2. 程序性

程序性是指在解决问题的过程中合理的操作的程序。先做什么，后做什么，按照严格的程序，使问题的解决有章可循。

3. 比较性

比较性是指对寻求到的几种解决问题的途径、方案、措施或答案，通过比较，找出最佳的途径、方案、措施或答案。

三、聚合思维的方法

聚合思维在筛选新方法、寻找新答案、得出新结论时，需有思维的广阔性、深刻性、独立性和批判性等思维品质。思路广泛，善于把握事物各方面的联系，善于全面地思考和分析问题，才能选择具有新意的结果。善于深入地钻研和思考问题，善于区分本质与非本质特征，善于抓住事物的主要矛盾，正确认识与揭示事物的运动规律，预测事物的发展趋势，才能寻找出立意深刻的新结论。在众多的范围和可能的设想、方案、方法中筛选出最正确的答案、最佳的解决办法等，更需要思维的独立性和批判性。能独立思考问题，探讨事物的本质及其发生、发展的规律，在解决问题中不拘于现在的方法，有自己独特见解和方法的人才能得出新的答案。同时，对众多的答案必须作有批判的取舍。没有思维的批判性，就无法对答案进行评价，区分哪些是合理部分，哪些是不合理部分，以求得唯一正确答案。

可以按照下面的步骤进行聚合思维：

第一步是收集掌握各种有关信息。采取各种方法和途径，收集和掌握与思维目标有关的信息，而资料信息愈多愈好，这是选用聚合思维的前提，有了这个前提，才有可能得出正确结论。

第二步是对掌握的各种信息进行分析清理和筛选。这是聚合思维的关键步骤。通过对所收集到的各种资料进行分析，区分出它们与思维目标的相关程度，以便把重要的信息保留下来，把无关的或关系不大的信息淘汰。经过清理和选择后，还要对各种相关信息进行抽象、概括、比较、归纳，从而找出它们的共同的特性和本质的方面。

第三步是客观地、实事求是地得出科学结论，获得思维目标。

四、聚合思维训练范例

1. 对牛的作用的思考

“牛”有以下的特点：牛的体格健壮，力气大；牛奶、牛肉可以食用，味道美，营养好；牛骨可以制骨胶，牛皮是制作皮件的好材料，牛角可雕刻艺术品，甚至当号角；牛粪还可当燃料用；牛黄是珍贵的中药材等。从这些特点中可以总结出“养牛好处多”，它们共同表现了这个主题。

2. 1960 年英国某农场主为节约开支，购进一批发霉花生喂养农场的十万只火鸡和小鸭，结果这批火鸡和小鸭大都得癌症死了。我国某研究单位和一些农民用发霉花生长期喂养鸡和猪等家畜，也导致了类似结果。1963 年澳大利亚又有人用霉花生喂养大白鼠、鱼、雪貂等动物，结果被喂养的动物也大都患癌症死了。研究人员从收集到的这些资料中得出一个结论：在不同地区，对不同种类的动物喂养霉花生都患了癌症，因此霉花生是致癌物。后来又经过化验研究发现：霉花生内含有黄曲霉素，而黄曲霉素正是致癌物质。这就是聚合思维法的运用。

五、实训环节

1. 请说出家中既发光又发热的东西，找出它们的共同点。
2. 请写出海水与江水的共同之处，越多越好。
3. 鸽子、蝴蝶、蜜蜂与苍蝇有什么相同之处？
4. 铜、铁、铝、不锈钢等金属有什么共同的属性？
5. 阅读下面三则材料，分析其中包含的意义。

材料一：姚明率领中国男篮的队友们，为中华骨髓库捐献造血干细胞。姚明郑重承诺，一旦配型成功，立即放弃一切，回国捐献。姚明还表示：除了捐献骨髓，他还将抽出时间，参与相关公益推广活动。

材料二：成龙在上海组织慈善周末，又是演唱会，又是美女赛车，又是慈善拍卖晚会，很是惹眼，但目的只有一个，慈善捐献。成龙表示将带领更多好朋友参与慈善事业。

材料三：苏有朋利用过生日时机，成立“苏有朋慈善基金会”，把生日收到的贺金作为第一笔慈善基金会的基金，并表示以后会通过义演等手段增加基金会的基金，帮助更多的人。

6. 阅读下面两则材料，分析其中包含的意义。

材料一：志愿军英雄马玉祥曾说：“我不是什么英雄，当年在朝鲜战场上我是个兵，后来转业到地方，我也是个‘兵’；现在离休了，我还愿当个老‘兵’。这辈子我掂量自己，只要够个兵的分量就心满意足了。”

材料二：拿破仑说：“不想当元帅的士兵不是一个好士兵。”

第四章　口头表达能力训练

第一节　复述训练

一、什么是复述

复述，就是把读到或听到的别人的也可以是自己的文字、语音材料在理解的基础上加以整理，重新讲述出来的一种口头表达形式，是一种基本的、用途广泛的表达方式。

【实训环节】

活动名称：

我来说

活动要求：

（1）认真听、仔细读。

（2）准确理解原材料。

活动流程：

（1）认真阅读下列材料。

（2）学生理解材料，并选择适宜的答案。

（3）复述练习。

尊重的姿势

韩　冬

尊重别人有不同的姿势。

堪称“国宝级”的一代大师季羡林，从不倚老卖老。每有客人前来拜访，他都早早地衣冠整齐地在书案前坐好，昂首挺胸，下巴微微内收，坐得规规矩矩，端端正正。在他看来，挺胸端坐，是对客人的一种尊重。在客人离开时，他一定送出门外，道别再见。

1995年的一天，白岩松为季羡林做“学者访谈录”。当时，季羡林坐着，在白岩松掏名片准备递给他的一刹那，他就站起来，弯腰等着，令在场所有的人感动不已。曾经有不少人赞叹过，大师就是大师，简单的姿势，有几个人能时时做到？

一次，美国卓越的幽默表演大师卓别林正要登台演出，一位热心的观众忽然提醒他：“大师，你的上衣纽扣忘扣了。”卓别林一怔，连忙表示感谢，并很快将纽扣系好。当那位观众走开后，他又悄悄地把纽扣解开。这一幕正好被一个记者看到，问卓别林：“您这样做何苦？”卓别林回答道：“我要扮演的是一位长途跋涉者，松开纽扣更能体现他的辛苦劳顿，会给观众留下栩栩如生的形象。但对别人的善意提醒，要以感谢的态度给予回报，去尊重他！”

对于误解，我们有时是及时地解释，有时不屑一顾，而卓别林则用一颗感恩的心去接受。自己放低姿态，不分辩，不回击，甚至感谢他们的关心，不就是一种尊重吗？

尊重别人，可能有不同的方式，不同的姿势。不管是端坐还是站立，是感谢还是放低自己，都能彰显闪耀的人格。

——选自《高中生》2011年第1期，有删改。

通过对本材料的复述，你认为复述的要求是什么？请选择你认为适宜的答案。

A. 准确完整　　B. 说出来就行　　C. 条理清晰

D. 想怎么讲就怎么讲　　E. 生动流畅　　F. 口齿清晰

G. 流利自然

二、复述的类型

按复述的目的、要求，可分为详细复述、概要复述和创造性复述。

1. 详细复述

详细复述是最接近原始材料的复述，形式上最简单、最基本。

详细复述的方法：

（1）仔细地读、看、听，抓住材料中心，弄清思路，理解主要内容；

（2）在理解的基础上，先理出提纲，作适合口语表达的组织整理；

（3）依照提纲复述，复述过程中通过想象适当补充内容，使叙述丰满生动。

如《猴子捞月亮》的复述提纲：

开始：发现月亮

经过：召集捞月—怎样捞月

结果：月在天上

2. 概要复述

概要复述是对原始材料加以选择和概括，然后突出中心，用简洁明了的语言陈述出来的一种复述。

概要复述的方法：

（1）熟悉、理解原材料的内容；

（2）分析复述的内容，删减枝节，突出主干，概括复述要点；

（3）按主次加以排列，详略适当地复述。

【范例】

详细复述：

猴子捞月亮

一天晚上，有只小猴子在井边玩，它往井里一看，发现里边有个月亮，小猴子叫了起来："不好了，月亮掉进井里了。"大猴子听见了，跑过来一看，也跟着叫了起来："不好了，月亮掉进井里了。"老猴子听见了，跑过来一看，也跟着叫了起来："不好了，月亮掉进井里了，我们得想办法把它捞起来。"

猴子们爬上了井边的大树，老猴子倒挂在树上，拉住大猴子的脚。大猴子也倒挂着，拉住另一只猴子的脚，猴子们就这样一只接一只，一直挂到井里头，小猴子挂在最下面，小猴子伸手去捞月亮，手刚碰到水，月亮就碎成一片一片，小猴子说："糟了，月亮被我抓破了。"

大家都埋怨小猴子，过了一会儿，水面恢复了平静，井里又出现了一个又圆又亮的月亮，小猴子伸出手去捞月亮，可是刚一碰到月亮，马上就又碎成一片一片。猴子们捞了几次都没有成功。大家嚷嚷着："捞得累死了，月亮还是捞不上来。不捞了。"

这时候，老猴子一抬头，看见月亮还在天上，它喘着气说："不用捞了，不用捞了，月亮好好的挂在天上呢，井里的月亮是它的倒影。"猴子们抬头看着月亮，笑了。

概要复述：

一天晚上，有只小猴子发现井里有个月亮，小猴子叫了起来："不好了，月亮掉进井里了。"大猴子和老猴子听见了，也跟着叫了起来。于是，猴子们一只接一只，倒挂在井边的大树上，一直接到井里头。挂在最下面的小猴子伸手捞月亮，手刚碰到水，月亮就不见了。老猴子抬头一看，喘着气说："不用捞了，月亮好好地挂在天上呢，井里的月亮是它的倒影。"

思考比较：两种复述在细节上有什么不同？

【实训环节】

活动名称：

我来讲

活动要求：

对材料先进行详细复述，再进行概要复述。

活动流程：

朗读—思考回答—详细复述—概要复述。

难以想象的抉择

沈亚刚　译

巴尼·罗伯格是美国缅因州的一个伐木工人。一天早晨，巴尼像平时一样驾着吉普车去森林干活。由于下过一场暴雨，路上到处坑坑洼洼。他好不容易把车开到路的尽头。他走下车，拿了斧子和电锯，朝着林子深处又走了大约两英里路。

巴尼打量了一下周围的树木，决定把一棵直径超过两英尺的松树锯倒，出人意料的是：松树倒下时，上端猛地撞在附近的一棵大树上，一下子松树弯成了一张弓，旋即又反弹回来，重重地压在巴尼的右腿上。

剧烈的疼痛使巴尼只觉得眼前一片漆黑。但他知道，自己首先要做的事是保持清醒。他试图把腿抽回来，可是办不到。腿给压得死死的，一点也动弹不得。巴尼清楚，要是等到同伴们下工后发现他不见了再来找他的话，很可能会因流血过多而死去。他只能靠自己了。

巴尼拿起手边的斧子，狠命朝树身砍去。可是，由于用力过猛，砍了三四下后，斧子柄便断了。巴尼觉得自己真的什么都完了。他喘了口气，朝四周望了望。还好，电锯就在不远处躺着，他用手里的断斧柄一点一点地拨动着电锯，把它移到自己手够得着的地方，然后拿起电锯开始锯树。但他发现，由于倒下的松树呈45度角，巨大的压力随时会把锯条卡住，如果电锯出了故障，那么他只能束手待毙了。左思右想，巴尼终于认定，只有唯一一条路可走了。他狠了狠心，拿起电锯，对准自己的右腿，进行截肢……

巴尼把断腿简单包扎了一下，他决定爬回去。一路上巴尼忍着剧痛，一寸一寸地爬着；他一次次地昏迷过去，又一次次地苏醒过来，心中只有一个念头：一定要活着回去！

——选自《读者文摘》1986年第1期。

（1）试拟出本文详细复述的提纲。

____

____

____

（2）概括出概要复述的关键词。

________ ________ ________ ________

（3）做详细复述、概要复述练习。

3. 创造性复述

创造性复述是在忠实于原材料基本内容的前提下，根据复述的目的、要求，对原材料的内容和形式做某些创造性的改变或扩充的复述。它比前述两种复述方式要求高、难度大，需要复述者有一定的想象力和创造力，但切忌脱离原文胡编乱造。

（1）改变型创造性复述

① 改变人称：改变了称谓的复述。如第一人称变为第三人称，第三人称变为第一人称。如：

读小学的时候，我（他）的外祖母去世了。外祖母生前最疼爱我（他）了，我（他）无法排除自己的忧伤，每天在学校的操场上一圈又一圈地跑着，跑得累倒在地上，扑在草坪上痛哭。

——选自《普通话水平测试实施纲要》，商务印书馆2004年版。

原文是第一人称，复述时依需要可以改变为第三人称“他”。

② 变换语体：把不同语体的文章变换成口语进行复述。如：

山居秋暝

王　维

空山新雨后，天气晚来秋。
明月松间照，清泉石上流。

竹喧归浣女，莲动下渔舟。

随意春芳歇，王孙自可留。

改变后：一阵新雨过后，青山翠谷越发显得静幽，夜幕降临，凉风习习，更令人感到秋意浓厚。明亮的月光照映着松林，泉水从石上潺潺流过。竹林中传来阵阵欢声笑语，原来是洗衣少女们归来，莲叶浮动，那是顺流而下的渔舟。尽管那春天的芬芳早已逝去，我陶醉在这美妙的秋色中，依然向往长留。

思考回答：这是一种怎样的语体转换？

【实训环节】

活动要求：

学生朗诵小令《天净沙·秋思》，并将它改编成一篇散文。

活动流程：

A. 朗读小令《天净沙·秋思》。

天净沙·秋思

马致远

枯藤老树昏鸦，
小桥流水人家，
古道西风瘦马，
夕阳西下，
断肠人在天涯。

B. 将小令改编成一篇散文。

③ 改变叙述顺序：打破原文叙述顺序，重新改组文章结构。如把顺叙改为倒叙，把倒叙改为顺叙、插叙。

（2）扩充型创造性复述

扩充，是扩充内容，在对原材料内容深刻理解的基础上，不偏离中心、不改变主题，可以是对细节的描述，也可以是对情节的扩充，但要注意扩展的分寸。如：

【范例】

宋人有闵其苗之不长而揠之者，芒芒然归，谓其人曰：“今日病矣！予助苗长矣!”其子趋而往视之，苗则槁矣。天下之不助苗长者寡矣。以为无益而舍之者，不耘苗者也；助之长者，揠苗者也。非徒无益，而又害之。

扩充复述：

战国时期，宋国有一个农民在田里种下了禾苗，他特别关心禾苗有没有长高，每天看四次。可是禾苗长得很慢，他心里非常着急。怎样才能让禾苗尽快长高呢?

一天，他做了一个梦，梦见自己家的禾苗长高了一截，他高兴极了。醒来后，跑到田里一看禾苗还是那么高，很失望。他绞尽脑汁，终于想到一个好办法，于是他把每棵禾苗都拔高了一截，满意地回到了家。

刚刚一回家他就冲着家里人嚷嚷：“指望你们这些人干活就是不行，赶快去看看我们家的禾苗吧！今天它长高了很多，这全是我的功劳啊!”他的儿子到田里一看，所有禾苗全部枯死了。

【实训环节】

活动名称：

编故事

活动要求：

(1) 请将故事中“买猪油、偷吃猪油”等情节进行扩充复述。

(2) 分组。(3~4 人一组)

活动流程：

单独或分组扩充练习，然后完整讲述。

(1) 学生 3~4 人一组，对故事中“买猪油、偷吃猪油”等情节进行扩充复述。

(2) 学生代表在全班面前进行故事扩充后的完整讲述。

“猫”和“老鼠”

佚　名

很久以前，有一只猫和老鼠住在一起。

冬天快到了，它们买了一坛子猪油准备过冬吃。趁着天黑，它们把猪油送到离家十里远的大庙里藏起来。后来，老鼠三次到庙里偷吃，把猪油偷吃光了。猪油快吃完的时候，猫才发现。

从此以后，猫一见老鼠就咬。

第二节 描述训练

一、什么是描述

描述，是用生动形象的语言，把所见所闻，以及所知的人、物、事、景等具体形态特征，细致准确地描绘出来的一种口语表达方式，以观察为表达基础，有鲜明的独创性和原发性。

【实训环节】

活动名称：

看图描述

活动要求：

（1）仔细看图，抓住图片的主要特征描述图片内容。

（2）选择其中一幅图进行描述。能力强的学生可描述两幅图。

（3）图片描述后，选择你认为适宜的答案回答问题。

活动流程：

认真看图—进行描述—回答问题。

大家都满意

“罚”球

（1）认真看图，抓住图片的主要特征进行描述。

（2）通过对图片的描述，你认为描述的要求是什么？

A. 拼凑堆砌　B. 抓住特征　C. 真实准确　D. 夸张渲染

E. 需要生动　F. 形象鲜明　G. 脱离生活　H. 目的明确

二、描述的种类

1. 从描述的方式上分观察描述、回忆描述和想象描述

（1）观察描述，即以观察为基础，描述者一边看着事情的发生，一边进行描述，也可以对刚看到的人或事进行描述。如：峻青的《第一场雪》，作者从远到近观察雪景，并按这个顺序进行描述，层次分明。

大雪整整下了一夜。今天早晨，天放晴了，太阳出来了。推开门一看，啊！好大的雪啊！山川、河流、树木、房屋，全都罩上了一层厚厚的雪，万里江山，变成了粉妆玉砌的世界。落光了叶子的柳树上挂满了毛茸茸亮晶晶的银条儿；而那些冬夏带青的松树和柏树上，则挂满了蓬松松沉甸甸的雪球儿。一阵风吹来，树枝轻轻地摇晃，美丽的银条儿和雪球儿簌簌地落下来，玉屑似的雪末儿随风飘扬，映着清晨的阳光，显出一道道五光十色的彩虹。

——节选自峻青：《秋色赋》，作家出版社 1963 年版。

（2）回忆描述，即描述者对不在眼前的人或事，一边回想，一边描述。如对美好时光的追忆，对亲朋故友的缅怀，对游览感受的述说等。我们来看汶川地震亲历者回忆描述难忘的经历：

2008 年 5 月 12 日，终生难忘的一天。

下午我继续进行复习，大概 2 点 28 分时，同学们大都进了教室，我正在做语文作业，第一节课是化学，我的语文还没写完，我还在祈祷化学老师不要来太早，让我把语文写完了她再来。正在这时，我的双脚感觉到了强烈的震动，我的第一反应是后面的同学在摇我的板凳，我怒气满面地准备骂他，但当我回头时，我们的桌子相隔很远，我顿时感觉不对，这时同学们都在往外跑，我也拔腿就跑，我几乎是班上最后出来的几个人之一。

大家都在跑，我只想着我要活着，什么都不顾不管了。跑到 6 班的时候，窗边的瓷砖掉了下来，我以为是砖块，心里想：这一次我完了，但是脚还是不停地跑啊跑，前面有一个我不认识的男生，我拉着他的衣服跑，这让我安心不少。我摇摇晃晃地跑出了教学楼，跑到了操场上，真的好惊险！……

（3）想象描述，描述者以观察或记忆的某些人或事为基础，通过合理的想象和联想，对未来进行创造性的描述。

进行想象描述的一般步骤：

① 明确目的，确定中心和重点。

② 根据主题，展开多层次、多角度的合情合理的想象和联想。

③ 把想象、联想到的内容围绕中心进行取舍，用连贯的语言描述出来。

【实训环节】

活动名称：

心有灵犀

活动要求：

（1）准备词语卡片8~15张。

（2）请学生抽取卡片，并用语言描述卡片中的词语，卡片中的词语不能出现在描述语言中。

（3）在猜词过程中可补充描述内容。

（4）不能用动作代替语言表达。

（5）全班同学轮流进行，直至把卡片用完。

（6）对不能完成的同学可制定适宜的惩罚措施，如表演节目等。

活动流程：

抽取卡片—描述—猜词。

（1）随机请一名学生抽取词语卡片，并做语言描述。

（2）其余学生通过描述，猜词语。

（3）可分一人对全班或一人对小组进行。

活动延伸：

活动熟悉后，学生可自己选择词语，抓住特征进行描述，让其他学生猜词。

词语参考：

玫瑰花	电视机	遥控器	中秋节
北京	重庆	成都	解放碑
周杰伦	刘翔	××老师	××同学

2. 从描述的内容上分景物描述、人物描述、场面描述和实物描述

（1）**景物描述**，是指对自然环境和社会环境中的风景、物体的描述。我们欣赏一下张爱玲对秋雨淋漓尽致的描述。

秋　　雨

张爱玲

雨，像银灰色黏湿的蛛丝，织成一片轻柔的网，网住了整个秋的世界。天也是暗沉沉的，像古老的住宅里缠满着蛛丝网的屋顶。那堆在天上的灰白色的

云片，就像屋顶上剥落的白粉。在这古旧的屋顶的笼罩下，一切都是异常的沉闷。园子里绿翳翳的石榴、桑树、葡萄藤，都不过代表着过去盛夏的繁荣，现在已成了古罗马建筑的遗迹一样，在潇潇的雨声中瑟缩不宁，回忆着光荣的过去。草色已经转入忧郁的苍黄，地下找不出一点新鲜的花朵；宿舍墙外一带种的娇嫩的洋水仙，垂了头，含着满眼的泪珠，在那里叹息它们的薄命，才过了两天的晴美的好日子又遇到这样霉气熏熏的雨天。只有墙角的桂花，枝头已经缀着几个黄金一样宝贵的嫩蕊，小心地隐藏在绿油油椭圆形的叶瓣下，透露出一点新生命萌芽的希望。

雨静悄悄地下着，只有一点细细的淅沥沥的声音。橘红色的房屋，像披着鲜艳的袈裟的老僧，垂头合目，受着雨的洗礼。那潮湿的红砖，发出有刺激性的猪血的颜色和墙下绿油油的桂叶成为强烈的对照。灰色的癞蛤蟆，在湿烂发霉的泥地里跳跃着；在秋雨的沉闷的网底，只有它是唯一的充满愉快的生气的东西。它背上灰黄斑驳的花纹，跟沉闷的天空遥遥相应，造成和谐的色调。它噗通噗通地跳着，从草窠里，跳到泥里，溅出深绿的水花。

雨，像银灰色黏濡的蛛丝，织成一片轻柔的网，网住了整个秋的世界。

——选自《张爱玲散文集》，中国文学出版社 2011 年版。

语音提示：

绿翳翳（lǜyìyì） 斑驳（bān bó）

（2）**人物描述**。人物描述包括人物外部情态（外貌、行动、语言）描述和人物内心世界（心理）描述，目的是表现人物的性格和精神面貌。

例如《红楼梦》第三回中对王熙凤的外貌描述：

……

一语未了，只听见院中有人笑声，说：“我来迟了，不曾迎接远客！”黛玉纳罕道：“这些人个个皆敛声屏气，恭肃严整如此，这来者系谁，这样放诞无礼？”心下想时，只见一群媳妇丫鬟围拥着一个人从后房门进来。这个人打扮与众姑娘不同，彩绣辉煌，恍若神妃仙子：头上戴着金丝八宝攒珠髻，绾着朝阳五凤挂珠钗，项上戴着赤金盘螭璎珞圈，裙边系着豆绿宫绦，双鱼比目玫瑰佩，身上穿着缕金百蝶穿花大红洋缎窄裉袄，外罩五彩刻丝石青银鼠褂，下着翡翠撒花洋绉裙。一双丹凤三角眼，两弯柳叶吊梢眉，身量苗条，体格风骚，粉面含春威不露，丹唇未启笑先闻……

（3）**场面描述**，是对一个特定的时间和地点内许多人物活动的总体情况的描述，是自然景色、社会环境、人物活动等对象的集中表现。进行场面描述时要注意：

第一，交代清楚场面的背景。如活动场面发生的时间、地点、人物、环境等。

第二，描述出气氛。气氛是人在一定环境中看到的景象或感觉到的一种情绪或感情。如庆祝场面有欢乐的气氛，比赛场面有紧张的气氛，送别场面有难舍难分的气氛等。

第三，按一定的顺序描述。场面是由人、事、景、物组合起来的综合画面，描述时可先总后分、由概括到具体，点面结合。比如，描述庆祝教师节的场面，可以先说欢庆活动的总体气氛，勾勒“面”的情况，然后分别说校长、老师、同学的表现，做到点面结合、条理清楚。

【范例】

谢　幕

新凤霞

1950 年元旦，领导组织我们去石景山为工人演《刘巧儿》，演出在五一露天剧场进行，台下人山人海，一望无际。戏散了，观众潮水般地涌到台口边拍手边喊着：“新凤霞——新凤霞——”领导连推带拉地要我上台谢幕，可那时我们这些个在天桥唱戏的旧式艺人，还从未听说过什么“谢幕”，心想，我唱了一出戏累得要命，这大冷的天，他们裹着大棉袄，戴着皮帽子，我这身单衣冻得肝儿颤，还让我谢观众？我站在幕边一动不动，任谁劝也不行。一位厂领导给我披上了一件大衣，说：“凤霞你快上去吧，这么多工人在欢迎你，等你呀！”我把棉大衣往他怀里一甩说：“我唱戏你看戏，唱好了你叫好，唱砸了你退票，干嘛还让我上台谢观众？”

观众的喊声越来越大了，领导急得满头是汗，他向我双手作揖：“小姑奶奶，你就去吧，别让我冒汗了，去行个礼就下来。”我说：“我又没砸，干嘛要行礼？”结果领导和厂负责人只好上台向观众说：“谢谢大家，因为新凤霞这一出戏穿着单衣服，冻得有点病了，不能出场致谢，请大家原谅！”观众呼地一下散去了，领导狠狠地批评我：“你太任性了！太不知好歹了！”

不久，乌兰诺娃随苏联芭蕾舞访华团来北京献艺，这是我头一次看芭蕾舞演出，内心激动不已。看演出前，有人给我们上课：“演出中不可乱拍手叫好，演出结束时需热情欢迎演员出场谢幕，至少也得欢迎个七八次，这是国际礼貌！”

看了苏联舞蹈家乌兰诺娃的演出，看到她在热情的掌声中一次次跑出来热情而礼貌地谢幕，联想不久前自己在石景山演出时赖着不肯出场的情景，我内心好难受，自己太无知，太外行，太对不起观众了。

不久后剧团又一次在五一剧场演出《祥林嫂》，大幕合拢后，我赶紧跑出场，一次次向四周观众深深鞠躬行礼，见观众仍不愿散去，我又唱了一段“刘巧儿”。石景山第二号高炉建成开英雄会那天，我演唱完后，身穿单衣忘了冷，跳下台向观众握手致谢，英雄们把胸前的红花给我戴上，那热火的场面至今仍鼓励着我。

——选自《高级中学课本　语文》，上海教育出版社 1995 年版。

简评：本是几个平常的场面，由于作者思想上得到了启发，感情上得到了升华，写来情真意切，感人肺腑。

夺　魁

桑　杰

校冬季田径运动会开幕了。

战幕刚一拉开，就出现了扣人心弦的场面，在男子甲组 4×100 米接力赛中，高二（2）班首先以 51" 2 的好成绩夺得了预赛第一组第一名；接着，三班、七班也分别以接近的成绩取得了决赛资格。

这三个班素有校运动会上的“三强”之称。自进校以来，在历次校田径赛中，都写下了值得自豪的“光荣史”。冠军属于谁？人们猜测着。

二班有“短跑老将”周建——天生的“飞毛腿”，是校 100 米记录的保持者。三班则以他们有“起跑大王”李林为荣。七班也不可忽视，以前便有相当的实力，今年又转来了一位准备考体育院校的插班生，这就如虎添翼，夺魁之情愈加急切。势均力敌的“三强”谁占魁首，实在难以预料。

决赛定于当天下午两点半进行。

跑道两旁挤满了观看的同学。男同学占了头排，女同学就在后排踮起脚看；大同学个头太大，小同学就从人缝中伸出脑袋看；各班的“啦啦队”更是情绪饱满，准备为自己的班级呐喊助威。

信号枪横在屏障前。

场上一片寂静，大家在全神贯注地等待着发令。

“砰！”一声枪响打破寂静，起跑线上的六位运动员像一支支离弦的箭，跃身而出，场上立刻沸腾了，“加油、加油”的呐喊声此起彼伏。

跑在最前头的是“起跑大王”李林。他像以往几次比赛一样，保持着第一棒的绝对优势。只见他挺胸昂首，快跑猛冲，那双飞奔的脚就像和跑道有某种特殊斥力似的，刚一着地就被弹开，其他同学也不甘示弱，奋力猛冲。

开始跑第二棒了，三班仍占据着优势，60 米刚过去，跑道上的情况发生了变化，七班的徐庆猛地加快了步伐，一下子超出了所有的对手，七班的“啦啦队”立即提高了嗓音：“徐庆！加油！”

“看来七班夺魁有希望了。”在快要跑完第三棒时，同学们议论着。

可是，出乎意料，就在最后即将交棒之际，二班的体育委员抢先一步，首先把接力棒交到了他们班的“短跑老将”手中。

“嘘——”二班同学长吁了一口气。一颗颗悬在喉头的心掉了下去。根据他们以往的经验，只要交稳第三棒，那么他们就可稳操胜券了。

最后的冲刺开始了，运动员接过伙伴们递过来的接力棒，飞快地向终点冲去。

这时，场上出现了更加剧烈的争夺场面：“大个子”咬紧牙关追了上来，还没稳住神，“红背心”已超了上去；“小个头”在班上“啦啦队”的鼓励下赶了上来，正喘着粗气，一下子又被拉下了半步。在这种场合下，加把劲就上来，稍一怠慢又掉下去，真似“逆水行舟，不进则退”。

“短跑老将”周建深孚众望，脚下生风，一路领先。突然，第三条跑道上的运动员上来了。啊，是陈昆！转眼他处于领先的地位。场上的呐喊声愈来愈大了。

50 米，40 米，30 米，一个奋力向前，一个急起直追，渐渐地，两人之间的距离小了，小了，终于，周建追了上来。

15 米，10 米，5 米，两人齐头并进，不相上下。

这时跑道上的呐喊声已是震耳欲聋了。

终线已横在他俩眼皮底下了，还不见输赢！在这千钧一发之际，周建显出了“短跑老将”的威风，只见他猛一挺胸……终线依偎在周建的胸前，悠悠地飘开了。

——选自《阅读和写作》（第一册），人民教育出版社 1985 年版。

简评：本篇的小作者，先用饱满的笔墨写了“起跑大王”李林和异军突起的徐庆的精彩表演，经过一番渲染，再“出乎意料”地转写短跑老将的一马当先，这是第一个波澜。正当所有班级同学认为短跑老将稳操胜券的时候，最后冲刺却又杀出个名不见经传的陈昆来，这是第二个波澜。一波未平，一波又起，场面自然就写得引人入胜了。紧张激烈的比赛场面，本是扣人心弦的，为什么许多同学写来却显得平常呢？主要原因就在于他们没有在主要人物的活动中写出波澜。

【实训环节】

活动要求：

回忆并描述令你难忘或激动的场景。

活动流程：

回忆场景—进行描述。

参考话题：《难忘的一场比赛》 《我喜欢的奥运建筑》 《奥运志愿者》……

（4）**实物描述**，即根据实物的形态、结构、性质、功能等，按照合理的顺序，有条理地说出实物的特征。

【范例】

（一）精巧玲珑的工艺品人人喜爱。一尊彩瓷塑像，一件景泰蓝饰物，一匹唐三彩奔马，都会让人反复赏玩，爱不释手。如果有人请你介绍一件最喜爱的工艺品，你准备抓住它的什么特征来介绍？按怎样的顺序进行描述？

（二）多少集邮爱好者迷上了仅方寸大的一枚枚邮票。小小的邮票凝聚着设计者的智慧和心血。右图是一枚“中国人口普查”邮票，你能根据它的图案作具体的描述吗？

【辅导】

以实物为描述对象，是以朴实的语言，将某一实物的形态、结构、性质、功能等向人们作客观的说明介绍，其目的是让人们对这一实物有清晰的印象，并获得有关的知识。

要将实物的特点说清楚，重要的一点是要找到合理的描述顺序。世上万物纷繁复杂，各有各的形态、结构、特性和功能，如果主次不分，先后无序，描述就不准确、不清晰，听者对这一实物就无法获得完整的印象，所得到的知识也必然零乱。因此，条理性是描述的基础。

要选择合理的描述顺序，需从观察研究实物的形体结构入手。例如下面一段文字：

在显微镜下，观察所有植物的任何部分，可以看到它们都是由细胞构成的。每个细胞大体相同，都是由以下几部分构成：细胞的外面都包着一层透明的薄膜，这是细胞壁；紧贴在细胞壁里的一层很薄的膜，叫作细胞膜；细胞膜里面包着的透明物质，那是细胞质；细胞质的液泡里贮存的汁液是细胞液；细胞液里含有一个近似球的东西，叫细胞核。

这段介绍“细胞的构成”的文字，从细胞的外层写到细胞的内核，这个由表及里的描述顺序，既是由细胞本身的结构特点（细胞由细胞壁、细胞膜、细胞质、细胞液、细胞核五个部分构成）所决定的，又是以人们在显微镜下对细胞结构的观察认识过程为依据的。人们观察某一物体，习惯上总是从外表开始，逐层深入内部的结构。据此可知，一个合理的描述顺序的选择，如果能同时考虑到这两个因素，就会比较合理，比较科学。

根据实物的不同特点及人们在长期实践中形成的观察习惯，实物的描述顺序一般有下面几种：

空间顺序。就实物本身而言，各部分总有方位结构的关系。许多实物的描述，都采用空间方位的顺序，或从上说到下，或从外说到内，或从前说到后，或从整体说到局部。如范例（一）要求介绍一件工艺品，作为具有上下左右、内外前后或总体部分的方位结构的实物，如果按空间顺序来描述，便可以取得较好的描述效果。

时间顺序。实物的外形和内在特征的形成，一般都有一个演变的过程，实物的特征和性能在这个演变过程中逐步完善。作为产品的实物，它的形成离不开一个加工制作的过程。因此，若要介绍实物的产生过程或发展过程，就要按照时间顺序组织描述内容。按时间顺序有助于描述实物特征形成的过程，使读者对其特点了解得更为清楚。

逻辑顺序。有些实物的各构成部分之间往往存在一定的内在联系，相互间产生一定的关系，或是因果关系，或是主次关系，或是现象与本质关系，或是互衬互补关系等。根据事物内在的逻辑关系，组织描述顺序，可以全面、深入地说明该实物的本质特征。如范例（二）要求对一枚邮票的图案进行说明，除了注意按空间顺序描述之外，还必须描述邮票图案的各部分之间、图案与文字之间的内在联系，使这枚邮票的整体特征得到充分、全面的揭示。

要说出实物的特征，除了要有合理的描述顺序外，还应选择恰当的方法。下定义、分类别、举例子、用数据、打比方、做比较、引文献、列图表等，是常用的描述方法，应根据需要恰当选用。

【范例】

白瓷和尚

——介绍一件精巧的工艺品

我家临窗的写字台上，有一尊白瓷和尚。他白得像雪，泛着银光，是一件引人注目的工艺品。

这个白瓷和尚，高16厘米，宽15厘米。从正面看，他身体微微向右倾斜，上窄下宽。

和尚的头光得连一根发茬都看不到，两只肥大的耳朵耷在那宽厚的肩上，脖子不知缩到哪里去了。他双层的下巴，高前额的正中还有颗吉祥痣呢！他那细弯着的眉毛下面一双细长的眼睛含着微笑。那扁平的鼻子，那厚厚的嘴唇，那微微弯起的嘴角，向人们展示出了他的慈祥可亲。

他身穿佛衣，肩披玉带，袒胸露乳，卧右膝，盘左腿。他右手放在右膝上，拿着一串念珠，其珠历历可数。宽大的衣袖盖住了右脚，只露出五个脚趾。左臂放在左腿上，左手拿一个胀鼓鼓的红色布袋。宽大的裤脚边露出了左脚心。那笔划匀称，用金粉在玉带、衣袖、裤脚处勾画的“边”，在日光下泛着金光。

这个白瓷和尚制作精细，工艺考究，惟妙惟肖，栩栩如生，使我们不能不赞叹作者高超的技艺和智慧。

——选自《高级中学课本　语文》，上海教育出版社1995年版。

简评：作者按照观察过程，先说明白瓷和尚的总体特征；然后按自上而下的顺序，从外貌特征说到穿着服饰、形体姿态，工笔细述，写得层次分明；最后说明它的工艺特点，点出中心。

一枚构思精巧的邮票

郁建明

集邮能给人以美的享受，能丰富人们的知识，好的邮票本身就是一件艺术品。在我所集的邮票中，我最喜欢“中国人口普查”这枚邮票，这枚仅长4厘米，宽3厘米的邮票，它那简洁的图案，巧妙的构思，把中国人口普查的有关内容表达得清清楚楚。

这枚邮票底色是白的，正中间是一只钟的图案，钟面呈圆形，用粗黑边勾勒。在钟的画面上，并没有把12个钟点都表示出来，只画了5个点，分别表示10点、11点、12点、1点和2点。这5个小圆点是荧光的，每个圆点的周围都镶着黑边，黑边组成了一个小三角形，尖头朝内。在表示12点的那个小绿点的正下方是指针。指针也穿上了黑外套，上端是菱形，下端是圆形。中间染绿色的是分针。中部一个箭头式的白色的针是时针，表示时针、分针正好重合，是零点整。

这5个圆点和指针组成了钟面的上半部，染青莲色。一条向上弯的弧线把它和下半部分开，下半部为白色，中间有一个金黄色的天安门图案。天安门是首都北京的象征。总观整个钟面，你发现下半部像月亮。上半部多么像紫色的夜空，那五颗绿色的小星星还在发光呢。整个钟面表示的是北京时间夜间12点整，即零点。

两条黑线从钟顶过钟面圆心，向两边分开成为两条钟腿，呈“人”字形。那圆形钟面的黑边不就是“口”字吗？设计者别具匠心，把这个时刻要干的事都表现出来——人们一看就知道：人口普查。

在钟的左上方，写着“标准时间1982.7.1”字样，右上方写着“0:00”，表示中国人口普查的标准时间是1982年7月1日零时整，在这以前出生在世的人，就是普查的对象。

“中国人口普查”六个字格外醒目地居票面的上方，点明了这枚邮票所要表现的主题。邮票下方正中是面值“8分”的字样，“中国人民邮政”对称地分布在“8分”的两边，最下面是发行的年代与邮票编号，这是一枚一套的纪念邮票。

——选自《高级中学课本　语文》，上海教育出版社1995年版。

简评：作者观察细致，对邮票的构图有深刻的理解，不但对图形的每个细节都作了具体的说明，而且由表及里，揭示出了设计者的匠心，三、四两段运用空间顺序和逻辑顺序相结合的说明方法，写得尤为精彩。

【实训环节1】

1. 在各人的小天地里，都有自己的心爱之物。在装饰橱里，在书桌上，人们都习惯放一些玲珑的小摆设。有的同学的书里会夹上几张精美的书签或贺卡，铅笔盒里也会藏着一两件小饰物。在你的小天地里，是不是也有自己的艺术小收藏呢？请选择自己的一件“小收藏”有条理地说说它的形态、特征。

（提示：条理性体现在说明的顺序之中，要考虑好先说什么，后说什么。并注意在说明过程中表达自己的喜爱之情。）

2. 从下面几个题目中，选择你比较喜欢的一题，做描述训练。

（1）我的小书房

（2）心爱的相册

（3）我最欣赏的画

（4）校园里的花

【实训环节 2】

活动要求：

认真品读下面的文章，并以“想家的时候”为题简要描述想家时的感受。

活动流程：

朗读文章—描述感受。

今夜我想回家

风　铃

电话机那边是爸爸的声音，说他很想我。接着是妈妈，说她正在烙饼。妹妹抢过话筒，说她准备用微波炉做面包。忽然就这样被遥远的电话线击中了。想家的感觉，就像这寒夜的风紧紧地拥着我，摆脱不得。

妈妈或许正在厨房里忙碌，爸爸或许正在一边听着秦腔一边抽着烟，妹妹或许正在抱着一本书，我或许也只是摆弄着电视机的遥控器，旁边是家里用了许多年的一张小方桌。原来家里就是这样，只是任何时候都能看见他们的样子，听见他们的声音。在别人的城市，最简单的愿望都成了奢侈的梦。

你们那里冷不冷？下雨了吗？妈妈去检查了吗？血糖还高不高？爸爸的烟少抽了吗？妹妹还跟男朋友吵架吗？不行就算了吧！这些都是重复了好几年的问题，它们都来自那个我永远都放不下的家。

……

——选自周劼主编：《口语表达能力训练》，重庆大学出版社 2010 年版。

【实训环节 3】

活动名称：

你说我说

活动要求：

（1）按下面的参考话题进行描述练习。

（2）熟悉后可自选话题进行描述练习。

（3）练习时遵循先易后难的原则，先简要描述，再练习细节描述。

活动流程：

个别练习—分组练习。

参考话题：

（1）一次难忘的旅行

（2）我的好朋友

（3）我喜欢的景色（或一幅画）

（4）钓鱼

【实训环节 4】

1.《史记·陈涉世家》中有这样一段话：

陈涉少时，尝与人佣耕，辍耕之垄上，怅恨久之，曰："苟富贵，无相忘。"佣者笑而应曰："若为佣耕，何富贵也？"陈涉太息曰："嗟乎！燕雀安知鸿鹄之志哉！"

如果要将这一场面写得更生动具体些，你认为可以在场景、气氛和人物活动上，补充怎样的一些细节？（提示：可以通过想象，使自己置身于这一历史场景，以一个佣者的眼光补充细节，描写这一场面。）

2. 任选一题，完成一篇以场面描写为主的记叙文。

（1）现场目击记——大街上发生的一幕

（2）课间十分钟

（3）热闹的晚会

（4）在荧光屏前

三、讲故事

（一）什么是讲故事

故事是用生动形象的语言、曲折完整的情节，艺术地反映社会生活的一种文学。讲故事，是一种用通俗、口语化的语言再现书面记载或口头流传的口语表达形式。

（二）讲故事的要求

1. 掌握故事情节内容

讲述者一定要熟悉故事的情节内容，掌握故事的全貌，对故事的开头、结尾、人物关系、线索、情节转折点了然于心。

2. 对原故事进行二次创作

（1）书面语改为口语。讲故事一定要将书面语改为口语，把复杂的长句换成短句。故事自然朴实，俗中存雅，富有感染力。如：

原文：楚国有一人出门远行，在过江时把剑掉到了江中。……

——《刻舟求剑》

改编：有一个楚国人出门远行。他在乘船过江的时候，一不小心，把随身带着的剑落到江里去了。船上的人都大叫："剑掉到水里了！"……

（2）设计好开头和结尾。开头主要包括提问式、介绍式和议论式。结尾的设计也很重要，不要"虎头蛇尾"地讲述。中长故事结尾主要是"卖关子"的方式，如"欲知后事如何，且待下回分解"；短故事结尾主要有三种，包括高潮式——言而不尽之意，提问式——启发回味，总结式——揭示主题，达到教育听者的目的。

3. 反复演练，熟记试讲

（1）拟提纲。按照故事的中心线索拟出提纲，理清故事的层次脉络：起因—发展—高潮—结局。

（2）突出重点，把握细节。讲述者在二次创作阶段深入理解和背诵故事的重点、高潮和细节部分。

（3）反复试讲。在试讲中体会故事的思想感情，做到口语表达和态势语的和谐统一。练习方法：对着镜子练习；观看自己的录像反复揣摩；请有经验的老师指导等。

4. 正式讲述，生动形象

（1）语言技巧。语言讲述技巧主要包括语调、语速和节奏。讲述的语调要适当变化，生动刻画人物。如：小孩说话声音尖而细，语速较快；老人说话声音低而沉，语速较慢。讲述的节奏要适宜，如：故事开头一般从容不迫，节奏缓慢，到高潮处，语速节奏加快，烘托紧张气氛。注意：运用不同声音表现不同的人物，切忌拿腔拿调，矫揉造作。

（2）巧妙设计体态语。讲故事极具表演性，除了有声语言的塑造，还要配合故事情节自然、准确地运用表情、手势、身姿等体态语表现故事。如：

上帝不知怎么//赏给乌鸦一小块乳酪，乌鸦躲到一棵枞树上。（右手指左上方）〈声音轻〉它好像已经安顿下来，<u>准备享受（闭眼）它的口福了</u>。但是//它的嘴半开半闭着，含着那小块美味的东西//在沉思。

【实训环节1】

活动名称：

我来讲故事

活动要求：

(1) 语言通俗易懂，可作口语化修改。

(2) 语调生动自然，语速和节奏适当，富有表现力。

(3) 为故事设计体态语。

(4) 分组。(4~6人一组)

活动流程：

(1) 学生阅读故事，熟悉故事情节。

(2) 分组活动：按要求每组成员分别在本组讲述故事。

(3) 小组展示：每组请1~2名学生，面对全班同学讲述故事。

超级模“人”秀

温献伟

动物园举行超级模仿秀，模仿对象是人。经过层层选拔，猴子和猩猩进入终极PK。

是夜，比赛现场一派热闹。荧光棒闪动挥舞，尖叫声此起彼伏。双方粉丝团群情激昂，各造声势。

终极PK，采用单轮才艺对决。以“谁模仿的最像人”之才艺，决出本次模仿的超级冠军。

抽签后，猴子首先出场。只见它“沐猴而冠”，在台上进行了三分钟走秀，现场一片叫好：“像！太像人了！”猩猩出场，亦不甘示弱。但见其声嘶力竭，演唱了一首当下最流行的摇滚歌曲。一曲毕，现场更是哗然——“实在太像啦！”

但是，这让专业的评委很为难。它们认为：猴子和猩猩的才艺固然精彩，皆“形似而神不似”，没有抓到“人”的神韵，实在难以决断谁是冠军。遂宣布：评审团退场合议。

哪知，猴子和猩猩互不服气。在后台，相互挖苦嘲讽，乃至推搡、动粗。双方粉丝团，各挺偶像，谩骂指责，现场一片大乱。

旋即，专家返场，大喜。高调宣布：猴子和猩猩并列冠军。此一番“争斗”才艺，像极人，惟妙惟肖，实在传神。

——选自《格言》2008年第9期，有删改。

【实训环节2】

活动名称：

故事接龙

活动要求：

（1）老师或一名学生先说第一个短句作为开头，大家发挥想象力，一人接一人把故事续编下去，连成一个完整的故事。

（2）语言简洁、清晰。

（3）尝试自编故事接龙。

活动流程：

（1）故事接龙：从下面的两个例子中选择一个故事，尝试进行故事接龙。

（一）

学生A：（故事开头）很黑的夜，郊区的小路，死寂！

学生B：四周阴森恐怖，他匆匆地赶路。

学生C：突然被什么东西绊倒，他摸出口袋里的打火机一照……

（二）

学生A：（故事开头）从三岁开始，小豆豆就一个人在自己房间里睡觉了。

学生B：妈妈告诉小豆豆说，豆豆的房间里有一个可爱的小精灵，会时刻保护小豆豆。

学生C：小豆豆听妈妈的话，一个人睡在房间里也不害怕。

学生D：有一天晚上，窗外刮起了大风。

学生E：紧接着窗外隐隐约约闪出一个影子。小豆豆吓了一跳！

学生F：小豆豆想起妈妈说的话：豆豆的房间里有一个可爱的小精灵，会时刻保护小豆豆。

（2）尝试自编故事接龙。

【实训环节3】

活动名称：

巧编故事

活动要求：

选择一组词，用所有的词编一个故事，词的出现不分先后顺序。

活动流程：

（1）选择一组词语讲故事。

A. 镜子　雾　落叶　旅行　嘲笑

B. 地震　松树　包子　伞　爸爸　太平洋

C. 森林　小熊　汽水　快乐　树阴　汗流浃背

D. 乘客　速度　天空　碰撞　灰尘　广阔

E. 镜子　占卜　汽水　命运　天空　白衣　天使

F. 佳佳　奶糖　大葱　烙饼　盔甲　毛毛虫　雪人

（2）自编词语讲故事。

【实训环节4】

活动名称：

故事会

活动内容：

自选主题讲故事。

活动要求：

（1）自己准备3~5分钟讲故事内容，主题自拟。

（2）故事主题鲜明；内容积极向上；语言生动、形象、口语化。

（3）请6~8位同学作讲故事准备。

活动流程：

（1）可事先排好顺序进行讲故事比赛。

（2）听众作好记录并进行评价（参看附录）

故事主题参考：

（1）重温先烈故事，继承革命传统

(2) 我爱我的祖国
(3) 心系祖国、健康成长
(4) 经典永远流传，童话伴我成长
(5) 知荣辱，树新风
(6) 爱·感恩

附录：

讲故事比赛评分标准

故事内容 (30分)	1. 讲故事主题鲜明。 2. 内容健康、积极向上。
语言表达 (40分)	1. 普通话语音标准，声音洪亮，口齿清晰。 2. 语言生动、形象，口语化。 3. 运用讲故事技巧，语速恰当；表达流畅，有感染力。 4. 体态语运用自然、恰当。
形象风度 (20分)	1. 着装整洁，仪态端庄大方，举止自然、得体。 2. 能体现朝气蓬勃的精神风貌。 3. 上下场致意，答谢。
综合印象 (10分)	由评委根据讲故事选手的临场表现（讲故事效果、观众反应）做出讲故事素质的综合评价。
扣分	1. 未脱稿讲故事，扣总分3分。 2. 超过限时10秒内扣总分1分，超过20秒内扣总分2分，依此类推（或自定）。

第三节　介绍训练

生活中，谁都会面对一些陌生的人或事，这种时候，介绍就成为必不可少的沟通手段。当别人不认识你的时候，你要做自我的介绍；当别人不认识你的朋友或家人的时候，你要给他人做介绍。我们每个人都希望有人了解自己，尤其是我们的长处和优点，更是希望别人发现和欣赏。只有互相介绍，才可以消除人和人的陌生感，让每个人感到自己的存在，他人的存

在，让这个世界变成温馨的家园。因此，介绍既是一个展示自己的机会，也是为他人服务的礼仪行为。

根据对象的不同，介绍可分为自我介绍、介绍他人、介绍物品、介绍环境等。本节重点学习自我介绍、介绍他人和介绍产品。

一、自我介绍

当我们在一个陌生的环境里，面对陌生的人群，谁都想了解他人和被人了解，自我介绍就是最好的方式。短短的自我介绍，犹如商品广告，不仅可以让他人了解你，还可为你以后广交朋友提供机会。特别在求职的时候，在有限的时间内，将自己最美好的一面毫无保留地表现出来，能给对方留下深刻的印象。

（一）自我介绍注意事项

1. 注意时机

要抓住时机，适时地进行自我介绍；在众人面前的自我介绍不要在大家注意力还没有集中的时候就开始，最好等大家安静下来，视线注视着你的时候开始自我介绍；在陌生人面前，最好在对方也注意你的时候开始自我介绍；如果你只想对人群中的某几个人或一个人介绍自己，最好选择对方有空闲，情绪较好，又有兴趣时，这样也不会影响他人。

2. 讲究态度

态度一定要真诚、自然、随和、落落大方、彬彬有礼。既不能羞涩畏怯，面红耳赤，又不能轻浮夸张，自吹自擂。要注视对方，身姿挺立，声音洪亮，语言自然，动作不要太多、太大，同时还要表达渴望认识对方的真诚情感。

3. 注意时间

自我介绍时要简洁，言简意赅，尽可能节省时间，特别是在众人面前的自我介绍要愈短愈好；为了节省时间，做自我介绍时，还可利用名片、介绍信加以辅助。

4. 注意内容

自我介绍的内容包括三项基本要素：本人的姓名、供职的单位以及具体部门、担任的职务和所从事的具体工作。这三项要素在自我介绍时应一气连续报出，这样既有助于给人以完整的印象，又可以节省时间，不说废话。如果特别需要，可以介绍自己的兴趣爱好、性格特点、专业特色或者家庭背景等。

5. 注意方法

进行自我介绍，应先向对方点头致意，得到回应后再向对方自我介绍。如果有介绍人在场，自我介绍则被视为不礼貌的。应善于用眼神表达自己的友善，表达关心以及沟通的渴望。如果你想认识某人，最好预先获得一些有关他的资料或情况，诸如性格、特长及兴趣爱好。这样在自我介绍后，便很容易融洽交谈。

【实训环节1】

活动内容：

情景模式——夏令营开营

活动准备：

根据自身的情况（姓名、性别、年龄、性格以及兴趣爱好、取得的成绩等）写一份自我介绍。

活动要求：

（1）根据专业自定夏令营的名称，例如：财会夏令营、旅游夏令营、文字录入夏令营、电器夏令营、软件设计夏令营……

（2）自我介绍简短、明晰，声音响亮、清晰。每人说话不少于一分钟（120~150字）。

（3）十人为一组，围坐一圈。

活动流程：

（1）分组就坐，选一人扮演带队教师并给小组取一个名字。

（2）带队教师先做自我介绍，然后规定发言顺序，每人依次进行自我介绍。

（3）小组选出代表2~4人，做全班展示。

【实训环节 2】

活动内容：

情景模式——开学第一堂课

活动准备：

根据自身的特点（姓名、性别、年龄、性格以及兴趣爱好、取得的成绩等）写一份自我介绍（150~300 字）。

活动要求：

(1) 上讲台脱稿自我介绍。

(2) 介绍时间不少于一分钟。

(3) 声音洪亮，态度自然大方，体态适当。

活动流程：

(1) 教师根据学号请同学上台做自我介绍。

(2) 教师根据学生的介绍简单点评。

【实训环节 3】

活动内容：

扮演学生会的宣传干部，来到某社区福利院接一位老干部前往学校做报告。

活动准备：

(1) 选两位学生，一位扮演学生会的宣传干部，一位扮演福利院门卫。

(2) 用一张课桌做门卫办公室。

活动要求：

声音清晰，仪态自然大方，介绍内容条理分明。

活动流程：

门口相遇—做自我介绍—师生评议。

【提问引思】

你认为在各种场合下进行自我介绍还应注意哪些事项？

____

____

还特别要注意去用人单位应聘时如何自我介绍，这里提出几个注意事项，以供参考。

1. 认清自我的三个“干什么”

如果希望一矢中的，必须首先认清自我，明白你现在是干什么的，你将来要干什么，你过去干了什么。这三个问题不是从过去到现在再到将来，而是从现在到将来再到过去。因为如果你被雇用，用人单位选中的是现在的你，希望胜任工作的是将来的你，而这将来又由你的历史和现状决定。

（1）我现在在干什么？回答这个问题时，你应当注意与别人区分开来，在共同点的基础上更强调不同点，否则你很难在众多的应征求职者中胜出。对于这第一个问题，自我反省越深，自我鉴定就越准确。

（2）我将来想干什么？无论你申请的是什么样的工作，雇主都会关注你对未来的自我设计。你的回答不能空洞、不着边际，而要具体、合理。

（3）我过去干了什么？虽然你的履历已反映出了你的过去，但你在面试中还是会涉及这一问题，千万不要轻描淡写，不要介绍一个与你的将来毫不相干的过去。如果你是中途改行，更要在描述你的执着、职业目标的一贯性上下些功夫。要做到这一点，最简单的方法就是：找到过去与将来的联系点，收集过去的资料，再按目标主次排列。

用这样的方法，以现在为出发点，以将来为目标，以过去为明证，最重要的是加深了你的自我分析和理解。实际上，在面试的时候不一定有机会或者有必要介绍你的详细履历，但这三个问题的内在联系点一定要体现在自我表述中，使用人单位对你有深刻的印象。

2. 投其所好

也许你有众多的优点、宏大的理想，但面试只有短短几分钟，所以自我介绍要围绕应聘公司或岗位要求来进行。如果是一间电脑软件公司，应说些电脑软件的话题；如果是一间金融财务公司，便可谈金融方面的事；如果是旅游服务公司，就说说名胜古迹；如果是烹饪服务公司，就说点菜系食谱之类的……总之投其所好。但有一点必须谨记：话题所到之处，必须突出自己对该公司可以做出的贡献，如增加营业额、减低成本、发掘新市场、开拓新品种等。

3. 整理思路

你众多的优点、宏大的抱负、绝妙的主意是否抓住听众的注意力，打动用人单位的心，关键在于你表达的切入点。所以整理好表达的思路就显得很重要了。将你最希望对方欣赏你的事情放在开始，那些事情一般也是你最得意、感触最深的事情。与此同时，可呈上一些有关的作品或记录增加印象分。

【提问引思】

阅读下面文段，然后回答后面的问题。

各位面试官：

你们好！能够劈波斩浪，从无数应聘者中脱颖而出进入面试，自信心让我感觉到离成功的距离又近了一步！坦率地说，如果我为自己的理想奋斗了，即使是失败了，我也不会后悔，因为我收获了！

我是来自上海交通大学市场营销专业的×××。我喜欢读书看报，因为它能丰富我的知识。我喜欢跑步，因为它可以磨砺我的意志。我到底是个什么样的人呢？我是一个活泼开朗，热情，执着，有坚强意志的人，既然今天竞聘的是营销经理一职，我想谈谈自己对营销的理解。营销不等同于推销，但推销是营销的重要组成部分。要想做好营销工作，首先就要做好自我推销，让一个陌生人信任自己是有一定难度的，但只有客户相信自己，才会相信自己的产品，才能更好地将产品推入市场。我想做人，做事，做生意，大概就是这个意思吧！

我觉得作为一名营销经理，除了应该具备一定的营销知识外，还应具备良好的沟通协调能力，能够吃苦耐劳，具有良好的团队合作精神，讲究职业道德。身为班长的我，在三年的时间里，组织了各种各样的班级活动，通过组织这些活动，提高了自己的组织协调能力，加强了团队合作意识，同时也让我充分认识到，个人的能力毕竟很有限，只有通过团队合作集思广益，取长补短，才能更好地完成工作。如果这次我有幸竞聘上营销经理，我想打造一个平台，让自己的同事在一种轻松却不失严谨的氛围中工作，大家相互合作，具有良好的团队精神。

同时在外地求学的四年中，我养成了坚强的性格，这种性格使我克服了学习和生活中的一些困难，积极进取。如果我有机会被录用的话，我一定能够在工作中得到锻炼并实现自身的价值，争当工作精英，做合格的员工。同时，我也认识到，人和工作的关系是建立在自我认知的基础上的，我认为我有能力、有信心做好这份工作。因此，我希望加入贵单位，如果能够成为公司的一分子，我相信我一定在自己的岗位上尽职尽责，踏踏实实地贡献自己的一份力量，与公司共同发展。

“诚信是我们合作的基础，双赢是我们共同的目标！”我愿与××文化一起发展，一起创造辉煌的历史！

——选自《大学语文》，中国经济出版社 2016 年版，有改动。

请找出文中体现下面事项的句子：

（1）我现在在干什么：________________________________。
（2）我想要干什么：__________________________________。
（3）我过去干了什么：________________________________。
（4）投其所好：_____________________________________。

【实训环节 4】

活动内容：

模拟招聘

活动准备：

（1）课前分出 10 人一组，选出 5 位同学做招聘者，其中一人为招聘主任，规定招聘职位。

（2）其他同学根据职位拟定招聘文稿。

（3）用几张课桌模拟招聘现场。

活动要求：

（1）每位同学根据所学专业先拟写一份应聘文稿（200~500 字）。

（2）招聘职位可以是相关专业的业务员或者管理者。

（3）替换角色反复训练。

活动流程：

（1）10 人一组，选出 5 位同学做招聘者，来到模拟现场。

（2）招聘主任将招聘职位报给全班同学。

（3）应聘者逐一应聘。一轮之后，替换角色再训练一轮。

（二）自我介绍的具体形式

1. 应酬式

适用于某些公共场合和一般性的社交场合，这种自我介绍最为简洁，往往只包括姓名一项即可。如：“你好，我叫××。”“你好，我是××。”

2. 工作式

适用于工作场合，包括本人姓名、供职单位及部门、职务或从事的具体工作等。如：“你好，我叫××，我是××公司的销售经理。”“我叫××，在××学校读书。”

3. 交流式

适用于社交活动中，希望与交往对象进一步交流与沟通，大体应该包括介绍者的姓名、工作、籍贯、学历、兴趣及与交往对象的某些熟人的关系。如：“你好，我叫××，在××工作。我是××的同学，是××人。”

4. 礼仪式

适用于讲座、报告、演出、庆典、仪式等一些正式而隆重的场合，包括姓名、单位、职位等，同时还应加入一些适当的谦辞、敬辞。如：“各位来宾，大家好！我叫××，是××学校的学生，我代表学校全体学生欢迎大家光临我校，希望大家……”

5. 问答式

适用于应试、应聘和公务交往。问答式的自我介绍，应该是有问必答，问什么就答什么。

【提问引思】

你认为哪些情境下还需要自我介绍呢？请用序号依次列在下面横线上。

____

____

二、介绍他人

（一）介绍他人应遵循的礼仪

1. 介绍他人的先后顺序

当面临介绍他人时，先对谁进行介绍，或者说谁是第一个被介绍的人，对介绍人来讲，是一个重要问题。礼仪规定：男士应先被介绍给女士、晚辈应先被介绍给长辈、下级应先被介绍给上级、客人应先被介绍给主人、迟到者应先被介绍给先到者、熟悉的人应先被介绍给不熟悉的人、未婚者应先被介绍给已婚者、家人应先被介绍给同事和朋友。

2. 由谁担当介绍人的角色

介绍他人遵循的礼仪除了要明确先后顺序外，还应明确由谁担当介绍人的角色。比如一般在公务交往中，介绍人应由公关礼仪人员、秘书担任；在社交场合，介绍人则应由女主人或与被介绍的双方均有一定交情者充任。

3. 介绍的内容

在介绍他人的时候，到底哪些内容是可以介绍的呢？大体与自我介绍的内容相仿，可酌情在三项要素（被介绍人的姓名、单位、工种）的基础上进行增减。但如果介绍人把被介绍人不希望被别人了解的内容介绍了出来，一定会令人反感，让人感到尴尬。作为第三者介绍他人相识时，要先向双方打一声招呼，让被介绍的双方都有所准备。

4. 恰当的称谓

准确恰当地称呼被介绍者，不仅有利于双方彼此的了解，也会使人产生愉悦满足的心理感受。不同国家、地区、民族的人名组合，姓与名的排列顺序也不尽相同，尤其是使人敏感的职位、职衔、职称，不可掉以轻心。一般说来，公务员、企业家重视职衔，学者、艺术家重视职称，老百姓重视辈分。

5. 谦恭的用语

为表示对他人的尊重和礼貌，介绍时通常用祈使句或者敬语，比如："请允许我来介绍，这是……"，"请允许我为您介绍……"，"很荣幸能介绍各位认识，这位是……，这位是……"在一些场合，介绍有名望、有成就或地位重要的人物时，还可以恰当地运用赞美之词，如："这位就是大名鼎鼎的企业家×××。"

6. 得体的态势

在进行"居间介绍"时的规范态势是：站立于双方被介绍者的一侧，先把身体上部略倾向于被介绍者，伸出靠近被介绍者一侧的手臂，大臂与小臂呈弧形平举，手掌向上，拇指与四指分开，四指自然并拢，面部略带微笑，两眼平视被介绍者，然后眼光转向另一方。

【提问引思】

阅读下面的对话，完成后面的问题。

一

A："王小姐，我来介绍一下，这位是李先生。"
B："张先生，请允许我把您介绍给我们单位的赵小姐。"
C："钱夫人，我想请您认识一下高先生。"
D："小丽，这是和我住同一单元的刘强。"
以上话语中都是把________介绍给________。

二

A："王伯伯，我介绍一下，这是我的同学志刚。"
B："李阿姨，这是我的表妹丹丹。"

C：“乔教授，这是我的中学校友唐牧云。”

以上话语都是把________介绍给________。

三

A：“罗法官，这是我的同事黄明飞。”

B：“赵厂长，我来介绍一下，这是×公司的王先生。”

C：“刘教授，这是我的学生高强。”

以上话语中都是把________介绍给________。

此外，客人和主人之间应先把________介绍给________。

迟到者与先到者之间应先把________介绍给________。

熟悉的人与不熟悉的人之间应先把________介绍给________。

未婚者与已婚者之间应先把________介绍给________。

家人与同事、朋友之间应先把________介绍给________。

【实训环节 1】

活动内容：

两家人街头相遇——为他人做介绍

活动准备：

(1) 布置本活动所需场景，准备道具。

(2) 根据组成家庭的个数，制作编号，确定编号对应的家庭。

活动要求：

(1) 三人自由组成一家人，扮演父母和孩子，并确定父母的身份和职业等相关情况。

(2) 由扮演孩子的学生进行介绍。

(3) 全班可组成 4~8 家人，分别编号，现场随意抽两个号进行表演。

活动流程：

抽家庭编号—表演—师生评价

【实训环节 2】

活动内容：

为公司经理介绍来公司应聘的同学。

活动准备：

用两张课桌作为公司王经理的办公桌。

活动要求：

（1）三人一组，分别扮演公司王经理、“我”和同学罗冰。

（2）介绍的顺序要准确。

（3）介绍的内容要恰当。

（4）介绍的态度要得体。

活动流程：

相遇——介绍——师生评价

（二）介绍他人的具体形式

1. 应酬式

适用于某些公共场合和一般性的社交场合，这种他人介绍很简洁，往往只包括姓名一项即可。如：“这是我的××，叫××。这是我的××，叫××。”

2. 工作式

适用于工作场合，它包括被介绍人姓名、供职单位及其部门、职务或从事的具体工作等。如：“他是我们的销售经理，叫××。”“他叫××，在××学校读书。”

3. 交流式

适用于社交活动中，受他人委托，给交往的双方提供进一步交流与沟通的条件，大体应包括被介绍者的姓名、工作、籍贯、学历、兴趣等。如：“他叫××，是××学校毕业的，学的是××专业，在××工作。他叫××，是××学校毕业的，学的是××专业，在××工作。你们都是××人（都是××一个专业的）。”

4. 礼仪式

适用于讲座、报告、演出、庆典、仪式等一些正式而隆重的场合，包括姓名、单位、职务等，同时还应加入一些适当的敬辞。如：“各位来宾，大家好！请允许我为大家介绍××，他曾经在（现在）××公司（学校）担任××工作（职务）。让我们用热烈的掌声欢迎他的到来……”

【提问引思】

你认为还有哪些情景需要为他人进行介绍呢？请列举在下面的横线上。

三、介绍产品

根据目的不同，介绍产品可分为营利性介绍和非营利性介绍，也即推销性介绍和知情性介绍。前者主要是为赢得顾客的购买而为，后者主要是为使听众增加知识而为。鉴于学习者走入社会所需，我们主要以营利性介绍为主，对学生来说，多少带了一点职业实践的意味。那么，使你的听众对你的产品产生浓厚兴趣并产生购买欲也就成为介绍产品的根本目的。

（一）介绍产品应注意的问题

在介绍产品时，除了充分了解产品的有关知识，还必须具有一定的技巧，才能更好地展示产品，也使听众对产品产生浓厚的兴趣及购买欲。

1. 要有好的展示角度

人们总是从一定的角度去观察事物，角度的不同会使人获得不同的感觉，从而形成不同的印象和看法。所以，展示产品的角度应该有助于听众了解产品，使其感到新奇，从而形成良好的第一印象。一旦为所推销的产品找到了合适的角度，并将产品以合适的角度展示给听众，一定会收到好的效果。相反，如果在展示产品时的角度选择不合理，让听众看不清楚，体会不到产品的好处，就肯定不会取得效果，还会使其觉得没有兴趣，浪费了自己的时间，甚至产生不满情绪。

2. 要有好的展示时机

产品展示必须选择恰当的时机，以引起听众的注意。一旦寻找到了一个恰当的时机，那么展示的产品就有可能吸引更多的顾客。也就是说，“天时、地利”之后，展示的产品更能引起听众的兴趣。只有引起了听众的注意，才能更好地介绍产品，引起听众的兴趣，实现“人和”。比如：你在一次博览会上，当有人前来参观询问的时候，就是你展示产品的最好时机，如果人家都眼睛看着前方，匆匆朝另一个展柜走去的时候，就不是你展示产品的好时机。在商场也一样，只有当顾客对你的产品产生哪怕一丝的好奇心，视线朝你的产品投过来时，才是你展示产品的好时机。同时，我们也要注意季节，比如羽绒服适合在冬季展示，而泳装适合在夏季展示。这些都是构成最佳时机的因素。

3. 要有欣赏产品的态度

当我们展示产品时，必须表现出十分欣赏自己产品的态度，这样，你的展示活动才能收到理想的效果。如果销售人员一点也不欣赏自己的产品，在展示产品时必然会显露出来。细心的顾客会觉得连销售人员自己都不欣赏自己的产品，那这产品肯定不会是好的产品。因此，我们必须自己要熟悉并欣赏产品，才会有兴趣为听众介绍产品。如果我们是欣赏的态度，在介绍产品时，往往精神饱满，情绪高昂，语气肯定，态度主动热情。

4. 避免演示操作失败

演示操作一旦失败，你先前无论多好的表现都无济于事。应该有切实的把握保证演示的成功，否则，你的演示的戏剧效果只能更加不利于提起顾客的兴趣。另外，一般来讲，最好不要使用你将售出的实际产品来进行演示，这样会使顾客不安，应该准备专门用来演示的产品，而给顾客的产品最好是新的。

（二）介绍产品的具体方法

1. 直接讲解法

这是一种节省时间的方法，很符合现代人的生活节奏。因为直接明了地向听众介绍产品，会让听众觉得这个销售人员的工作很有效率，还懂得替听众着想，节省听众的时间和精力，所以很容易被听众接受。

2. 举例说明法

举一些使用产品的实例，说明它体现了哪些效用、优点及特点，可以使听众感到实用。虽然是间接介绍产品的效用、优点及特点，但要注意举例要真实、实事求是。和直接介绍相比，间接介绍产品会花费更多一点的时间和精力，但是可能会更容易被听众接受。

3. 名人效应法

利用一些有名望的人来说明产品，事实上就是利用一种“名人效应”。名人具有一定的声望，特别是名人拥有一批粉丝，对其崇拜、盲从，因此，对名人所做的决定、所买的产品，追随者也自然会言听计从了。但是，如果不尊重事实，胡编乱造，那不仅会起不到宣传作用，还很可能会让听众觉得商家在行骗，甚至对名人的形象也是一种损害。所以，使用这一方法的前提是一定要实事求是。

4. 激将法

有些听众在心里接受了你介绍的产品，但在口头上还挑三拣四。也许他只是想通过挑剔的语言来使你感到心虚，从而在价格上给自己一些更大的优惠。俗话说：“挑剔是买主。”你越帮他挑剔，他就越是理智地考虑购买，正所谓“请将不如激将”。所以遇到这种情况时，可以采用激将法。例如可以对听众说：“如果您觉得不能接受，那您就再考虑一下，我们改天再谈吧！”这样，听众可能被激将，从而立即购买。

5. 操作演示法

正如摆地摊卖磨刀石的人，边磨刀边试验，购买者一目了然，亲眼看到磨刀石好用，自然会愿意购买。这种现场的操作演示等于直接向听众介绍了产品的效用、优点及特性，有时效果会更好，因为它符合了听众的心理。甚至还可以请听众操作，因为听众更相信听众；而且听众亲自使用了产品，更会相信产品的好处。

6. 文图展示法

小的商品可以随身携带，可以展示在顾客面前，而大型商品（汽车、房地产等）或抽象的商品（保险、证券等）则无法随身携带，这便需要将其利益具体化、形象化，利用照片、画图、表格等表现商品的魅力。但要注意展示的真实性、艺术性，尽量使展示图文并茂，这样介绍效果会更好。在很多时候，可以利用一些文字与图片的色彩和画面来吸引听众的目光。只要展示得好，就会让听众感到满意。

7. 资料证明法

这一方法更多作为介绍产品的辅助方法，如某产品获××奖，或经过××部门认定等资料，这些资质证明材料很容易令听众信服，也会增加产品的说服力。

总之，在介绍产品时可以根据具体情况灵活运用介绍的方法，以达到最好的效果。

【实训环节】

活动内容：

模拟推销

活动准备：

任选一种新产品（新款游戏、洗发水、上网本、沙发、牛皮凉席……）作为道具。

活动要求：

（1）5人为一小组，每人选择一种产品，根据提供的产品资料（也可用自己准备的产品资料）写一份介绍说明书。

（2）推销时态度自然、大方。

（3）介绍的方法恰当，如需演示，演示要准确。

（4）明确产品介绍的注意事项。

活动流程：

（1）教师先根据人数把5人分为一组，扮演产品推销员和顾客。

（2）小组先确定轮流介绍的顺序，并明确推销员和顾客的人数，甚至顾客的身份（可以是老年人、时尚女郎、中学生、小伙子等）。

（3）按顺序进行产品介绍推销。

（4）小组评选优胜者。（谁能唤起顾客的购买欲谁就优胜）

（5）如有时间，一个同学可以扮演多种产品推销员进行反复训练。

活动相关资料：

《火焰滚金球》游戏

在熊熊烈火中吃金币，可真是冒险哦！这是一款极具吸引力的益智类手机游戏，18个不断升高的难度级别足够考验玩家的耐心与智慧，一不小心可就玩上瘾了。在每一座玄奇的迷宫里，玩家都需要在有限时间内操控吞钱珠吞噬所有的金币。要特别注意控制好钱珠的方向；小心避开那些泛着红色泡沫的滚烫熔岩；在光滑的冰面上则要当心别让吞钱珠四处乱跑。灵活的手感操控将为您挣得很多金币。

类型：益智棋类

详细说明：

你一定不相信会有“天上掉馅饼”的事吧！这次可让你瞠目结舌。天上掉的不是“馅饼”，而是“金币”呢！唯一惋惜的是掉在了火焰山上。也许是“天将降大任于斯人也”，要想获得这些金币，可不是轻而易举的事，还得下一番苦功夫才行！

在游戏中，玩家将是吞钱珠的操控者。而在这座火焰山上又有许多玄奇的迷宫。吞钱珠必须通过地图指示走出这些迷宫，然后将所有的金币都填进自己的肚子。火红火红的火焰在吞钱珠的周围燃烧着，你甚至都能感受到它的炽热了。那就抓紧时间，帮助吞钱珠找到所有的金币，快点脱离火海吧！在滚动吞钱珠时，一定要格外小心。稍微粗心可就葬身火海了。同时，在光滑的地面上时，也必须极具耐心地操控，否则，吞钱珠会没头没脑地到处乱闯。这样，时间就会更加紧迫了。

金币现在就在眼前，就看你能不能把握机会了。走过、路过，绝对不容错过！

游戏独特卖点：

★为了追求更具挑战性的级别，玩家必须苦练技术，所以耐玩性极高。

★属于一种轻松的益智游戏，以享受单纯乐趣为目的。

★多达 18 个关卡，难度层层递进，多种游戏场景地图，百玩不厌。

使用说明：

在限定时间内收集所有硬币，用方向键或者 2、4、6、8 键移动；0 键暂停游戏。

在暂停游戏界面查看本关地图。

设置菜单中用左右方向键更改。

主菜单中用左右方向键选择其他 18 关。

从移动梦网下载：移动梦网→百宝箱→游戏百宝箱→动作游戏

洗　发　水

×××洗发水是采用国际先进生物养发科技并结合传统中医药汉方萃取秘方，研制而成的天然的名贵中药养发新品。它消除人们对染发膏有伤害的恐惧，是一种不过敏、无毒无副作用的高科技洗黑产品，由纯天然植物精华萃取而成，内含护发离子精华物质，兼有洗发护发双重效果，在洗发的同时，完成了变黑、营养、护发、修复发质的整个过程。有效地减少了对毛发的伤害，独有的活性配方，将营养物质渗透入发质内层，深入毛囊，由内而外滋养秀发，形成黑色素。每次使用成本低，省时，省事，简单易行，无论是白发、枯黄及各种发质都会让你永远拥有一头非常健康乌黑的秀发。

上 网 本

该类笔记本拥有超小的体积，性能方面基本和超轻薄笔记本电脑中性能最弱的产品相当，但相对超轻薄笔记本电脑重量更轻，一般配备 12 英寸以下的 LCD 显示屏，市场上目前所见最大的屏幕为 12.1 英寸；当尺寸低于 10 英寸时，称为 UMPC，低于 5 英寸时，称为 MID。绝大多数上网本都是用 Intel Atom N270/N280 处理器，部分会选择其他的 Atom 和威盛的中国芯。

便携性绝对是此类笔记本的最大优势，但是相对差的性能和不佳的扩展性能，让其处于一种比较尴尬的位置。PDA 和超轻薄笔记本的前后夹击让迷你型笔记本有些无奈。

更多的购买者会把它当作类似 PDA 的功能来使用，华硕 S200N、索尼 U8C、富士通 P1120 等都是该类产品的代表。需要注意的是，尽管整体性能不好，但是其设计工艺和定位还都是高端，价格与中高端主流笔记本不相上下。

沙 发

1. 低背沙发：属于休息型的轻便椅。它以一个支撑点来承托使用者的腰部（腰椎）。这种沙发靠背高度较低，一般距离座面 370 毫米左右，靠背的角度也较小，不仅有利于休息，而且使整个沙发外围尺寸相应缩小。这种沙发搬动比较方便、轻巧，占地面积小。

2. 高背沙发：又称航空式座椅。它的特点是有三个支点，使人的腰、肩部、后脑同时靠在曲面靠背上。这三个支撑点在空间上不构成一条直线，因而制作这种沙发技术要求较高，购买时挑选难度也比较大。制作高背沙发的木架，必须在架子上明确地做好三点所构成的转折面，否则进行沙发蒙面等工序时就难以确保支撑点的位置，给使用者带来不舒适感。选购高背沙发时要注意其背面的三个支撑点的构成是否合理、妥当，可通过试坐加以判定。高背沙发是从躺椅演变而成的。为提高休息性能，还可配做脚凳，放置沙发前，其高度可与沙发座面的前沿高相同。

3. 普通沙发：是家庭用沙发中常见的一种。市场上销售的多为这类沙发。它有两个支撑点承托使用者的腰椎、胸椎，角度过大或过小都将造成使用者的腹部肌肉僵硬，产生疲劳。同样，沙发座面的宽度也不宜过大，通常按标准要求在540毫米之内，这样使用者的小腿可随意调整坐姿，休息得更舒适。

牛皮凉席

材质：选用三峡库区特有的上等水牛皮精制而成，是牛皮凉席中的骄子。

所有原牛皮选自三峡库区和四川盆地丘陵地带生长8年、重量500千克以上的成年水牛。因为四川盆地、三峡库区的气候适中，雾气较多，湿度较大，这种牛皮富有韧性、弹性，皮张大而少疤点。原皮经过近百道工序，二十几种不同的鞣剂配方采用川藏边界高山杨梅、皂角等纯天然植物配制而成。皮革加工后具有天然纹理，透气、爽滑、平整、丰满、厚度均匀、粒面细腻、不掉色、富有弹性。

规格：150 cm×195 cm 硬牛皮凉席（另可定做）

等级：特级五星

颜色：棕色

售价：商场价格3 680.00元。

【提问引思】

你认为介绍这些产品分别采用哪些方法好？还应该注意什么问题？

____

____

第四节　命题说话训练

说话是最能体现出一个人普通话的“本色”的，丝毫无法“包装”。它分为自由说话、命题说话和即兴说话等类型。

一、命题说话的特点

命题说话是说话人针对事先拟定的某个话题发表意见，阐明道理，抒发感情，从而影响、感召听众的说话方式。它具有如下特点：1. 话题预设；2. 目的明确；3. 单向表述；4. 主观性强。

二、命题说话应注意的问题

说话最能反映一个人的普通话水平，这是一个把思维的内部语言转化为有声的外部语言的过程，而且，由于没有文字凭借，必须在短时间内根据题目进行准备，所以存在一定难度。

命题说话需要注意以下几点：1. 发音纯正，吐字清晰；2. 词汇、语法方面合乎规范；3. 使用日常会话的语言和说话方式，做到自然流畅；4. 普通话水平测试命题说话共计 40 分，要求时间满足 3 分钟。

训练总体要求：1. 明确主题，言之有物；2. 选取材料，举例说明；3. 结构完整，条理清楚，情感自然；4. 努力说好每一句话，用词、用句恰当。

具体做法：1. 考虑条理，即先说什么，再说什么。2. 考虑一个结束语，以求完整。3. 选材时应注意选择积极向上的素材。4. “三多”——多用口语，多用单句，多用短句；“一少”——少用书面语；“二避”——避免用同音字，避免一词反复用；“一不用”——不用方言。

三、养成用普通话进行思维和表达的习惯

1. 常听普通话播音学习语言

人类识别语音的能力是和发音能力密切联系在一起的。我们可以通过听规范的普通话播音来训练自己听普通话的能力，从中体会同样一个意思用普通话该怎样表达。常听普通话播音就能常接触普通话信息，常接触普通话信息就有了说好普通话的基础。

2. 常进行普通话说话练习

要想会说普通话，必须勇于实践，要放得下架子，丢得开面子，不在乎别人讥笑，不怕难为情，更不能自以为是，认为自己说的话就是普通话。要利用一切机会进行普通话练习，久而久之就习惯用普通话进行思维和表达了。

四、普通话命题说话测试要求

1. 语音标准程度，共 25 分，分六档：

一档：语音标准或极少有失误，扣 0 分、1 分、2 分，一般为一甲或一乙高分段。

二档：语音错误在 10 次以下，有方音，但不明显，扣 3 分、4 分。

三档：语音错误在 10 次以下，但方音比较明显，或语音错误达 10 ~ 15 次，有方音但不明显，扣 5 分、6 分。

四档：语音错误达 10 ~ 15 次，方音比较明显，扣 7 分、8 分。

五档：语音错误超过 15 次，方音明显，扣 9 分、10 分、11 分，一般为三甲。

六档：语音错误多，方音重，扣 12 分、13 分、14 分。

2. 词汇、语法规范程度，共 10 分，分三档：

一档：词汇、语法规范，扣 0 分。

二档：词汇、语法出现 1~4 次不规范情况，偶有不规范的情况扣 1 分、2 分，每出现一次扣 0.5 分，四次以上为三档。

三档：词汇、语法出现 5 次以上不规范的情况，扣 3 分、4 分。

3. 自然流畅程度，共 5 分，分三档：

一档：语言自然流畅，扣 0 分。

二档：语言基本流畅，口语化较差，有背诵自己事先准备的说话稿的语调，扣 0.5 分、1 分。

三档：语言不连贯，语调生硬，扣 2 分、3 分。

4. 说话不足 3 分钟，酌情扣分：

一档：缺时 1 分钟以内（含 1 分钟），扣 1 分、2 分、3 分。

二档：缺时 1 分钟以上，扣 4 分、5 分、6 分。

三档：说话不满 30 秒（含 30 秒），本测试项成绩计为 0 分。

注：① 命题说话，累计缺时每 20 秒扣 1 分，以此类推，扣完 6 分为止。说话累计不足 30 秒（含 30 秒），扣 40 分。

② 缺时可以累计。录音开始空白 10 秒不扣分，以后出现空白 5 秒以上（含 5 秒）扣分，说话出现两次以上超过 5 秒钟停顿的情况，可累计扣分。5 秒钟以下的空白可按不流畅扣分。

命题说话机测扣分细则

1. 离题：即所说内容完全偏离话题内容，包括硬套、嫁接命题、转换话题等，视程度扣 1~6 分。

a. 离题 1 分钟以内（含 1 分钟），扣 1 分、2 分。

b. 离题 1 分钟以上，扣 3 分、4 分。

c. 离题 2 分钟以上，扣 5 分、6 分。

2. 雷同：是指背诵、复述、改编他人文稿、网络下载文稿或多人说话内容相同等现象，视程度扣 1~6 分。

a. 全篇说话内容雷同，扣 5 分、6 分。

b. 内容雷同在 1 分钟以内（含 1 分钟），扣 1 分、2 分。

c. 内容雷同在 1 分钟以上 2 分钟以内，扣 3 分、4 分。

3. 无效话语：是指与话题无关的内容或多次简单重复相同语句、词语。

包括：废话、读秒、数数、读标题、念诗词、唱歌等。

a. 累计占时 1 分钟以内（含 1 分钟）扣 1 分、2 分、3 分。

b. 累计占时 1 分钟以上，扣 4 分、5 分、6 分。

c. 有效话语不满 30 秒（含 30 秒），本测试项成绩计为 0 分。累计占时每 20 秒扣 1 分，以此类推，扣完 6 分为止。

五、普通话水平测试说话题目简析

普通话水平测试说话题目共有 30 个：

1. 我的愿望；2. 我的学习生活；3. 我尊敬的人；4. 我喜爱的动物（或植物）；5. 童年的记忆；6. 我喜欢的职业；7. 难忘的旅行；8. 我的朋友；9. 我喜爱的文学（或其他）艺术形式；10. 谈谈卫生与健康；11. 我的业余生活；12. 我喜欢的季节（或天气）；13. 学习普通话的体会；14. 谈谈服饰；15. 我的假日生活；16. 我的成长之路；17. 谈谈科技发展与社会生活；18. 我知道的风俗；19. 我和体育；20. 我的家乡（或我熟悉的地方）；21. 谈谈美食；22. 我喜欢的节日；23. 我所在的集体（学校、机关、公司等）；24. 谈谈社会公德（或职业道德）；25. 谈谈个人修养；26. 我喜欢的明星（或其他知名人士）；27. 我喜爱的书刊；28. 谈谈对环境保护的认识；29. 我向往的地方；30. 购物（或消费）的感受。

我们可以从表达方式的角度将以上题目归为三大类，即叙述、议论和说明。也可以以自我为中心，归为童年、学校、家庭、家乡及社会生活五大类。在每一类中挑一两个题目进行练习，其他题目据此稍做变通，就可在很短的时间内熟悉所有的说话题目，测试时就能避免无话可说的尴尬。

下面我们来对部分题目进行分类简析：

《我的学习生活》这个题目一般可以采用叙述的方式。可叙述一天的学习生活，一年的、一个阶段的或从小到大各个阶段的学习生活。为增强生动性，可以讲述学习方面的小故事。如小故事发生的时间、地点、人物，发生、发展、结果，自己的感受等。当然也可采用议论的方式，强调学习的重要性，各个阶段的学习对以后学习及生活的意义。采用说明的方式则要详细说明如何搞好某一阶段的学习及某种技能的学习与训练。

《谈谈科技发展与社会生活》这个题目可以归到议论类。说话伊始即应表明自己的观点——科技发展与社会生活息息相关。然后用举例、比喻、对比等论证方法从正反两个方面进行具体论述：一方面，科技发展促进了社会的进步、经济的繁荣和生活的改善，例如洗衣机、计算机等各种先进机械和电子产品的发明，互联网的广泛应用等；另一方面，科技发展也给社会生活带来诸如资源的浪费等负面影响。

六、普通话命题说话基本训练

在这项测试中，测试员听你说话，除了会注意你说了些什么、语音是不是准确以外，还特别注意你用的词语是不是普通话的词语，你用的句式是不是合乎普通话的语法规范。命题说话的评分标准里规定，词汇、语法有不规范的情况，根据出现次数的多少扣 1～4 分。所以说话时你必须尽量避免用方言词语和方言句式表情达意。

1. 词汇规范练习

（1）从每组词中各选出一个普通话规范词语。

A. 谈谈闲　攀讲　聊天儿　摆龙门阵　唠嗑　讲张　拍嘴鼓　白话

B. 双胞儿　双棒儿　双胞胎　双生子

C. 鼻子　鼻公　鼻哥　鼻头

D. 爹爹　阿爹　爸爸　阿伯　大　老爸

E. 绢头　手捏仔　汗巾　手绢儿　手巾仔

（2）从每组词语中各选出一个普通话的以“子”为词缀的词。

A. 雪弹子　栗子　啥子　妹子

B. 街子　椅子　屉子　麻雀子

C. 辣子　粉面子　鸡娃子　鸭子

D. 脸蛋子　刷子　茅子　半拉子

E. 锁子　镜子　胰子　刀刀子

（3）从每组词语中各选出一个普通话的以“头”为词缀的词。

A. 灶头　码头　名头　擦头

B. 盼头　花头　挡头　纸头

C. 宅头　势头　来头　袜头

D. 夜头　鼻头　竹头　甜头

E. 锅头　房头　里头　木人头

（4）从每组词语中各选出一个普通话的儿化词。

A. 今儿　虫虫儿　冰棍儿　老倌儿

B. 掌勺儿　屋儿　麦挺儿　猫娃儿

C. 谁个儿　饱嗝儿　手巾儿　前年个儿

D. 面叶儿　阿点儿　找茬儿　背抄手儿

E. 草草儿　皮皮儿　好好儿　罐罐儿

（5）对比下列普通话词语和方言词语的词素排列次序。

普通话词语	方言词语
比较	较比
热闹	闹热
客人	人客
腐乳	乳腐
公鸡	鸡公

（6）从每组短语中各选出一个普通话规范成语。

A. 自说自话　自言自语　寿头寿脑　沙声沙气

B. 鼻暴脸肿　舌尖嘴快　冰灰冷灶　粗茶淡饭

C. 搞七搞八　瞎三说四　说三道四　自五搭六

D. 薷不楚楚　贼忒嘻嘻　笑眯嘻嘻　温情脉脉

E. 鬼鬼鼠鼠　夹夹绕绕　沸沸扬扬　累累堆堆

（7）从下列每组释义中分别选出一个属于普通话的词义。

面汤——A. 洗脸的热水。B. 煮过面条的水。

生活——A. 进行各种活动。B. 活儿（主要指工业、农业、手工业等方面的）。

口头——A. 味道（专用于生吃的瓜果）。B. 用说话的方式来表达的。

苗子——A. 比喻继承某种事业的年轻人。B. 苗头。

巴结——A. 趋炎附势，讨好奉承。B. 做事情努力。

2. 语法规范练习

（1）正确搭配下面的量词和名词。

条　医院

间　窗户

家　房子

部　老鼠

扇　毛巾

架　电影

张　桥

只　桌子

座　飞机

（2）从每组词中各选出一个普通话的规范词语。

A. 盅盅　瓶瓶　勺勺　娃娃

B. 写写好　试试看　看看看　坐坐好

C. 绷绷硬　硬邦邦　铁铁紧　齐整整

D. 白雪雪　白喇喇　白花花　雪雪白

E. 尴里尴尬　龌里龌龊　老里老早　糊里糊涂

(3) 从每组词语中各选出一个普通话代词。

A. 啥　什么　么子　啥子

B. 咋个　咋　咋咋　怎么　咋着

C. 你们　倷　恁　你吔　尔人

D. 哪点儿　哪达　啥浪　哪里　啊达

E. 这达　这块儿　这里　格唧厢

(4) 分析下列句中表示动作状态持续的词，找出一个符合普通话规范的句子。

A. 他发得写信。

B. 伊正勤浪写信。

C. 他正写着信。

D. 他正写子信。

E. 他正写信着呢。

(5) 从下列各组句中分别选出一种普通话规范的数量表达方式。

A. 一共有一十六只鸭子。

一共有十六只鸭子。

B. 这套书一百一十六元。

这套书一百十六元。

C. 我家住在两楼。

我家住在二楼。

D. 下午两点三刻。

下午二点三刻。

E. 现在的比分是二比六。

现在的比分是两比六。

(6) 下列句子中只有一个句子使用普通话规范语气助词，请指出。

A. 小事情我从来不计较的啦！

B. 你看这孩子写得多认真哪！

C. 比从前省得多哉！

D. 好舒服好漂亮哦！

E. 我说过我不会唱的呀！

(7) 下列句子中只有一个句子使用普通话规范叹词，请指出。

A. 哇，我今天好高兴哦！

B. 啊，太美啦！

C. 嗄，太好瞧了！

D. 啊波，好贵哟！

E. 嘎，真个好呀！

（8）从下列每组句中各选择一个语序符合普通话语法规范的句子。

A. 你去不去？

你去不？

你啊去？

B. 到快哉。

快到了。

C. 我比你大。

我大过你。

D. 今天你有没有练字？有练。

练字了吗？练了。

E. 从前没的做，没的吃；现在有的做，也有的吃。

从前没有活干，也没有钱吃饭；现在有活干，也有钱吃饭。

（9）从下列每组句子中各找出一个符合普通话语法规范的句子。

A. 这件事我不晓得。 这件事我知不道。 这件事我晓不得。 这件事我不知道。

B. 这沙发坐得三个人。 这沙发会坐三个人。 这沙发能坐三个人。 这沙发会坐得三个人。

C. 不要客气，你先头走。 不要客气，你走在先。不要客气，你先走。 不要客气，你走去先。 不要客气，你走先。

D. 拿一张报纸到我。 给一张报纸给我。 报纸一张给我。 给我一张报纸。给张报纸我。 把张报纸我。

E. 这盘菜咸不？ 这只菜啊咸？ 这盘菜咸吗？

请记住，要以普通话的遣词造句习惯为标准进行选择和判断，如果有必要可以借助《现代汉语词典》等工具书。

3. 怎样使言语自然流畅、突出口语化特点

既然是“说话”，语音、语调、语气等都应该是日常口语表达时的很自然的状态。也就是说，平时是怎么说话的，测试时也就怎么说。怎样才能说得自然流畅、富于口语化的特点呢？应注意如下几个方面。

（1）选用口语色彩较浓的词语

一般说来，口语多用双音节词语、多音节词语、形象化词语和语气词，同

时轻声、儿化韵的出现比较频繁，给人一种浅显、朴素、自然，富有生活气息的感觉。书面语常用的词语比较严谨、庄重、简洁。说话时，要注意选用口语色彩较浓的词语，尽量不用那些听起来“文气”很足的词或冷僻词。现在请你根据要求作答：

① 下列词语哪些常用于口头，哪些常用于书面？

A. 聊天儿—谈话　畏惧—害怕　看—观看　心—心扉　遗忘—忘

B. 恐吓—吓唬　穷—贫穷　愤怒—生气　口角—顶嘴　色彩—颜色

C. 吝啬—小气　来—莅临　冷—寒冷　住—居住　飞—飞翔

D. 乞讨—要饭　丢掉—遗失　望—凝望　长相—容貌　擅长—拿手

E. 爸爸—父亲　便—就　和—与　嘴—口腔　走—步行

② 下面一段话中哪些词语不够口语化，请用口语化词语替换它们。

我们家是一个三口之家，格外和睦、温馨。我父亲在一家公司供职，我母亲是一位护士。我父母对我颇为疼爱。有一件事情令我久久难以忘怀。那年盛夏的一个傍晚，母亲采购了许多蔬菜和水果……

③ 请把下面一段话改为口语化的表述。

那是一个非常寒冷的黄昏，我孤独地在小河边徘徊，心中思念着远在家乡的慈母。落日的余晖映照在流淌着的河水上，河水反射出万道跃动着的炫目的金光。这时，一个非常美丽的小女孩挑着一对小桶来到河边挑水，打断了我的遐想……

（2）选择口语化句式

口语化句式比较松散，句子比较短小、简洁，常常会有表示强调的重复，较少使用长句、多重复句和关联词语。而书面化句式常用结构复杂的长句、复句甚至多重复句，修辞成分用得比较多。现在，请比较下列各组句子，选择出口语化句式：

① 高中时的班主任是一个高个子、大眼睛、性格较为内向的、不苟言笑的人。

我高中时的班主任，高个子，大眼睛，性格比较内向，平常不大说笑。

② 小朋友，你用橡皮泥制作的这些小动物非常生动形象，你的确是一个聪明的孩子！

小朋友，这些小动物是你捏的？太好了，活灵活现的！你真聪明！

③ 那是三年前的一个阳光明媚的早晨……

三年前的一天早上，天气很好，很早，太阳就出来了……

④ 海边来，我也是生来第一次。我们尽情玩耍、游泳、拾贝壳、跑沙滩、尝海鲜……

这是我平生首次来到海边。我们尽情地嬉戏着，或在蔚蓝的海水中畅游，或在银白的沙滩上奔跑，或拣拾五彩缤纷的贝壳，或品尝各式各样美味的海鲜……

（3）避免口头禅

口语化表达要求简洁、明快，但由于要临时组织语言，这就难免会出现短暂的思维滞后，不少人往往会以一些无表意作用的口头词为思维提供缓冲的时间，以便组织下面要说的话。在一段口语中，偶尔出现这样的情况是正常的，但当这些词语在言语表达中形成定势，机械地、反复地出现，就形成“口头禅”。口头禅不仅提供大量无用的信息，还使句子支离破碎，严重影响语意的完整性和言语的流畅度。

下面列举了一些常见的口头禅，请你找出自己惯用的那些，在平常说话时有意识地避免它们的出现。

嗯……嗯　呀……呀　啊……啊　这个　这一个　那个　那种　那么　然后　后来　反正　是不是　是吧　是吗　对吧　对吗　对不对　就是　就是说　基本上　当然　当然啦　本来　本来嘛　……的时候

（4）避免涉及可能激起强烈情绪波动的内容

你一定有这样一个体会：人在心境平和、轻松愉快的状态下，思维敏捷，思路宽广，口头表达也流畅；相反，在极度愤怒或过分悲伤等负面情绪中，往往会思绪混乱，表达断断续续、杂乱无章。所以，你在准备话题内容时，尽量不要涉及那些有可能引起你情绪过度起伏的内容（比如失去亲人、家庭变故等），以免仅仅由于情绪的原因而导致说话不流畅，大大影响你的测试成绩。

（5）不要背诵稿子

这项测试的评分标准里有一条：“语言基本流畅，口语化较差，有背诵自己事先准备的说话稿的语调，扣 0.5 分、1 分。”换句话说，即使你说得基本流畅，但一听就是事先写成书面稿背出来的，还得扣分。因为你要是“背诵”，语调、语气、表情马上就不自然，必定会失掉不少的分。

大家平时说话总是顺口说来，这才会流畅、自然，测试时你也应该追求这样的说话效果。建议准备话题时列出简单的说话提纲，然后按提纲的思路练说（练说时最好计时），随机添加内容。

（6）掌握好说话的速度

说话的速度也是有讲究的，应该不急不躁，不快不慢，娓娓道来。有些人说话速度太快，像打机关枪似的“哒哒哒哒”一阵猛扫，语音错误、方言词语、方言语法、病句不经意之间全冒出来了，不知不觉中就被扣掉了很多分。还有些人说话速度太慢，拖拖沓沓，断断续续，流畅度方面丢掉了不少分。那么到底用怎样的速度说话呢？建议使用比你平常说话稍慢一点儿的语速。

（7）用录音的方法练习说话

说话时往往难以发现自己发音、用词、句法方面的毛病，而从一个旁观者的角度听自己的录音、找自己的毛病时，就明白自己的不足了。所以，建议用录音的方法练习说话，录一遍，听一遍，检查纠正之后再录一遍……这样几遍练下来，效果肯定很不错。

总之，不管用什么方法或技巧准备话题，你必须牢牢记住：命题说话评分的主要依据是你的普通话语音的标准度、词汇和语法的规范度以及言语的流畅度，你所有的努力都必须紧扣这三个方面进行，千万不要本末倒置或舍本求末，白白丢掉自己本来应得的分数。

4. 整体分类训练

记叙描述性话题：人物话题、事物话题

（1）人物话题：我的朋友、我尊敬的人、我喜欢的明星

【基本方法】

① 明确人物的身份，说明“我”与“她（他）”之间的关系；

② 描述人物的外貌特征；

③ 叙述最能表现人物的典型事例，展示人物的性格特点；

④ 叙述的顺序可按时间的先后，可按事例之间的内部关系，也可按自己的认识顺序。

【实训环节】

我的朋友

A. “我的朋友”是谁，肖像、性格、为人……

B. “我的朋友”在学习上帮助我：有一次……

C. “我的朋友”在精神上安慰我：有一次……

D. 我也经常帮助“我的朋友”：有一次……

我尊敬的人

A. 我尊敬的人是我的某老师（爸爸、妈妈……）

B. 我尊敬他（她），因为他（她）品德高尚、学识渊博……应试人讲

故事

C. 我尊敬他（她），还因为他（她）特别关心我……应试人讲故事

D. 所以，某老师（爸爸、妈妈……）是我所尊敬的人

我喜欢的明星（或其他知名人士）

A. 我喜欢的明星（或其他知名人士）是谁

B. 他有哪些高尚品德和精湛技艺让我喜欢……

C. 有一次……

【范例】

我 的 朋 友

我是个幸运儿，因为我的性格随和，所以有很多朋友。但是，能够无所顾忌地谈论任何事情的也只有两三个。古语说：“人生得一知己，足矣。”何况我还不止一个。所以，我很知足。现在，我就讲讲其中的一个吧……她叫燕，是我最知心的好友。我们是小学同学，自从六年级开始，我们就已经成为很要好的朋友了。在学校的日子，我们形影不离，当然，除了体育课。因为她不喜欢运动，而我喜欢的是乒乓球。但在一般情况下，朋友之间的爱好是可以互相影响的，一方有这个爱好，那么经过一段时间的相处之后，另一方也极可能会有这个爱好。我和她也不例外。由于她经常看我打乒乓球，时间长了也很手痒，想尝试一下，于是我就耐心地教她握拍子的手法、发球和接球的基本功，过了一段时间以后，她的技术进步很快，有时都能跟我较量好几回合呢。我和她无话不谈。从天上谈到地下，从古代谈到现代，从过去谈到未来，从生谈到死，从学习谈到感情……总之，我们在一起，总有说不完的话。我们之间没有隐私可言，而且有许多连自己父母都不知道的事情，我们却彼此了解得很透彻。现在，她在家乡，而我在天津，我们也依然如此。我们在对方面前，都可以毫不掩饰：伤心的时候可以尽情地哭，不用担心被对方取笑；开心的时候可以尽情地笑，不用担心影响形象……总之，在对方的面前，我们都可以做一个真真正正的、原汁原味的自己！有这样的朋友，我还有什么不知足的呢？

我最尊敬的人

我最尊敬的人是我读初中时的数学老师，她叫李淑英。每当想起她，我对她的敬爱之情便油然而生。

古语说得好："师者，传道授业解惑也。"作为一名老师，不仅要向学生们讲授科学文化知识和做人的道理，还要帮助学生们解除心中的种种疑问，这些都是做老师的责任，而李老师在这些方面都做得非常出色。她上课的方式也很独特，虽然她不是语文老师，但每次上课的前两三分钟，她总像新闻播音员一样给我们读上一段最新发生的社会新闻，或者聊上几句体坛的劲爆消息。按她的话说，学生们就要"风声、雨声、读书声，声声入耳；家事、国事、天下事，事事关心"。这对我们这些整天"两耳不闻窗外事，一心只读圣贤书"的学生们来说，简直像是天籁之音，个个洗耳恭听，连平时在上课时经常爱睡觉的学生也津津有味地听起来。在接下来的数学教学中，她把枯燥的公理、公式讲得也是那样的有声有色，同学们个个都兴致勃勃地听着，大家积极发言、积极提问，整个教室学习的气氛非常活跃。在平时的日常生活中，李老师也给我们带来了无微不至的关怀，虽然她不是我们班的班主任，却总是不忘每个星期到我们的宿舍两三次，跟我们谈心，问寒问暖。有一次，有一个同学打球碰伤了脚，她还亲自帮那个同学敷药和包扎。李老师就是这样无微不至地关心和爱护着我们。

现在我离开初中学校已将近十年了，可我内心深处总是忘不了她，她永远是我最尊敬的人。

我喜欢的明星（或其他知名人士）

我最喜欢的明星是著名节目主持人杨澜，她是现代职业女性的典范，我喜欢她，因为她是一位敢于挑战自我的成功女强人。杨澜毕业于北京外国语大学英文系，曾担任中央电视台《正大综艺》节目的主持人，她那出色的口才和充满魅力的人格形象受到了很多观众的喜爱，并因此获得了中国首届主持人"金话筒奖"，她的事业就是从那时起一步一步走向成功的。我是从她后来主持的《天下女人》节目开始认识她的，这个节目专门诉说经历过坎坷曲折的成功女性的故事，道出了女人的心声，鼓励着新时代的女性要勇敢地追求自己的事业。去年 11 月在奥地利举办的宋祖英维也纳音乐会上，我再一次目睹了杨澜的风采，当时是她与另外一名外国主持人同台主持了这场音乐会，她那流利、标准的英文让我更是惊叹不已；此外，听说她还是一位叱咤风云的女商人。一个方方面面都如此成功出色的女强人，怎能不受人崇拜和喜爱呢？记得著名作家冰心曾说过："成功的花，人们只惊慕她现时的明艳！然而当初她的芽儿，浸透了奋斗的泪泉，洒遍了牺牲的血雨。"是的，成功的鲜花固然令人羡慕，不过这成功的背后所付出的一切却鲜为人知。从中我悟出了一个道理：不要只羡慕别人的成功，只要自己肯努力付出，成功的鲜花也一样会属于你。

（2）事物话题

A. 我喜欢的节日

B. 我喜欢的动物（植物）

C. 我的愿望（或理想）

D. 我喜爱的职业

E. 我喜欢的季节（或天气）

F. 我知道的风俗

G. 我的家乡（或熟悉的地方）

H. 我所在的集体（学校、机关、公司等）

I. 我喜爱的书刊

J. 我向往的地方

【基本方法】

A. 先交代该事物的基本情况，如事物的类别种属、形态状貌、特性本质、成因原理、规律方法、效能用法等；

B. 再逐步阐述我和事物之间的关系，如我对事物的感情；

C. 前面部分可用解说，后面部分穿插评述。

【实训环节】

我喜欢的节日

A. 我喜欢什么样的假日

B. 这个假日的设定有很多优点：（1）意义重大；（2）时间长，可以旅游或休息

C. 在某年的这个节日，有一件事情使我难以忘怀……

★假日资料：“五一”劳动节、国庆节、元旦……

我的愿望

A. 我的愿望是考取研究生（获得二级甲等以上较好成绩、拥有自己的实业公司）……

B. “它”为什么是我的愿望，因为我有这样一些经历（讲述一段难忘的

经历、故事）……

切记：尽量往“讲故事”靠拢，因为容易凑满3分钟！当然议论文、说明文不能忘记议论和说明，只要形式上像就可以了！以下同。

C. 所以说，“我的愿望”是……

我喜爱的职业

A. 我喜爱的职业是教师（或编辑、警察……）

B. 我为什么喜爱这个职业（这个职业有哪些吸引我的地方）

C. 一段经历（讲故事）……

【范例】

我喜欢的节日

我喜欢的节日是春节，春节是中国最富有特色的传统佳节，它标志着农历旧的一年的结束和新的一年的开始，人们即将告别寒冷单调的冬季，迎来生机盎然的春天。

在我的家乡，除夕之夜，家家户户都要张灯结彩，贴对联，包饺子，除此之外，人们还要杀鸡、杀猪用来拜神或祭祀祖先。拜神或祭祀祖先时，还喃喃祈祷，求上天保佑，说完了求保佑的话，还要放鞭炮，人们是想借鞭炮的响声来驱除妖魔鬼怪，带来福音。接下来就是准备过年的年夜饭，除夕团圆之夜是中国人难解的一个团圆心结，即使人在天涯，也要在除夕之夜赶回家吃年夜饭。吃完年夜饭后，我们一般都是围在电视机旁一边聊天儿玩耍，一边看春节联欢晚会，可是人们的心里面却在默默地等待着新年钟声的敲响。

每当新年的钟声敲响的时候，我总会闭起眼睛静静地许愿，有时也会给自己定下新年的奋斗目标。还有时听到新年的钟声，我的心里会有一种遗憾的感觉，感慨时光过去得如此匆匆，而自己往年的愿望还没达成。尽管如此，经过岁月的洗礼，我已长大成熟，学会了勇敢地面对现实的一切，乐观地接受新的一年的挑战。我喜欢过年，因为过一个年不仅能带给我新年的快乐，还能让我不断长大，让我不断成熟。

我喜欢的职业

我喜欢的职业是教师。为什么我喜欢教师这个职业呢？主要有两个原因：第一个原因就是我初中的一位老师，她是我初中三年的班主任李老师。她对工作非常热爱，对学生也很关心。记得有一次，她生病了，可是为了不影响我们的学习，她坚持带病上课。在课堂上，她不停地咳嗽，脸色苍白，我们都叫她停下来休息，可是她摇摇头说，不能因为自己的病情而耽误了我们学习的进度。这样的事情还有很多，她就是这样无私贡献。我敬佩她这样的精神，也就是在那时我立志当一名教师，当一名像李老师这样的教师。

第二个原因就是我喜欢做老师的时间安排。比如说教师一年有两个长假：寒假和暑假，每星期又有两天的休息日，这样我就可以有更多的时间去做我自己想做的事情，有更多的时间学习回顾，有更多的时间陪我的家人。如果我真的站在讲台上的话，我一定会做好这份自己喜欢的职业。第一，我会备好课，并且上好每一节课。教师的主要工作就是教学，所以我会耐心地向我的学生讲解，直到他们明白为止。第二，我会关心他们的学习，关心他们的生活。课后，我会帮助那些成绩不好的学生复习功课，把成绩提上去。除了学习，我还会关心他们的生活，我会主动找他们谈心聊天，帮助他们解决难题。第三，我会对每一个学生一视同仁。我不会以成绩的好坏来评价学生。第四，我会说话算话。答应学生的事情我会尽一切努力去做好。

我知道要当一名教师是很难的，当一名优秀的教师更是难上加难。不过我相信凭着我的热情和努力，一定可以做好这份工作。

【实训环节】

我喜欢的季节（或天气）

A. 我喜欢的季节（或天气）是什么

B. 它有怎样的特性（让我喜欢……）

C. 在这样的季节（或天气），曾经发生了一件令我（终生）难忘的事情……

我知道的风俗

A. 我知道的风俗很多：情人节送花、端午节吃粽子、中秋节赏月……或者是结婚、生小孩的风俗……

B. 我对××节（或具体事情）的风俗更加熟悉，介绍这个风俗的一些内容

C. 记得有一年的××节（某一个场合），我见到这样一些令人难忘的情景……

我的家乡（或熟悉的地方）

A. 我的家乡（或熟悉的地方）是哪里……

B. 那里的人勤劳、善良、好客……有一次（讲故事）……

C. 那里有哪些名胜古迹……（穿插一些神话、传说、先烈事迹等）

D. 那里有哪些美食：名称、特色……（有一次，我和朋友们吃……）

【范例】

我喜欢的季节

我生活在中国的华北地区，在这里，四季是最明显的，而在春夏秋冬四个季节之中，我喜欢的季节不是含苞欲放的春天，不是激烈热情的夏天，更不是银装素裹的冬季，我最爱的是舒坦安静的秋季。喜欢秋季是因为，秋季宁静、柔美，却又不代表枯萎。这时，小草开始熟睡，绿树开始脱衣，只有松柏依然挺拔。

北方的秋天，雨不算大，每当细雨飘洒在大地上，就像给植物们唱起了平和的摇篮曲。一阵风吹来，树叶枯黄落下，仿佛是一种衰老的象征，给人们内心也带来了一丝凉意。其实在我看来，并不如此。在我心里，那纷飞的叶子代替了平时五彩的蝴蝶，颜色有黄的，有绿的，有半黄半绿的，还有红的。叶子落在地上，给地面铺上了一层厚厚的地毯，玩耍的孩子们踩在上面，“沙沙”直响。秋天也是大丰收的季节。到了秋天，果园里弥漫着果实的清香，农民们或架着梯子，或骑在树上，忙碌着采摘一年的劳动成果。市场上，水果的品种也相应地极其丰富，苹果、梨、橘子、葡萄等，每一种都有好几样。记得一位中国作家最喜欢北方的秋天，就是因为这时的水果最丰富了。

我喜欢秋季，是更爱它的宁静和柔美！

我知道的风俗

农历五月初五，是我国民间古老的传统节日“端午节”。在我们这一带农村中，在端午节的前几天就要去采摘芦叶了。

在农村里，端午节吃粽子的风俗最为普遍。记得我很小的时候，家境比较清寒，每年端午节只能包米少豆多的豆粽，一个粽子里除糯米外，就是那些赤豆、白豆等豆子，这些都是母亲在房前屋后一些闲地上种的。不过，豆子多了，吃起来很香。包豆粽这个活儿，还要有一定的技术，不然的话，在煮的时候，粽子会散开来。

粽子的外形最常见的就是一种宝塔粽，尖尖的顶，三角形的底座，竖起来放在桌子上，它不会倒下来，这种粽子大的约有半市尺长短，小的也有三四寸。一些心灵手巧的小媳妇还会包十分有趣的“连环粽”，两个小粽子中间有一根红线牵连着。还有别出心裁包的“月牙粽”“枕头粽”“拳形粽”“方粽”等，五花八门。

端午节这天，家家户户不管贫富都要包粽子，左邻右舍串门的，按村里的规矩，也一定要尝一下主人家包的粽子。吃时，把青青的芦叶从下面开始，一张张地剥开，再用两根筷子戳进底部，从粽子的宝塔尖上开始咬起，直到吃完为止。有些大的粽子一次吃不完，只好带回家去，不能留给主人家。这个时候，满屋、满村都散发着芦叶的清香。家家户户不仅自己吃，还要挑上几只包得最好、最大的粽子，用红线串着扔到村旁的河浜里去，连我们偏僻小乡的农民也知道纪念屈原，这个忧国忧民重气节的诗人。

小时候的我，迷惑不解也好奇地问过母亲：“屈原抱着怨气是跳到家门前的小河里淹死的吗？”一字不识的母亲当然不能回答我的问题，她只是喃喃地说：“天下的水是相通的！”

我的家乡

我的家乡是在茂名市的一个小山村里，那里没有城市热闹也没有城市的喧哗与繁华，不过那里有山有水，山清水秀，那里是我最熟悉的地方，那里有着我童年美好的回忆。

记得春天的时候，小草就钻出地面，树上的叶子也抽出来了，大地一片绿色，就像穿上了一件绿衣裳。我就与小孩子一起到田野去捉蜻蜓，玩游戏，比如老鹰捉小鸡或是捉迷藏，又或是跳格子。到了夏天，天气热了，我就会与小孩子到水库里面游泳，那时候水库的安全系数还不是很高，几乎每年都会有事故发生，所以父母都不会让我去游泳的，被发现之后当然就是处罚或是责骂了。可是那时候自己真的很叛逆，也不知道什么是危险，被处罚之后下一次还是会去的。到了秋天，田野一片金黄，山上的野果也成熟了，我就会与自己的伙伴拿着篮子到山上去采，采回来了还要跟自己的好朋友一起分享。

我喜欢我的家乡还因为那里有朴实的村民，只要一方有难就八方来帮助。记得有一次，我感冒了，父母又恰恰不在家，邻居知道了都过来看我，还带我去看医生，给我做了中午饭，那次我真的很感动啊。

家乡的变化很大。记得我小时候，家里要买什么日常生活用品，都要步行到镇上去买，不过现在交通方便了，经济也发达了，村里有了好几家商店，货架上的商品琳琅满目，各种档次的应有尽有，满足不同的消费需求。现在买东西方便多了，再也不用愁了。

家乡的经济也是芝麻开花节节高。一栋栋的楼房拔地而起，代替了以往的平房，墙壁五颜六色，有白色的、黄色的、粉红色的，有一层、有两层，房顶还有太阳能热水器呢。特别是近两年，经济更是日新月异，很多人都买上了空调、电脑。

我爱我的家乡，因为我爱那里的山山水水，爱那里的邻居。我衷心祝愿家乡越来越富裕。

【实训环节】

我所在的集体（学校、机关、公司）

A. 我所在的集体（学校、机关、公司）是什么

B. 这是一个很好的集体：有严明的纪律、像家庭一样温馨……

C. 集体中的领导：…… 有一次……

D. 集体中的同事（同学）：…… 有一次……

我喜爱的书刊

A. 我喜爱的书刊是什么……广东人民出版社出版的《笑的文学》幽默讽刺小说集

B. 这些书刊为什么让我喜爱：哪些优点……

C. 特别是其中的……（讲述情节等）

我向往的地方

A. 我向往的地方是哪里（我在外地读书或工作，现在最向往的地方就是我的家乡）

B. 那里的人勤劳、善良、好客……有一次（讲故事）……

C. 那里有哪些名胜古迹……（穿插一些神话、传说、先烈事迹等）

D. 那里有哪些美食：名称、特色……（有一次，我和朋友们吃……）

★可以和《我的家乡（或熟悉的地方）》整合起来准备

【范例】

我喜爱的书刊

我喜爱的书刊很多，但《女友》杂志是我最钟情的。和它结缘，还要从高中说起，那个时候学习非常紧张，考试的书都没有时间全部看完，哪有心思看别的杂志。那一日经过报刊亭，顺手拿起《女友》翻了翻，马上就被里面丰富的内容吸引，就这样和《女友》结下了深厚的友情。

为什么我喜欢《女友》，很重要的原因就是标题，一看就知道和女孩的生活息息相关。自然，杂志里面大多写的是女生的故事，女生喜欢的一些东西。每次翻开杂志，我先看的就是卷首，因为在这样一页空间里，主编所写的每一篇，都为整个杂志的内容拉开了序幕，也为每期的主打内容进行了铺垫，文字温暖，思绪流畅，总能给我带来很多思考和遐想，也令我回味无穷。《女友》所设计的每个栏目，都有好听的名字，像什么“青春志”“女孩走四方”“也许有灵犀”等。不仅名字好听，内容更是好看，没有浮夸，没有虚伪，有的是真实，有的是朴质。面对当今复杂的社会，教会女生们如何保护自己和爱护身体健康，如何在职场脱颖而出，如何把握人际关系，如何对待爱情和友情等。通过一些女生经常碰到的事为例子，通过对她们的现身说法，达到让我们切身体会的目的。这是我喜欢《女友》杂志的很大一个原因。

《女友》杂志在多年的发展中蜕变成一个成熟的少女，不仅用华丽的封面来装饰，也保留其固有的内涵精华，带来了视觉享受，也带来了心灵享受，让我无法不独爱它，喜欢它。

我向往的地方

云南丽江是我最向往的地方，我一直梦想着有朝一日能在那里定居，过着丽江人的生活。

水是丽江的血液。丽江的水很清很秀，一如玉龙雪山那般圣洁。一方水土养育一方人，好水造就了丽江这样一个人杰地灵、钟灵毓秀的好地方。我们常说水灵水灵，有水就有了灵气。如此清秀的水才养育了如此灵秀的丽江人。桥是丽江的骨骼。在丽江，桥就跟柴米油盐一样离不开人们的生活。丽江的桥是那么古朴、那么纯粹，不加任何修饰，桥就是桥，但比那些经过豪华装饰的桥来得更加自然，更加具有亲和力和生命力。那密如繁星般的桥仿佛是自盘古开天地之初就已经立在那里似的。可以毫不夸张地说，在丽江，人们走过的桥甚至比走过的路还长。丽江淳朴的民风是我向往它的另一个主要原因。那里的人们勤劳、善良，日出而作，日落而息，怡然自乐，过着与世无争的生活。那里的生活是慢节奏的，没有城市的声色犬马、灯红酒绿，少了一份喧嚣，多了一份恬静、祥和。那里的人们走路不疾不缓，不像都市男女那样行色匆匆、形神疲惫。

我想，假如当年陶渊明先生去过丽江，他就不会采菊南山下了，那篇千古传颂的《桃花源记》也要改名为《丽江行》了。丽江，我梦中的香格里拉！

【实训环节】

1. 以“难忘的旅游”为例：

A. 登泰山

B. 时间、季节、同行的人、交通工具

C. 路上的所见所闻

D. 到山下的情景

E. 登山的过程

F. 登上山顶的所见所闻

G. 这次旅游引发的感想

2. 以“我所在的集体”为例：

A. ××学校××专业××班

B. 人数、男女生分布情况

C. 生源的构成情况

D. 简介班干部

E. 班集体的鲜明特点

F. 同学们的学习情况

G. 生活在这个集体的感受

第五节　演讲训练

一、演讲的含义

演讲又称“讲演”或“演说”，是演讲者在公众场所，以口语为主要手段，以态势语言为辅助手段，针对社会的现实和未来，向听众鲜明、完整地表达自己的观点或阐述某一事理，进行宣传鼓动的一种言语交际活动。

演讲是“演”与“讲”的有机结合，既要运用表情、姿态、手势给人以表象，又要运用语言进行表述与论证。演讲以“讲”为主，以“演”为辅，“讲”起主导性作用、决定性作用，“演”则建立在“讲”的基础上，否则它就失去了存在的意义。“演”与“讲”二者互相交织、互相渗透、互相促进。

二、演讲的本质

演讲是人类的一种社会实践活动，是一种高级的说话方式，在具备演讲者、听众、演讲内容和演讲环境四个条件基础上，体现出声形一体的特点。对听众而言，不但要听，还要看，听觉与视觉相配合，听有形象的声音，看有声音的形象，听和看结合在一起。对演讲者而言，讲与演也必然是融合在一起的。演讲者在这种特定环境条件下，通过演讲，与听众实现交流，以期达到“使人明白，使人相信，使人感动，使人赞同”的演讲目的。由此可见，演讲是一种诉诸听众的语言表述艺术，又是一种给人以感性的表演艺术。

三、演讲的特点

1. 社会性

演讲活动发生在社会成员之间，它是一个社会成员对其他社会成员进行宣传鼓动活动的口语表达形式。因此，演讲不只是个体行为，还具有很强的社会性。

2. 现实性

所谓现实性，是指演讲者通过对社会现实的判断和评价，直接向广大听众公开陈述自己的主张和看法。首先，演讲者要以其思想性和原则性帮助听众弄清复杂的社会现象，解决某一问题，或是提出一个问题，加以分析，然后解决这个问题。因此，其反映的对象是现实社会的问题。其次，演讲者面对广大观众发表自己的主张和观点，这一活动是现实的，演讲者自始至终表现出自己的独创精神和演讲风格。

3. 艺术性

为了达到启迪心智、感人肺腑的目的，演讲需要借助一些文艺的表现手段创造艺术感染力。要求演讲者去除一般讲话中的杂乱、松散、平板等因素，以一种集中、凝练、生动新颖的面貌出现，这就是演讲的艺术性。演讲中的各种因素，如语言、声音、表演、形象、环境等形成一种相互依存、相互协调的美感，营造出一种艺术氛围，感染听众。

4. 综合性

演讲是发生在一定时间、一定环境内的活动，而为这一活动，演讲者要有各方面的充分准备，同时，还需要大量的组织工作与之配合，这就是演讲的综合性。

5. 逻辑性

“讲”通过语言来表达，语言表达既有语法、修辞问题，也有逻辑问题。逻辑是语言表达的内在依据，在演讲的诸多因素中，逻辑是组织好一篇演讲的核心因素，是使演讲这种复杂的多元结构体的各有关要素，如语言、心理、形态等构成一个整体的内在依据，可以说是贯穿全部演讲的一条命脉。演讲的逻辑性表现为演讲者思维缜密，结构清晰，层次分明，语言条理清楚。

6. 针对性

演讲的内容包罗万象，涉及社会生活的各个方面，演讲主题应是众所周知的问题，要注意听众的年龄、身份、职业、文化层次等，这就是演讲的针对性。

7. 感染性

演讲者要有鲜明的观点、独到的见解和看法以及深刻的思想等，要善于用流畅生动、深刻风趣的语言和恰当的修辞打动听众，这就是演讲的感染性。

8. 鼓动性

鼓动性是演讲成功与否的一个标志。没有鼓动性，就不成为演讲，政治演讲也好，学术演讲也好，都必须具有强烈的鼓动性，对听众有激励和说服作用。演讲是一种直接面对听众的宣传鼓动形式，富于鼓动性和感染力的演讲能够直接唤起听众的热情，打动听众，影响听众。

四、演讲的类型

根据演讲的方式、内容或功能等不同标准，演讲可以划分成不同的类型。

（一）按方式标准划分

按方式标准，演讲可以分为照读式演讲、背诵式演讲、提纲式演讲、即兴式演讲四类。

1. 照读式演讲

亦称读稿式演讲。演讲者拿着事先写好的演讲稿，走上讲台，逐字逐句地向听众宣读一遍。其内容经过慎重考虑，语言经过反复推敲，结构经过精心安排，话讲得郑重。它比较适合于在重要而严肃的场合运用。如各级党代会、人代会、政协会议等大会报告，纪念重大节日的领导人讲话，外交部的声明等。

2. 背诵式演讲

亦称脱稿演讲。演讲者事先写好演讲稿，反复记忆背诵，背熟后上讲台，脱稿向听众演讲。这种演讲方式比较适合于演讲比赛和初学演讲者，可以在一定程度上检验和培养演讲者的演讲能力。其缺点是不便于演讲者临场发挥，一旦忘词，就难以继续。所以，运用这种演讲方式，必须做好充分准备，语言尽量口语化，表达自然，切忌表演的痕迹。

3. 提纲式演讲

亦称提示式演讲。演讲者把演讲的主要内容编写成提纲，借助提纲进行演讲，而不必一字一句写成演讲稿。其特点是演讲者根据几条原则性的提纲进行演讲，比较灵活，便于临场发挥，真实感强。此种演讲要事先对演讲的内容有充分准备，提纲挈领地把整个演讲的主要观点、论据、结构层次等用简练的句子排列出来，作为演讲时的提示，靠它开启思路。提纲式演讲是初学演讲者进一步提高演讲水平的行之有效的一种演讲方式。

4. 即兴式演讲

即兴式演讲是演讲者预先没有充分准备而临场生情动意所发表的演讲，它是一种难度最大、要求最高、效果最佳的演讲方式，可以根据实际情况，针对听众的心理和需要，灵活机动，迅速调动语言的一切积极因素，以悬河之口生动、直观、形象地表达自己的思想和感情，富有感染力，是其他各种演讲方式都无法比拟的。使用这种演讲方式需要演讲者具有才、学、识、胆诸方面很高的修养，具有很强的记忆力、丰富的想象力和联想力、敏捷的思维能力、大量的语言和材料储备，如果不具备这些条件，即使使用这种演讲方式，也不会取得理想的演讲效果。相反，往往还会出现信口开河、漫无边际、逻辑混乱、漏洞百出的现象，这样反倒影响了演讲的效果。闻一多的《最后一次讲演》就是即兴式演讲的典范。

（二）按内容标准划分

按内容标准，演讲可以分为政治演讲、法庭演讲、学术演讲、生活演讲等。

1. 政治演讲

凡是为了一定的政治目的，出于某种政治动机，就某个政治问题以及与政治有关的问题而发表的演讲均属此类。它包括外交演讲、军事演讲、政府工作报告、政治宣传等，如马丁·路德·金的《我有一个梦想》。

2. 法庭演讲

法庭演讲指公诉人、辩护代理人在法庭上所做的演讲。它的突出特征是公正性和针对性。印度影片《流浪者》中拉兹的女友、律师丽达为拉兹做的法庭辩护揭示了事情的真相，驳斥了法官拉贡纳特的“好人的儿子一定是好人，贼的儿子一定是贼”的荒谬理论。

3. 学术演讲

学术演讲指演讲者就某些系统、专门的知识和学问而发表的演讲。一般指学校或其他场合的专题讲座、学术报告、学术发言、学术评论。它必须具有内容的科学性、论证的严密性和语言的准确性三大要素，这是与其他类型演讲的一大区别。钱钟书先生 1945 年 12 月 6 日在上海对美国人做的一篇英语演讲《谈中国诗》，就是学术演讲。他通过对中外诗歌的源流、形式、意韵、风格以及内容等方面的比较，突出了中国诗的独特性和普遍性，为外国朋友了解中国诗打开了一扇窗。

4. 生活演讲

生活演讲指演讲者就社会生活中存在的各种问题、风俗、现象而做的演讲，它表达了演讲者对这些问题的看法、见解和观点。它涵盖的内容更加广泛，如亲情、友谊、吊贺、迎送、答谢等。

（三）按功能标准划分

按功能标准，演讲可以分为说明性演讲、说服性演讲、激励性演讲、愉悦性演讲四类。

1. 说明性演讲

这是一种以传达信息、阐明事理为主要功能的演讲。它的目的在于使人了解一些知识和道理。它的特点是科学性和知识性强、语言准确。这类演讲包括传知授业的课堂演讲、科学文化或工作经验交流、人物事迹和工作报告、博物馆和展览馆讲解、论文答辩等。如美学家朱光潜的演讲《谈作文》，讲了作文前的准备、文章体裁、构思、选材等内容，使听众明白了作文的基本知识。

2. 说服性演讲

这种演讲的主要目的是通过阐述道理，说服别人，取得信任，让人相信自己讲的是真理。它的特点是观点独到、正确，论据详实、确凿，论证合理、严密。如恽代英的演讲《怎样才是好人》，不仅告知人们哪些人不是好人，也提出了三条衡量好人的标准，通过一系列的道理论述，改变了人们以往的旧观念。

3. 激励性演讲

这是一种意在使听众激动起来，在思想感情上与演讲者产生共鸣，从而产生积极行动的演讲。它的特点是鼓动性强，多以号召、呼吁式的语言结尾。如美国黑人运动领袖马丁·路德·金的《我有一个梦想》，用他的几个“梦想”激发广大黑人听众的自尊感、自强感，激励他们为“生而平等”而奋斗。法国戴高乐总统在第二次世界大战期间的英国伦敦做的演讲《告法国人民书》，号召法国人民行动起来，投身反法西斯斗争。

4. 愉悦性演讲

这是一种以活跃气氛、调节情绪、使人快乐为主要功能的演讲，多以幽默、笑话或调侃为材料，一般常出现在喜庆的场合。它的特点是材料幽默，语言诙谐。

随着社会生活的多样化，演讲的内容和形式、场所和方式也在不断地变化，演讲的分类应该是动态的，而非静态的。

五、演讲的准备

演讲者获得演讲的成功，充分的准备必不可少，主要包括以下几个步骤。

1. 了解听众

听众是演讲的受话者和检验者，考虑听众，演讲才能做到有的放矢，达到演讲的目的，发挥演讲的作用。了解的内容包括了解听众当中存在哪些与演讲话题有关的问题，以及听众的理解水平和接受能力，决定讲什么和怎么讲。演讲的内容是听众希望听的，演讲的形式是听众可以理解和接受的，演讲才能激发起听众的兴趣，使他们产生听的愿望。

2. 选择熟悉的演讲题材

演讲者对自己演讲的内容熟悉，且有极大的兴趣，才能激发听众的兴趣与热情，比如讲自己的亲身经历、信仰、兴趣等，能让听众从中受到启发、感悟。因此，一个演讲者必须要有较强的社会实践能力，对身边的事物有敏锐、独特的感受和认识，不断丰富自己的积累。当今社会上涌现出来的道德楷模、各行业的领军人物在巡回宣讲中，无不是以自己的社会实践、生活经历来感染、打动人们的，激励人们不断进步，追求卓越。

3. 选择演讲的材料

确定好演讲的主题，要精心选择能表现此主题的材料。选材要求：一是材料具有典型性，能很好地论证观点，使听众信服；二是材料要新颖，能让听众耳目一新，吸纳到新信息；三是材料要丰富，让演讲充实而不空洞。总之，演讲既要激发听众的兴趣，又要有很强的说服力。

4. 编写演讲稿或演讲提纲

演讲是否要写提纲或文稿，需依具体情况而定。即兴演讲往往没有事先准备，需临场发挥，不会事先起草提纲或文稿。一般来说，凡成功的演讲都要有文字准备，尤其是长篇演讲，更需事先写出提纲或演讲稿。没有充分准备的演讲不可能达到预期的目的。

演讲提纲或演讲稿一般由引论、本论和结论三部分组成，引论是本论的先导，本论是核心部分，结论要与引论相互照应。开场白与结束语根据现场的演讲背景等条件决定。

构思可以从三个方面考虑：一是开头如何不落俗套，二是主体如何条理清晰、重点突出，三是结尾如何给人以启发。

一般来说，开头可以设置悬念，也可以开宗明义宣明主旨；主体部分的构成方式一般有纵向深入式、并列铺陈式、对比因果式、迂回递进式等；结尾是启发人们思考的新起点，应有催人奋进的力量，常见的有作归纳、点主旨、提希望、抒激情、指方向、发呼吁、述预见等多种方式。

六、演讲的技巧

演讲是一门艺术，而且是一门综合艺术，包括开场白的艺术、结尾的艺术、立论的艺术、举例的艺术、反驳的艺术、幽默的艺术、鼓动的艺术、语音的艺术、表情动作的艺术等，通过运用各种演讲艺术，使演讲具备两种力量：逻辑的力量和艺术的力量。

综合学者们的研究成果，这里介绍一些演讲的技巧。

（一）开场白的技巧

开场白有两项任务：一是建立说者与听者的同感；二是如字义所释，打开场面，引入正题。应根据演讲背景、演讲对象的情况及演讲内容，选择恰当的开头方法，将听众的思路引到演讲主题上。常用的开场方法有如下几种。

1. 开门见山式

演讲开始马上进入正题，让听众对所讲的内容整体上有个初步了解。此方法比较适用于严肃庄重的场合。如闻一多的《最后一次讲演》的开头：

这几天，大家晓得，在昆明出现了历史上最卑劣、最无耻的事情！

李先生究竟犯了什么罪，竟遭此毒手？……

——选自闻一多：《最后一次演讲》，中国工人出版社 2016 年版。

此开场一语道出演讲主题，同时表明演讲者的爱憎情感，而且能够激发听众的情感，引导听众行动起来。

2. 幽默式

幽默是人类智慧的火花，幽默的语言能较好地彰显演讲者的智慧和才华，活跃演讲气氛，轻松自然，妙趣横生，引人入胜，具有较强的感染力。

余光中先生在岳麓书院开讲《艺术经验的转化》时正赶上下雨，他借景开场：

站在台上，看到这么多朋友坐在风中雨中，还有记者朋友在电视转播，我非常感动。我平生演讲中从没遇到过这样的场面，一定是将来最值得向朋友和学生去形容的经历。早上起来，天像要放晴，结果又下雨了。刚才，朱院长告诉我，上次，余秋雨先生来演讲时，也是下雨。看来，这是天意：两位余先生演讲，都是要在风雨之中。不过，我还是觉得有点冤枉：因为余先生他名字就叫作秋雨，他碰到雨是应该的；我的名字叫光中，却没有看见阳光，只看见镁光。

——选自曹凌云主编：《雁山瓯水：余光中先生温州行》，
中国戏剧出版社 2010 年版。

面对台下听众、记者冒雨聆听和拍摄，余先生先言感动，拉近了情感距离；继而联想，借“雨”发挥，将名字中含“雨”的余秋雨、没“雨”但有“光”的余光中勾连到一起，与眼前实景进行对比。这一奇思妙想，自然给人以风趣幽默之感，使现场气氛顿时活跃起来。

利用自身特点，充满乐观情绪的自嘲，有时也不失为幽默开头的好方法。1990 年中央电视台邀请台湾影视艺术家凌峰先生参加春节联欢晚会。当时，许多观众对他还很陌生，为了缩短与观众的距离，抓住观众的心，聪明的凌峰说：

在下凌峰，我和文章不同，虽然我们都得过金钟奖和最佳男歌星称号，但我以长得丑而出名……一般来说，她们认为我是人比黄花瘦，脸比煤炭黑。

这一番话嬉而不谑，妙趣横生，个性鲜明，令观众捧腹大笑。这段开场白给观众留下了非常坦诚、风趣幽默的良好印象，收到了意想不到的效果。一夜之间，凌峰的名字传遍了祖国大地。

3. 故事式

故事能激发听众的好奇心，启迪听众思维，调动起听众的想象力。故事式开头是演讲者开讲就用形象的语言，绘声绘色地讲述一个内容生动、情节动人的精短故事，故事可以是生活中触目惊心的突发事件、人物传奇、历史典故等，使听众对故事的发展或人物命运产生同情、关注、惊奇等心理变化，进而迅速进入演讲者演讲的主题框架中。如研究国际关系学的储殷教授在《为时代发声》的演讲开篇引入故事：

今天的中国处于一个有史以来，我们从未想象过的历史机遇，因为它有三个特征。第一个特征是量变。一个 13 亿人的世界上最大的单一市场，意味着什么？我有个朋友是西班牙人，他是做火腿的，西班牙那个猪是满地跑着吃的，它不是圈养的，那个脂肪是均匀地渗在猪肉里的。所以他那个火腿，切片含在嘴里就化了，以前这种牌子很少能卖出西班牙的市场，在欧洲很多店里都买不到，但是今天你在中国随便买，他现在幸福得要昏倒了。我跟他讲不用

13亿中国人每人吃你一截火腿，北京人每人吃你一截火腿，西班牙就没猪了。未来到2030年，我们市场上的香蕉、菠萝、芒果、榴莲、菠萝蜜，甚至水稻，有40%到80%是从东南亚来的。当我们达到这个基数的时候，世界会围着你转，中国市场的规则会成为世界规则。

——选自《演讲与口才》2018年第2期。

演讲开篇，演讲者没有讲太多的大道理，而是引入一个“西班牙人卖火腿”的故事，来告诉听众，因为中国有强大的市场需求，外国人正在改变对中国的态度。并且揭示出了“中国市场的规则会成为世界规则”，运用物理学概念，通过“量”的积累引起“质”的变化。这样循循善诱地引导听众，让听众清醒地认识到，中国在世界上的重要地位已经毋庸置疑。

4. 悬念式

悬念式开头是使演讲开头具有艺术吸引力的有效方法。对于一些超出自己想象的问题、事件，听众都有特别强烈的探求欲望，强烈的探求欲望会增强人对外界信息的敏感性，极易激活思维，进而产生一种欲罢不能的情绪冲动。因此，开头设置悬念，可以获得意想不到的效果。比如周小芬在题为《给妈妈的遗产》的演讲开头：

有个10岁的女孩儿突然得了一种病，浑身疼痛，怕是不行了。刚住进医院的当晚，还没来得及检查，在病房里，夜深人静，女儿感到非常难受，她用轻微的声音对母亲说：“妈，我看我是不行了，要是我走了，你记住，我卧室床头柜的最底层有一个小布包，那是我的遗产，留给妈妈的。”母亲听后泪如雨下。第二天经过医生的检查，原来女孩儿得的只是肺炎。当母亲把这个结果告诉女孩儿时，母女俩抱头痛哭。回家后，母亲打开那个小布包，原来是12元钱，全是硬币。捧着那个小布包，母亲的泪水再次流了下来。多年以后，女孩儿已经成长为一名军医，可母亲始终保存着那个小布包和里面的12元硬币，那是女儿留给母亲的“遗产”。亲情和爱，总是那么伟大和珍贵，值得我们所有人珍藏与铭记。

——选自《演讲与口才》2018年第13期。

演讲者开头设置了两个悬念：女孩儿得的是什么病？布包里是什么遗产？它吸引人们刨根究底地听下去。原来，病是一场虚惊，遗产是一份沉甸甸的爱。演讲开头设置的悬念对听众产生了吸引力，充满了戏剧性。

5. 格言式

名人名言、格言、警句、歌词、谚语、诗词等语言简洁优美，蕴含着丰富的知识，文化积淀深厚，极富哲理，启迪性强，永远具有引人注目的力量。恰当地引用名言、警句，也是精彩开头的好方法。如在《生命之树常青》演讲中，一位选手是这样开头的：

朋友们，伟大的诗人歌德曾经有这样一句诗："生命之树常青。"是的，生命对于每一个人来说都是宝贵的，因为它只有一次；生命对于每一个人来说都是短暂的，因为它来去匆匆。珍爱生命，就是珍爱自己的青春年华；善待生命，就是善待自己的美好人生。那么，我们应该怎样使自己的生命更有意义？怎样使自己的生命之树常青？不同的信念和追求会有不同的回答。我认为：生命是由阳光带来的，我们应该像对待阳光一样，不要浪费它，让它也去照耀人间。

演讲者引用了伟大诗人歌德的一句诗"生命之树常青"开头，语言简洁，通俗生动，哲理性强，富有意境。不仅饱含演讲者满腔的激情，而且还给听众以启迪和昭示。在"生命之树常青"这句诗中，听众能强烈地感受到演讲者对生命的态度，感受到演讲者对生命之树的赞美之情。是啊，每个人对待生命都应理性作出思考：是让生命黯淡无光？还是璀璨夺目？听众在演讲者的感召下很快入境，迅速地将兴趣投入到演讲内容中。

作为实用性、艺术性较强的演讲，开头的方法还有很多。诸如：抒情式开头、设问句开头、表演式开头、情境创设开头等。但不论怎样开头，都必须力求新颖别致，巧妙有趣，精彩纷呈，富有变化，与演讲主题搭配紧密自然，达到在第一时间就吸引住听众的注意力、紧紧抓住听众的目的。

（二）演讲本论的技巧

演讲的本论部分是演讲的中心和主体，这一部分是决定演讲总体效果的核心部分，包括演讲的主题和材料、论述的观点和论据以及论证的层次、方法等。本论部分应运用以下技巧，使演讲感染听众。

1. 新奇的观点

一篇好的演讲要有新颖独特的观点，才能让听众耳目一新，启发听众的思考，使演讲收到应有的效果。演讲中可以借用巧妙的故事，立出"巧意"。如王小玲在《不要越过这条线》的演讲中讲到：

有个年轻人向弘一法师求处世真经，看到弘一法师只挑了大半桶水，便不解地问："大师，您为什么不把水桶装满？"弘一法师说："挑水之道并不在于挑得多，而在于挑得够用。一味贪多，适得其反。水洒了，还得回头重挑；如果不小心摔了一跤，膝盖破了，走路也不方便。"正说着，有个小和尚挑着一担满满的水踉跄而来，一不小心，连人带桶摔倒在地。水洒了，脚也摔痛了。他爬起来，一瘸一拐地又去挑水。弘一法师见了说："你看，灵验了吧。我的水桶内画了一条线，它是底线，水绝对不能高出这条线，高过这条线就超过了自己的能力底线。有了这条线，就可以提醒自己，凡事量力而行、适可而止。”年轻人终于领悟：无论做人还是做事，都要有底线。

——选自《演讲与口才》2018年第2期。

这段演讲告诉人们，要有底线。演讲的主题跟巧妙的故事产生有机的联系，接生活之地气，讲了一个为人要诀，有极强的普遍指导意义，使演讲产生强烈的感染力。

人们对于人生的感悟往往来自对生活的思考，如果能够转换角度思考，就会产生新颖的观点。南京工业大学法律与行政学院院长刘小冰在2016年开学典礼上的演讲是从一则动人的故事中引出观点的。

有位盲眼女孩儿一无所有，只剩下爱他的男孩儿。一天，男孩儿问她：“你眼睛好了，会愿意和我结婚吗?”女孩儿答应了。很快，女孩儿得到了可以移植的新眼角膜，也很快恢复了视力，但她发现男朋友居然也是盲眼。男孩儿向她求婚，女孩儿拒绝了，最后男孩儿只说了一句话：“照顾好我的眼睛。”我无法求证这个故事的真伪，但我想说的是，假如你只看到了女孩儿的选择，那你仅仅发现了人性的阴暗。很多时候，你会看到这个世界并不完美，有时甚至会让我们产生短暂的忧郁，乃至窒息。但假如你更感动于男孩儿的真诚和付出，我相信，你就同时发现了人性的明亮。

——选自《演讲与口才》2018年第5期。

一般人往往是从故事中的女孩儿角度发现人性的阴暗，而演讲者却能够转换角度，从男孩儿的言行中发现了人性的明亮。学会转换角度将会有新发现，就不会人云亦云。

要想在演讲中表达出自己的创见，还需要深入思考问题，善于去伪存真，提出深邃的见解。白岩松在谈“什么是最好的领导”这一问题时，是这样讲的：

最好的领导什么样?《道德经》说“太上，不知有之。其次，亲而誉之。其次，畏之。其次，侮之”。这是对领导的评价和划分。最好的领导是感觉不到存在的领导，想想也是，感觉不到存在，说明他懂得道法自然，工作条例清晰，不用天天开会也能做到一切井然有序，这是多高明的领导艺术啊；排第二位的领导是被人赞扬的领导；排第三位的领导是被人畏惧的领导；最差的领导是被人天天拿在嘴上骂的领导。任何一个单位，只要到了开始强调考勤、打卡等纪律的时候，一定是它开始走下坡路的时候。因为一个走上坡路的单位，人人不待扬鞭自奋蹄。或许员工10点才来上班，并没有赶在8点打卡，却自觉干到第二天凌晨3点，不需要监督和催促。《东方时空》刚创办的时候，从来不打卡，没有纪律方面的要求，我们却几乎住在单位。到了后来强调打卡的时候，影响力就很弱了。当然，这四句话不仅仅是评价领导或官员，也揭示了生活中的某种秩序和境界。

——选自《演讲与口才》2018年第8期，有改动。

白岩松经过深入探讨和思考，揭示真谛，提出自己的洞见，并采取引经据典的事例论证法，将自己对做好的领导的理解和认识讲得至为理性、深刻。

演讲要有好的观点还应该善于从现象中挖掘本质，加深主题意蕴。刘墉的演讲《更多的花》中讲到：

有句俗话"有意栽花花不发，无心插柳柳成荫"，但是会不会因此，你就不必耕耘了呢？错了！尽管不见得一分耕耘能换来一分收获，但是耕耘多的人总能有较多的收获；这就好比守株固然可能碰上一只自己撞上树的兔子，但绝不可能比得上主动出击的猎人。我从小就喜欢写文章，可是常常投稿没几天，就收到厚厚的信，里面装着退稿，主编连一句安慰的话都懒得写。有一阵子，我被退得实在伤心了，不再投稿，但是总在翻报的时候幻想有自己的文章发表。你想想，这实际吗？我不投稿，怎么可能有文章发表？投稿固然有被退的伤心，但是不投稿就连伤心的机会也没了。所以"有意栽花花不发"的人，唯一的办法，就是继续努力种更多的花。

——选自《演讲与口才》2018年第3期。

不少人抱怨自己付出的多，收获的少，对此，刘墉从自己投稿的喜悦到接到退稿的沮丧再到幻想有文章发表的心理刻画，见微知著，引申发挥，给出了要继续努力种更多的花的做法，加深了演讲意蕴，深化了主题，使人受益匪浅。

2. 严密的逻辑

演讲应围绕中心论点，确立分论点，分清主次先后，按照听众最易理解的顺序安排层次，体现思维的严密逻辑性。如恩格斯的《在马克思墓前的讲话》，首先交代马克思逝世的时间、地点以及逝世时的情况，然后对马克思一生的功绩做简要评价，最后表达对马克思的尊敬、爱戴和悼念之情。逻辑上环环相扣，非常严密。

演讲一般都是针对现实社会生活中的一些问题表达自己的观点和见解的，一般可以采用先摆现象，然后分析问题的原因，再分析危害，最后指出解决问题的办法的方式安排结构。如演讲《温情背后的"三观不正"》中，演讲者先详细描述了一则"番茄炒蛋"的广告内容：一个去美国留学的男生想做一盘番茄炒蛋招待他的外国朋友，但他不知道怎么做，只能发微信给大洋彼岸的妈妈询问做法，妈妈先语音指导，但是男生说听不清，妈妈于是发了制作这道菜的完整视频，视频最后"中国和美国时差是几个小时"让男孩猛醒，原来这是妈妈在凌晨4点起床给他示范了番茄炒蛋。演讲者描述的这一现象为后面的分析说理提供了依据。紧接着演讲者得出结论，即："番茄炒蛋"广告宣扬的看似母爱的伟大、家庭的温情，实则却是三观不正。后面在论证时，以大学生缺乏独立生活和解决问题的能力、缺乏对父母最起码的体谅之心为依据，认定其是个"奇葩妈宝"；在此基础上，再将导致这种奇葩现象的原因，归结为家庭教育的失败。理据充分，广告"三观不正"也就毋庸置疑了。既然"三观不正"，自然要拨乱反正。于是演讲者最后便以陶行知"生活即教育"这一著名论断为理据，指出根治"奇葩妈宝"的办法：家庭教育中，须将劳动教育落实到具体行动，以使"番茄炒蛋"问题不再出现。这样逻辑严密的演讲由表及里，纵深分析，符合大众思维，令人信服。

3. 新颖的材料

论证观点需要大量的论据材料，要选择听众熟悉的、易于接受的具体材料，新颖、生动的材料易引起听众的兴趣，促发听众的共鸣。新颖、生动的材料来自哪里？不妨把我们个人的平凡经历变成演讲中的典型材料。

"外国的月亮比中国圆"，那些说这句话的人，是认为外国比中国好。2003 年，我到欧洲学习，总有人用日语问候我，或者用韩语说你好，我真想用中文说：我是中国人！难道中国的月亮真的不如外国的圆吗？前不久，我又去欧洲，很多人包括一些小孩子见到我都会用汉语说"你好"。有一位圣马力诺共和国的老人每次见到我，都嘲笑我使用苹果手机，向我展示他价廉物美的华为手机。在佛罗伦萨，我看到一位名叫卡力的波兰人给来自不同城市的意大利人开展中国武术培训。中国正在影响世界！亲爱的朋友们，我这一刻才深深感受到，月是故乡明啊！

——选自《演讲与口才》2018 年第 5 期。

演讲者通过讲述自己十几年前和前不久两次去欧洲，所遇到的截然不同的情境，形成了鲜明的对比，给人留下了深刻的印象。普通人身上很难发生惊天动地的大事，但是将自己亲身经历过的平凡小事鲜明地呈现给大家，同样能引发听众的感情共鸣。

4. 情理交融

演讲具有说理性、鼓动性和针对性等特点。说理性要求演讲要具有论点、论据和论证，强调情理结合，以理服人；鼓动性要求演讲声情并茂，具有一种打动听众、激励听众和征服听众的激情；针对性要求演讲提出和回答听众迫切关注和感兴趣的问题，并针对不同听众、不同场合，设计和调整演讲的内容和风格等。演讲要用自然的口语以及发自肺腑的感情去打动听众，吸引听众，与听众进行感情沟通和交流，即晓之以理，动之以情，深深感染听众。例如，郭沫若的《科学的春天》、闻一多的《最后一次讲演》，都是情理结合的佳作。

前者是诗情和哲理的结合，后者更是真理与激情完美结合的华章。

（三）演讲结尾的技巧

俗话说："编筐编篓，重在收口。"好的演讲有引人入胜的开场，还要有耐人寻味、发人深省的结尾，能给听众留下深刻的印象。常用的结尾方式有以下几种。

1. 首尾照应

演讲首尾照应，由主题出发再回到主题，结构圆合，能使听众把握演讲的主旨。如演讲《带着感动出发》开头是：

窗外风儿清清，鸟儿啁啾。窗内阳光跳动，梦儿甜甜。时间之舟悄悄驶进梦境，拉开惺忪的眼帘。生活的风车每天都周而复始地转动，而我却未感觉到那是一座褪色的雕塑，因为感动每天与我同行。

生活中处处存在着感动，哪怕是一草一木，一花一石。带着感动出发，我发现生活之河中，每一种水滴碰撞声都是那样清脆悦耳。

结尾是：

带着感动出发，每一天都会将行囊充实，无论是喜还是忧，我都会觉得那是自己阅历上的一个个字码。

结尾照应了开头的"感动每天与我同行"，强调了感动令人生活美好。

2. 自然收束

演讲如喷涌的泉水，亦如流淌的小溪，在酣畅淋漓的讲述后，自然收束，水到渠成。如《不要轻易说"不"》的结尾：

人生，其实就是一次过程，很多事，很多人，失败过，经历过才会懂，才会成熟。当失败来临的时候，不要伤悲，而应该看作是一次成长的机会，一次锻炼的机会。冲过去，会有更美好、更灿烂的生活等着你，更会有一番成就感；如果退而不前，那只能迎来更多的失败，更多人生的遗憾。

当我们快要走完人生路时，回首这一生，特别是那些困难和失败时，会觉得，或许正是由于这些，丰富了我们的人生，战胜、克服了它们，才让我们的人生更加完美无瑕。

3. 卒章显志

在演讲结束时，画龙点睛，做出总结，表达主题。如莎士比亚的名著《恺撒大帝》一剧里，剧终伯鲁特斯对市民演讲：

临了，我要告诉诸君一声：因为罗马帝国，我不得不刺杀我的好友恺撒，刺死恺撒的便是我，便是这把短剑。假使他日我的行为和恺撒一般，请诸君就用这把短剑来刺我吧！要是大家的行为，也有和恺撒一样的，那么这把短剑，终是不肯饶过你的。请诸君认清这把短剑，请诸君认清卖国贼，认清爱国的好汉。

——选自《演讲与口才》2018年第5期。

伯鲁特斯用“我刺死好友恺撒是为国为民”做结尾，总结了他整个的演讲内容，表现了他的爱国热情和执政信心。字字珠玑，掷地有声，起到了振奋人心的作用。

4. 引用诗文

引用精辟、凝练的诗句、名言、格言，可为结尾增添异彩。如《坚守心中的道德律》结尾：

“不论是黄昏，还是晨曦初露，茉莉花，总是洁白的。”正如希腊诗人乔治·赛福斯的这首小诗所说，我们青少年要想有所成就，就一定要坚守住自己的洁白，坚守住自己的芳香，坚守住自己心中的道德律！

5. 妙用修辞

结尾妙用修辞可增强语言的表现力，产生余音绕梁的效果。如《幸福之花，开在感恩枝头》的结尾：

怀抱一颗感恩的心，让我们将爱传递。将别人无私的帮助，深深铭记，并将之传递，这世界因感恩而美丽。

人世间没有不绝的风暴，感恩却有其不老的风情。幸福之花，开在感恩枝头，灼灼其华。

（四）演讲的其他技巧

1. 善用空间

所谓空间就是指进行演讲的场所范围、演讲者所在之处以及与听众间的距离等。演讲者所在之处以位居听众注意力容易汇集的地方最为理想，这样不但能够提升听众对于演讲的关注，甚至具有增强演讲者信赖度、权威感的效果。

2. 演讲者的仪态风度

演讲者要以良好的仪态风度给听众留下难忘的印象，具体包括身体姿态、表情、眼神、服饰、语调语速等。

演讲者登上演讲台，保持良好站姿，双脚与肩同宽，挺稳整个身躯。不必急于开讲，做个深呼吸，消除紧张情绪。可以手握麦克风，或者手触桌边，或者双手自然放在身前，做到自然放松。

演讲时的面部表情会给听众极其深刻的印象。紧张、焦虑、疲劳、轻松、喜悦等情绪无不清楚地表露在脸上，这是很难由本人的意志来加以控制的。演讲的内容无论多么精彩，如果表情缺乏自信，演讲也将变得缺乏说服力。控制脸部表情，首先要抬头挺胸，自信地注视听众，吸引听众的注意。其次语速适中，说话速度放缓，情绪即可稳定，脸部表情也更加自然。

在大众面前说话，必须接受大家的注视。当然，并非所有听众都会对演讲者报以欣赏的眼光。尽管如此，演讲者还是不可以避开听众的视线来讲话，当听众的视线给演讲者造成一种压力时，克服这股视线压力的秘诀，就是一面进行演讲，一面从听众当中找寻对于自己投以善意而温柔眼光的人，把自己的视线投向强烈“点头”以示首肯的人，对巩固信心来进行演讲具有很好的效果。

服饰也是演讲成功的一个因素。庄重得体、优雅大方的服饰能够提升演讲者的形象，增强信心，给听众留下良好的印象。

演讲以语言打动听众的心，语言通过声音来传播，演讲者要运用恰当的语速、适当的语调传达自己的思想感情，既要抑扬顿挫，又要娓娓动听。

演讲时还要注意与听众互动，这样可以调动场上气氛，增强感染力。

七、演讲前的练习

备稿与试讲是演讲成功的关键，其步骤一般是这样的：

第一步：听审，先将演讲稿读熟并录音，然后反复听读，检测语音是否和谐，语调是否有表现力，语言的分寸感是否恰当等。听审很重要，因为构思时流动于脑子里的语言写到纸上，仍然是书面的东西，诉诸听觉可能出现变异，通过审视性复听检测，可做必要的修改、润色，而且也可以加深印象，便于记忆。

第二步：分记，不要强记、死记演讲稿，将稿子“背”进头脑，讲稿就没有生命力了，而且上台后可能会因害怕忘词而更加紧张。所谓分记就是分段朗读，读一段然后用自己的话讲一遍，讲时可以录音并复听，最后整合。这样演讲内容融入自己的自如性语流，说起来不仅有现场感，也会有交流感。

第三步：串联，先将各段串起来，自言自语地说几遍，然后独立进行全文试讲。这时，照着镜子试讲，同时录下音来，有助于对自己的语言和态势作校正。

第四步：提示卡，将演讲稿各段的开头句、结尾句以及易忘的数据资料写在卡片上，均作简要记录，自己一看就明白，以备急需。

八、训练环节

1. 以“做一名合格的大学生”为题做即兴演讲。
2. 以“我的根在草原”为题做一次演讲。
3. 以“情系祖国”为演讲主题，自拟题目做一次演讲。
4. 结合现实谈谈你对自己未来的规划。

经典演讲例文

就任北京大学校长之演说

蔡元培

五年前，严几道先生为本校校长时，余方服务教育部，开学日曾有所贡献于学校。诸君多自预科毕业而来，想必闻知。士别三日，刮目相见，况时阅数载，诸君较昔当为长足之进步矣。予今长斯校，请更以三事为诸君告。

一曰抱定宗旨。诸君来此求学，必有一定宗旨，欲求宗旨之正大与否，必先知大学之性质。今人肄业专门学校，学成任事，此固势所必然。而在大学则不然，大学者，研究高深学问者也。外人每指摘本校之腐败，以求学于此者，皆有做官发财思想，故毕业预科者，多入法科，入文科者甚少，入理科者尤少，盖以法科为干禄之终南捷径也。因做官心热，对于教员，则不问其学问之浅深，惟问其官阶之大小。官阶大者，特别欢迎，盖为将来毕业有人提携也。现在我国精于政法者，多入政界，专任教授者甚少，故聘请教员，不得不聘请兼职之人，亦属不得已之举。究之外人指摘之当否，姑不具论，然弭谤莫如自修，人讥我腐败，而我不腐败问心无愧，于我何损？果欲达其做官发财之目的，则北京不少专门学校，入法科者尽可肄业于法律学堂，入商科者亦可投考商业学校，又何必来此大学？所以诸君须抱定宗旨，为求学而来。入法科者，非为做官；入商科者，非为致富。宗旨既定，自趋正轨，诸君肄业于此，或三年，或四年，时间不为不多，苟能爱惜分阴，孜孜求学，则其造诣，容有底止。若徒志在做官发财，宗旨既乖，趋向自异。平时则放荡冶游，考试则熟读讲义，不问学问之有无，惟争分数之多寡；试验既终，书籍束之高阁，毫不过问，敷衍三四年，潦草塞责，文凭到手，即可借此活动于社会，岂非与求学初衷大相背驰乎？光阴虚度，学问毫无，是自误也。且辛亥之役，吾人之所以革命，因清廷官吏之腐败。即在今日，吾人对于当轴多不满意，亦以其道德沦丧。今诸君苟不于此时植其基，勤其学，则将来万一因生计所迫，出而任事，担任讲席，则必贻误学生；置身政界，则必贻误国家。是误人也。误己误人，又岂本心所愿乎？故宗旨不可以不正大。此余所希望于诸君者一也。

二曰砥砺德行。方今风俗日偷，道德沦丧，北京社会，尤为恶劣，败德毁行之事，触目皆是，非根基深固，鲜不为流俗所染。诸君肄业大学，当能束身自爱。然国家之兴替，视风俗之厚薄。流俗如此，前途何堪设想。故必有卓绝之士，以身作则，力矫颓俗。诸君为大学学生，地位甚高，肩此重任，责无旁贷，故诸君不惟思所以感己，更必有以励人。苟德之不修，学之不讲，同乎流俗，合乎污世，己且为人轻侮，更何足以感人。然诸君终日伏首案前，芸芸攻苦，毫无娱乐之事，必感身体上之苦痛。为诸君计，莫如以正当之娱乐，易不正当之娱乐，庶于道德无亏，而于身体有益。诸君入分科时，曾填写愿书，遵守本校规则，苟中道而违之，岂非与原始之意相反乎？故品行不可以不谨严。此余所希望于诸君者二也。

三曰敬爱师友。教员之教授，职员之任务，皆以图诸君求学便利，诸君能无动于衷乎？自应以诚相待，敬礼有加。至于同学共处一室，尤应互相亲爱，庶可收切磋之效。不惟开诚布公，更宜道义相勖，盖同处此校，毁誉共之。同学中苟道德有亏，行有不正，为社会所訾詈，己虽规行矩步，亦莫能辩，此所以必互相劝勉也。余在德国，每至店肆购买物品，店主殷勤款待，付价接物，互相称谢，此虽小节，然亦交际所必需，常人如此，况堂堂大学生乎？对于师友之敬爱，此余所希望于诸君者三也。

余到校视事仅数日，校事多未详悉，兹所计划者二事：一曰改良讲义。诸君既研究高深学问，自与中学、高等不同，不惟恃教员讲授，尤赖一己潜修。以后所印讲义，只列纲要，细微末节，以及精旨奥义，或讲师口授，或自行参考，以期学有心得，能裨实用。二曰添购书籍。本校图书馆书籍虽多，新出者甚少，苟不广为购办，必不足供学生之参考。刻拟筹集款项，多购新书，将来典籍满架，自可旁稽博采，无虞缺乏矣。今日所与诸君陈说者只此，以后会晤日长，随时再为商榷可也。

——选自《普通高中课程标准实验教科书·语文（必修二）》，
人民教育出版社 2018 年版。

葛底斯堡演说

亚伯拉罕·林肯

（1863 年 11 月 19 日）

八十七年以前，我们的先辈在这个大陆上建立起一个崭新的国家。这个国家以自由为理想，以致力于实现人人享有天赋的平等权利为目标。

目前我们正在进行一场伟大的国内战争，我们的国家或任何一个有着同样理想与目标的国家能否长久存在，这次战争就是一场考验。现在我们在这场战争的一个伟大战场上聚会在一起。我们来到这里，将这战场上的一小块土地奉献给那些为国家生存而英勇捐躯的人们，作为他们最后的安息之地。我们这样做是完全适当的，应该的。

然而，从深一层的意义上说来，我们没有能力奉献这块土地，没有能力使这块土地变得更为神圣。因为在这里进行过斗争的，活着和已经死去的勇士们，已经使这块土地变得这样圣洁，我们的微力已不足以对它有所扬抑了。我们今天在这里说的话，世人不会注意，也不会记住，但是这些英雄的业绩，人们将永志不忘。我们后来者应该做的，是献身于英雄们曾在此为之奋斗、努力推进，但尚未竟的工作。我们应该做的是献身于他们遗留给我们的伟大任务。我们的先烈已将自己的全部精诚付与我们的事业，我们应从他们的榜样中汲取更多的精神力量，决心使他们的鲜血不致白流。我们应竭诚使我国在上帝的护佑下，自由得到新的生命；使我们这个民有、民治、民享的政府永存于世。

——选自陶晓辉、苗邯军主编：《口头表达能力训练》，华中科技大学出版社2014年版。

我有一个梦想

马丁·路德·金

今天，我高兴地同大家一起，参加这次将成为我国历史上为了争取自由而举行的最伟大的示威集会。

100年前，一位伟大的美国人签署了《解放黑奴宣言》，今天我们就是在他的雕像前集会。这一庄严的宣言犹如灯塔的光芒，给千百万在那摧残生命的不义之火中受煎熬的黑奴带来希望。它之到来犹如欢乐的黎明，结束了束缚黑人的漫漫长夜。

然而100年后的今天，我们必须正视黑人还没有得到自由这一悲惨的事实。100年后的今天，在种族隔离的镣铐和种族歧视的枷锁下，黑人的生活备受压榨。100年后，黑人仍生活在物质充裕的海洋中的一个贫困孤岛上。100年后的今天，黑人仍然畏缩在美国社会的角落里，并且意识到自己是故土家园中的流亡者。今天我们在这里集会，就是要把这种骇人听闻的情况公之于众。

就某种意义而言，今天我们是为了要求兑现诺言而汇集到我们国家的首都来的。我们共和国的缔造者草拟宪法和《独立宣言》的气壮山河的词句时，曾向每一个美国人许下了诺言，他们承诺给予所有的人以生存、自由和追求幸福的不可剥夺的权利。

就有色公民而论，美国显然没有实践她的诺言，美国没有履行这项神圣的义务，只是给黑人开了一张空头支票，支票上盖着“资金不足”的戳子后便被退了回来。但是我们不相信正义的银行已经破产，我们不相信，在这个国家巨大的机会之库里已没有足够的储备。因此今天我们要求将支票兑现——这张支票将给予我们宝贵的自由和正义的保障。

我们来到这个圣地也是为了提醒美国，现在是非常急迫的时刻。现在绝非侈谈冷静下来或服用渐进主义的镇静剂的时候。现在是实现民主诺言的时候。现在是从种族隔离的荒凉阴暗的深谷攀登种族平等的光明大道的时候。现在是向上帝所有的儿女开放机会之门的时候，现在是把我们的国家从种族不平等的流沙中拯救出来，置于兄弟情谊的磐石上的时候。

如果美国忽视时间的迫切性和低估黑人的决心，那么，这对美国来说，将是致命伤。自由和平等的爽朗秋天如不到来，黑人义愤填膺的酷暑就不会过去。1963 年并不意味着斗争的结束，而是开始。有人希望，黑人只要撒撒气就会满足；如果国家安之若素，毫无反应，这些人必会大失所望的。黑人得不到公民的权利，美国就不可能有安宁或平静，正义的、光明的一天不到来，叛乱的旋风就将继续动摇这个国家的基础。

但是对于等候在正义之宫门口的心急如焚的人们，有些话我是必须说的。在争取合法地位的过程中，我们不要采取错误的做法。我们不要为了满足对自由的渴望而抱着敌对和仇恨之杯痛饮。我们斗争时必须永远举止得体，纪律严明。我们不能容许我们的具有崭新内容的抗议蜕变为暴力行动。我们要不断地升华到以精神力量对付物质力量的崇高境界中去。

现在黑人社会充满着了不起的新的战斗精神，但是我们却不能因此而不信任所有的白人。因为我们的许多白人兄弟已经认识到，他们的命运与我们的命运是紧密相连的，他们今天参加游行集会就是明证。他们的自由与我们的自由是息息相关的。我们不能单独行动。

当我们行动时，我们必须保证向前进。我们不能倒退。现在有人问热心民权运动的人，“你们什么时候才能满足?”

只要黑人仍然遭受警察难以形容的野蛮迫害，我们就绝不会满足。

只要我们在外奔波而疲乏的身躯不能在公路旁的汽车旅馆和城里的旅馆找到住宿之所，我们就绝不会满足。

只要黑人的基本活动范围只是从少数民族聚居的小贫民区转移到大贫民区，我们就绝不会满足。

只要密西西比仍然有一个黑人不能参加选举，只要纽约有一个黑人认为他投票无济于事，我们就绝不会满足。

不！我们现在并不满足，我们将来也不满足，除非正义和公正犹如江海之波涛，汹涌澎湃，滚滚而来。

我并非没有注意到，参加今天集会的人中，有些受尽苦难和折磨，有些刚刚走出窄小的牢房，有些由于寻求自由，曾在居住地惨遭疯狂的迫害和打击，并在警察暴行的旋风中摇摇欲坠。你们是人为痛苦的长期受难者。坚持下去吧，要坚决相信，忍受不应得的痛苦是一种赎罪。

让我们回到密西西比去，回到亚拉巴马去，回到南卡罗来纳去，回到佐治亚去，回到路易斯安那去，回到我们北方城市中的贫民区和少数民族居住区去，要心中有数，这种状况是能够也必将改变的。我们不要陷入绝望而不可自拔。

朋友们，今天我对你们说，在此时此刻，我们虽然遭受种种困难和挫折，我仍然有一个梦想，这个梦想是深深扎根于美国的梦想中的。

我梦想有一天，这个国家会站立起来，真正实现其信条的真谛："我们认为这些真理是不言而喻的，人人生而平等。"

我梦想将来有一天在佐治亚的红色小山上，昔日奴隶的儿子们和奴隶主的儿子们能够坐在一起，共叙兄弟情谊。

我梦想将来有一天，甚至连密西西比州这个正义匿迹，压迫成风，如同沙漠般的地方，也将变成自由和正义的绿洲。

我梦想将来有一天，我的四位孩子将生活在这样一个国家里：在那里人们不是根据他们的肤色，而是根据他们的品格优劣来评价他们。

我今天有一个梦想。我梦想有一天，亚拉巴马州能够有所转变，尽管该州州长现在仍然满口异议，反对联邦法令，但有朝一日，那里的黑人男孩和女孩将能与白人男孩和女孩情同骨肉，携手并进。

我今天有一个梦想。

我梦想有一天，幽谷上升，高山下降；坎坷曲折之路成坦途，圣光披露，满照人间。

这就是我们的希望。我怀着这种信念回到南方。有了这个信念，我们将能从绝望之岭劈出一块希望之石。有了这个信念，我们将能把这个国家刺耳的争吵声，改变成为一支洋溢手足之情的优美交响曲。

有了这个信念，我们将能一起工作，一起祈祷，一起斗争，一起坐牢，一起维护自由；因为我们知道，终有一天，我们是会自由的。

在自由到来的那一天，上帝的所有儿女们将以新的含义高唱这支歌："我的祖国，美丽的自由之乡，我为您歌唱。您是父辈逝去的地方，您是最初移民的骄傲，让自由之声响彻每个山岗。"

如果美国要成为一个伟大的国家，这个梦想必须实现。让自由之声从新罕布什尔州的巍峨的峰巅响起来！让自由之声从纽约州的崇山峻岭响起来！

让自由之声从科罗拉多州冰雪覆盖的落基山响起来！让自由之声从加利福尼亚州蜿蜒的群峰响起来！不仅如此，还要让自由之声从佐治亚州的石岭响起来！让自由之声从田纳西州的瞭望山响起来！

让自由之声从密西西比的每一座丘陵响起来！让自由之声从每一片山坡响起来！

当我们让自由之声响起来，让自由之声从每一个大小村庄、每一个州和每一个城市响起来时，我们将能够加速这一天的到来，那时，上帝的所有儿女，黑人和白人，犹太教徒和非犹太教徒，耶稣教徒和天主教徒，都将手携手，合唱一首古老的黑人灵歌："终于自由啦！终于自由啦！感谢全能的上帝，我们终于自由啦！"

——选自《普通高中课程标准实验教科书·语文（必修二）》，
人民教育出版社 2018 年版。

天下兴亡　我的责任

高震东

同学们：

你们说"天下兴亡"的下一句是什么？（台下声音："匹夫有责"）——不，是"我的责任"。如果今年高考每个人都额外加 10 分，那不等于没加吗？"天下兴亡，匹夫有责"等于大家无责。"匹夫有责"要改成"我的责任"，我是这样教我的学生的。所以说，现在我们大陆教育办得不好，是我高震东的责任，只因为这样，我才回祖国专门举办道德方面演讲。（掌声）"以天下兴亡为己任"是孟子思想。

禹是人，舜是人，我也是人！他们能做到的，我为什么不能呢？"天下兴亡，我的责任"，唯有这个思想，我们的国家才有希望。我们每个学生如果人人都说：学校秩序不好，是我的责任；国家教育办不好，是我的责任；国家不强盛，是我的责任……人人都能主动负责，天下哪有不兴盛的国家？哪有不团结的团体？所以说，每个学生都应该把责任拉到自己身上来，而不是推出去。我在台湾办学校就是这样，如果教室很脏，我问"怎么回事?"假如有个学生站起来说："报告老师，今天是 32 号同学值日，他没打扫卫生。"那样，这个学生是要挨揍的。在我的学校，学生会这样说："老师，对不起，这是我的责任"，然后马上去打扫。灯泡坏了，哪个学生看见了，自己就会掏钱去买个安上，窗户玻璃坏了，学生自己马上买一块换上它——这才是教育，不把责任推出去，而是揽过来。也许有些人说这是吃亏，我告诉你，吃亏就是占便宜，这种教育要牢牢记在心里，我们每个中国人都要记住！

学校更应该训练学生这种"天下兴亡，我的责任"的思想。校园不干净，就应该是大家的责任。你想，这么大的一个校园，你不破坏，我不破坏，它会脏吗？脏了之后，人人都去弄干净，它会脏吗？你只指望几个工人做这个工作，说："这是他们的事。我是来读书的，不是扫地的。"——这是什么观念？你读书干什么？读书不是为国家服务吗？眼前的务你都不服，你还能为未来服务？当前的责任你都不负，未来的责任你能负吗？水龙头漏水，你不能堵住吗？有人会说："那不是我的事，那是总务处的事。"这是错误的。一般人最坏的毛病是这样：打开水龙头后，发现没水，又去开第二个，第二个也没有，又去开第三个——这样的学生，在我学校是要被开除的！连举一反三都不懂，第一个没水，第二个会有吗？你就没想到水会来吗？人无远虑怎么能行？作为一个干部，作为一个人，都要想到后果，后果看得越远的人，越是一个成功的人。一个只管眼前，不顾将来的人，不是一个好干部，不是一个有用的人。水管不关，来了水后让它哗哗哗满池子去流，仍不去关注："反正是国家的水，不是我自己的！"——浪费国家的，就是"汉奸"！你为什么浪费国家的水？你为什么浪费国家的资源？我每天洗脸都为国家省一盆水，一年省多少水，你算算，你们学校六千多学生，每个每天节省一盆水，一年省多少水？省水就是省电，就是节省国家资源。爱国可有两种，一种是积极爱国，一种是消极爱国。积极爱国是为国家创造财富，消极爱国是为国家节省财富。国家用那么多百姓的民脂民膏来供你读书，你还浪费国家的财富，你良心何在？你上大学都如此，怎么能期望于中学生、小学生呢？怎么能期望于一般老百姓呢？你高级知识分子都不爱国，怎么能让老百姓去爱国呢？从自己身边做起，我们国家才有希望——这就是"天下兴亡，我的责任"积极负责的道德观念，这就是道德教育。

另一点，我们要有"勿以善小而不为，勿以恶小而为之"的敬业观念。天下有大事吗？没有。但任何小事都是大事。集小恶则成大恶，集小善则为大善。培养良好的道德，是从尊敬老师开始的，是从那很小很小的事开始的。这种道德是慢慢建立起来的，而不专门找到大事才干。今天上午下课的时候，我和师大校长一块出来，礼堂里有很多废纸。我说不要捡，要等下午学生自己捡——同学们，谁丢下这些纸屑就是不爱国。天下无大事，请先把自己脚下的纸屑捡起来——这就是我的教材。好的，同学们捡起自己脚下的废纸，这就是爱国的开始。我给大家讲两个关于渍纸的故事。

第一个，美国有个"福特公司"，福特是一个人，他大学毕业后，去一家汽车公司应聘。和他同应聘的三四个人都比他学历高，当前面几个人面试之后，他觉得自己没有什么希望了。但既来之，则安之。他敲门走进了董事长办公室，一进办公室，他发现门口地上有一张纸，弯腰捡了起来，发现是一张渍纸，便顺手把它扔进了废纸篓里。然后才直到董事长的办公桌前，说：“我是来应聘的福特。”董事长说：“很好，很好！福特先生，你已被我们录用了。”福特惊讶地说：“董事长，我觉得前几位都比我好，你怎么把我录用了？”董事长说：“福特先生，前面三位的确学历比你高，且仪表堂堂，但是他们眼睛只能‘看见’大事，而看不见小事。你的眼睛能看见小事，我认为能看见小事的人，将来自然看到大事，一个只能‘看见’大事的人，他会忽略很多小事。他是不会成功的。所以，我才录用你。”福特就这样进了这个公司，这个公司不久就扬名天下，福特把这个公司改为“福特公司”，也相应改变了整个美国国民经济状况，使美国汽车产业在世界占据鳌头，这就是今天“美国福特公司”的创始人福特。大家说，这张废纸重要不重要？看见小事的人能看见大事，但只能“看见”大事的人，不一定能看见小事，这是很重要的教训。

第二个渍纸的故事，当本届亚运会在广岛结束的时候，六万人的会场上竟没有一张废纸。全世界报纸都登文惊叹：“可敬，可怕的大和民族！”就是因为没有一张废纸，就使全世界为之惊讶。再看看我们十月一日天安门广场升国旗的镜头，当人们散去，满地废纸，到处乱刮！外国人一看当然会这样认为：你们中国此时要同日本比，差得远呢！大家不要总是说：我们国家地大物博，有 137 枚金牌——这都没用，咱们的道德水准还没上来，还差得远！大家说这些废纸重要不重要？所以说，我让大家捡起一张废纸，这就是爱国的开始。万事从小事做起。美国太空 3 号快到月球了，它却不能登上去而无奈地返回来，为什么？只是因为一节 30 块钱的小电池坏了，他们这个酝酿很久的航天计划被破坏了，几亿元报废了！天下有大事吗？大家看哪次飞机失事是翅膀和头一齐掉下来的？都是一节油管不通，一个轮胎放不下来才失事的。一个人的死，哪个是全身完全溃烂死掉的？都是肝坏了，或心脏有毛病等等一个小器官不正常而死的！——同学们，从现在开始，你们要有敬业观念。我们中国实行九年制教育目的就是这样，就是要看你怎样同老师相处，怎样与朋友相处，这就是教育的目的。从古至今，中国的教育才是最伟大的教育，你把西方的教育看作是最先进的教育，那就大错特错了。美国的教育部长三个月前发表讲话说：“我们国家的教育是彻底失败的，我们把人教成了肉机器，我们要向东方学习人文教育！”所以说，我们祖国的教育是世界上最伟大的教育！（掌声）孔子告诉我们：学而不思则罔，思而不学则殆。一个学生要不断地学，不断地想，不断地做，这就是真正教育，这就是中国教育精髓所在。

……

很多人为兴趣而读书，岂有此理！读书有什么兴趣？真正目标不应是兴趣，而是责任，在责任当中找到兴趣，但不能用兴趣代替责任。越在黑暗中越做光明的事，这就是道德教育。我们读书是为了国家。同学们，你们想想你们从小受到什么教育？尤其是农村子弟，你爹妈是怎么教你的？他们这样告诉你：你要好好念书！你不好好念书，将来就不能出人头地，你必须努力奋斗好好读书，你才有前途，读书是为了你的幸福，读书是为了你的前途！读书一切是为了你！你就是在这种教育下长大的，这就是最错误的教育，这就是最糟糕的教育！所以小孩子长大以后就知道，啊哈，读书就是为了我呀，与任何不相干，为了我的前途，为了我的未来，为了我的希望，你看这个国家还有希望吗？它与国家毫不相干！他喝着国家的奶水，用着国家纳税人的钱，拿民脂民膏培养出的却是一个自私自利的小孩，培养出一批自私自利的老师，你想：这国家会有前途吗？你读书的方向都错了，读书不是为了自己，读书是为了我们的国家，国家需要人才，国家需要干部，国家需要建国的栋梁。国家为什么培养你？国家是欠你的吗？你能白白吃国家的饭吗？白白享受这里的宿舍和餐厅、白白地享受老师对你知识的传授吗？你凭什么？你对国家有什么贡献？你对社会有什么贡献？有什么牺牲？你一切都没有，你只是个造粪的机器而已。你每天吃饭了，无所事事，你对国家有什么贡献？国家在期盼着你的贡献，期盼着你的未来，因为有一天你会长大，有一天你会学成，你要为国家做事，所以国家才在你身上投资，让你为国效命。因为道德教育必须以国家教育为前提，所以今天我们要爱我们的国家。正好你们是读师大的，你们在三四年之后要培养跨世纪的接班人，你的责任比谁都大。如果你都没有国家观念，你都不爱国，你怎么要求你的学生爱国呢？所以说今天的老师是最重要的。这就是我跑来跑去，为师范生灌输爱国思想的原因所在！你们爱国，学生自然爱国！如果不爱国，天天发牢骚，天天想转行，天天想下海，那下一代还有什么希望？尤其是学英文的，总想好好学，将来以后到哪个公司为哪个老板、哪个董事长当翻译官，多丢脸！多没人格，多没气度！（掌声）我这里特别强调的是国家观念。

我常常给我的学生讲一个故事：我们有一天出去旅行，忽然间暴风雨来了。我们没地方避风躲雨，孩子们向前跑，一看前面有个草棚，大家“哗”地冲了进去，一冲进去大雨就来了。大家好高兴，“哇，今天运气不错哟，刚刚找了房子大雨就来了。太快乐了！”大家也不顾虑房子干不干净，有没有人住过，只要有避雨的地方就很满足了。但这个房子在风雨中突然间要倒塌，同学们想尽办法“扶住它，不能让房子倒塌”。在这种状况下，我很有感慨，同学们，你们说是我们需要房子呢，还是房子需要我们呢？（掌声）我看是我们需要这座房子。

这座房子就是我们的国家，再破再烂是我们的家，再穷再破，是我们的家，我们要爱她！（掌声）你怎么可以羡慕外国人呢？"唉呀，你看外国人多好！我不当中国人，我想当外国人！"那是不对的。我们国家不如别人，我们承认，但是我们有决心，我们会慢慢把它搞好，但我们一定要牺牲自己，有热爱国家的观念。

人人在砍国家、吃国家、拿国家，这个国家怎么会好呢？人人都贪污、腐败，这国家会好吗？外国有个加拿大！中国有个"大家拿"，再大的国家也会被你拿穷了。（掌声）我走到哪里，绝对拒绝招待。我走到哪里吃自己，用自己，坐你的汽车给车钱，住你的旅馆给你旅馆钱，吃你的饭给饭钱，绝对不占国家一毛钱。我就是要做个示范给你看！（掌声）什么叫爱国，是我们把东西把钱把命给国家，这叫爱国，你总是把国家的东西往家拿，这叫什么爱国？有些人偷国家、拿国家，还拿得津津有味，拿得大言不惭，拿得毫不要脸，这怎么得了？（掌声）

有人说：老师，你让我爱国，我可以爱国，不过，国家在哪里？我找不着！"不识庐山真面目，只缘身在此山中。"你在国家里头，不知国家在哪。当老师的，国家就是你面前的学生。你往讲台上一站，下边的学生就是你的国家，找国家太容易了。今天我往这儿一站，下面 1 500 人就是我的国家，我必须对你们尽心尽责，就要产生教化作用、影响作用，你就是我的国家，我爱你，就是我爱国，把我的思想传播给你，就是爱国！（掌声）那你以后往你的学生面前一站，那就是你的国家。你不能浪费他的时间，他的生命，你要好好为国家培养下一代，你给他这种爱国思想，你就是一个爱国者，不给他，你就是不爱国，你就是叛国者！（掌声）同学们，将来你也有留学的机会，你要注意到，不要让自己丢了中国人的脸。你别去了不回来，这丢中国人的脸呢！外国人是不会看得起你的。他们会说：你看，这些留学生一点国家观念都没有，这些小亡国奴！人家怎么会看得起你呢？这很丢脸，是很难为情的一件事。

国家对我们来说非常重要，你不到国外不知道"祖国"的重要。一个没有国家的，一个国势很弱的人，实在是太可怜了！太可悲了！所以，我们今天的中国人要自强、自爱，我们要知道爱我们的国家。国家不壮大，你个人再有钱有什么用？再有地位有什么用？你永远不受人尊敬啊！

我今天讲了什么是爱国主义，哪里是爱国主义，处处都是爱国主义！任何一个行为都可以爱国。大家都知道以色列与阿拉伯国家的战争。阿拉伯国家和以色列打仗打得正热闹的时候，世界正举行选美比赛，那年以色列小姐正好当选"世界小姐"。许多电影界的人士都围着她："小姐签约吧，将来你可以发大财了"，"签约后你名利双收，你何必回国呢，你的国家正在打仗，那么一个小国，随时会被吃掉的！”“你回去多可怕！你现在又有钱，又有名，留在美国吧！”这姑娘却在电视上发表谈话：世界小姐不是我个人想选，我只是让你们知道，以色列是一个优秀的民族，所以我出来竞选。我想让人们知道：地球上有以色列这个国家，所以我要出来竞选。我今天被选上了，就完成了我的任务，我也要告诉世界：以色列是个优秀的民族，因为我是世界上最漂亮的女人，同时还告诉世界：以色列这个国家正艰苦奋战，希望全世界的人民同情我们，支持我们！支持我们国家的独立！现在我的国家正在打仗，要钱何用？我们以色列亡国两千年，因为我们文化不亡，所以我们还能建国。今天我要回去，为祖国而战，要钱何用？——她发表完这番谈话，第二天就坐飞机回国了。（掌声）这个消息发表后，全世界的人对以色列刮目相看……

所以，同学们，爱国常常在一个微小的地方。“一言以丧邦，一言以兴邦。”我们是受过高等教育的，我们肩负着国家的荣辱啊，人家看到我们就看到国家的希望。同学们，国家的前途是向后看的，个人的前途是往前看的。老师这样一回顾，就知道二十年以后的中国是什么样子，看看小学生就知道三十年后的中国是什么现象。如果他品德良好，道德高尚，爱国，二十年后国家就有希望。如果看见这个小朋友很爱国，很有礼貌，很有道德，那么三十年后的中国人是了不起的中国人。否则看着他怠惰、自私、傲慢、无礼、没有水准，就知道三十年后的中国就是那个样子。我们今天要雪耻图强，力争做得更好。不要丢了祖宗的脸，不要丢了我们汉唐先烈的脸。

爱国是很具体的。我的学校门口有个标语：离开校门一步，肩负忠信荣辱。推而广之，离开国门一步，肩负全国荣辱。一口痰吐在中国是小事，一口痰吐在外国，你就丢了中国十二亿同胞的脸，因为你代表十二亿中国人，而不是你个人，你千万不要以为“好汉做事好汉当”，你错了，你做不到；你不够资格当！所以每个同学的一言一举都要注意。高老师回到国内，看到不顺眼的要讲要骂，要批评要建议，但是我离开了大陆回到台湾，不会讲大陆一句坏话。他们问：大陆好吗？我说好得不得了！太大了，太棒了。到了美国就说中国人伟大得不得了，绝对不会丢中国人的脸，一句对中国的批评也没有。但是，回来一定要实实在在地讲话，诚诚恳恳建议。有的人刚好相反，在国内他屁都不敢放一个，装得那么温顺，那么可爱，一离开中国就大放厥词，把中国骂得一文不值，这就是标准的汉奸王八蛋！

——选自《名人传记（上半月）》2008年第1期，有改动。

第六节 辩论训练

辩论的历史源远流长，可以追溯到古希腊，对西方的辩证法的形成和发展产生了深远的影响。一般情况下，事物都具有两面性，而人们的人生观、价值观、世界观不同，对同一事物就会产生不同的看法，所以有了辩论。辩论既能培养人的思维能力，又能训练人的语言表达能力，通过辩论明辨是非，进一步探求真理，揭露谬误。

一、辩论的含义

辩论，是指彼此用一定的理由来说明自己对事物或问题的见解，揭露对方的矛盾，以便最后得到正确的认识或共同的意见的活动。简言之，辩论就是不同思想观点之间的语言交锋。

二、辩论的特点

1. 辩论人员的双边性

辩论是辩论双方围绕一个辩题的两个方面展开争论的双边活动，最少两人参加，在辩论赛中双方各出三位或四位辩手，形成两方对阵的形势。

2. 辩论观点的对立性

围绕一个辩题，双方观点是相互对立的，或是或非，形成正方、反方，才有辩论的可能。比如，有这样一个辩题："网络是否能使人们的关系更加亲近"，正方观点为"网络能使人们的关系更加亲近"，反方观点为"网络不能使人们的关系更加亲近"，双方观点相互对立，一正一反。

3. 论证的严密性

辩论要有充足的理由，严密的逻辑，使对方心悦诚服，才可能获胜，否则只能是诡辩。战国时期，司马错与张仪争论于秦惠王前，张仪欲伐韩，而司马错欲伐蜀。

张仪曰："不如伐韩。"王曰："请闻其说。"

……

司马错曰："不然，臣闻之，'欲富国者，务广其地；欲强兵者，务富其民；欲王者，务博其德。三资者备，而王随之矣。'今王之地小民贫，故臣愿从事于易。夫蜀，西辟之国也，而戎狄之长也，而有桀、纣之乱；以秦攻之，譬如使豺狼逐群羊也。取其地，足以广国也；得其财，足以富民缮兵；不伤众而彼已服矣。故拔一国而天下不以为暴；利尽西海诸侯不以为贪。是我一举而名实两附，而又有禁暴正乱之名。”

——选自何建章注释：《战国策注释》，中华书局 1990 年版。

司马错先立论，从正面提出建立王业的三个条件：拓土、富民、广施仁政，然后进一步阐述理由，伐蜀能拓土，也能富民，还能除暴止乱，获得好名声。有理有据，论证严密。

4. 追求真理的目的性

由于主观和客观的原因，人们对客观事物的认识存在差异性，而辩论的目的就是辨明是非曲直，针对对方的漏洞、谬误，阐述自己的正确认识，力争击败对方，使自己的观点得以确立，双方取得共识。辩论是一个去伪存真、摒弃谬误、探求真理的过程。比如，《孟子·梁惠王上》中，孟子利用他犀利的口才帮助国君解除心里的困惑，并且得到国君的认可，从而宣传儒家的“仁政”思想，维护儒家思想的合理性。

三、辩论的三要素

1. 辩题

辩题是辩论的中心问题，整个辩论围绕它进行。辩题可以是事先确定的，也可以是即兴的；可以是自己主动确定的，也可以是别人指定的。一般辩论赛中的辩题是事先确定好的。辩题在整个辩论过程中应一贯到底，保持不变，围绕一个辩题的两个判断所认识的对象相同，又是相互对立的思想，而这两个判断至多只能有一个为真，不可能都真。这样就有了谁是谁非的问题，就必然要引起辩论。如果双方谈论的论题不同，就不能实现有意义的辩论。

2. 立论者

立论者是指主动提出论点或辩论立场的人，在整个辩论过程中，以维护自身的立场为主，进行辩护，即辩论中的正方。

3. 驳论者

驳论者是对立论者的观点、立场进行反驳的人，即辩论中的反方。

四、辩论的原则

辩论双方陈述、论证自己的观点，反驳对方的观点，要坚持以下几个最基本的原则。

1. 实事求是原则

实事求是的原则一是尊重事实。俗话说：“事实胜于雄辩。”对事实要予以尊重，对对方引用的真实材料，要予以认可，不能否定；用来证明己方观点的材料必须真实，不能信口编造。二是服从真理。“千秋胜负在于理”，对经过辩论已被证明为正确的观点或理论应予以承认，对错误的观点或理论应自觉摒弃。

2. 平等相待原则

辩论双方人格是平等的，辩论各方要尊重对方的人格；辩论中，各方的辩护和反驳的权利平等，都有发表自己的看法和反驳对方观点的权利；各方的辩护和反驳的机会也是平等的，辩论程序规定辩论者实行一对一发言，时间均等。

3. 逻辑推理原则

论辩的主要工具是逻辑推理，要使辩论充满魅力，必须正确运用三段论、归纳、类比、反证、归谬等多种逻辑推理形式，具有严密的逻辑性才会使论辩富有很强的说服力，以逻辑力量抓住听众，感动听众。

五、辩论赛流程与细则

执行主席致开场辞，简要介绍赛况、赛程和比赛规则，即进入本场比赛。

1. 执行主席介绍辩题、正反双方代表队和评判团成员情况，并开始比赛。

2. 双方自我介绍。(共 2 分钟)

先由正方进行自我介绍，再由反方进行，时间各 1 分钟。

3. 开篇立论（陈词阶段)。(共 6 分钟)

先由正方一辩进行立论，再由反方一辩立论，双方时间各为 3 分钟。（2 分 30 秒时短促铃铛声提醒，结束为长铃铛声。)

4. 攻辩阶段。(共 12 分钟)

（1）由正方二辩选择反方二辩或者三辩进行攻辩，时间为 3 分钟。

（2）由反方二辩选择正方二辩或者三辩进行攻辩，时间为 3 分钟。

（3）由正方三辩、反方三辩重复上述步骤。(一方两攻辩手可以重复选择对方同一辩手进行攻辩。)

选择对手完毕后，由攻辩方向对方提问，由对方作答。攻方只能提问，反方只能回答，每轮攻辩限时 3 分钟。(2 分 30 秒时举旗提醒，结束为挥旗，若辩手还未停止，由主持人提醒。)

在每个攻辩阶段中，攻辩双方不能中途换人，攻守双方站立进行。

5. 攻辩小结。(共 4 分钟)

由正方一辩进行攻辩小结，再由反方一辩进行攻辩小结，时间各 2 分钟。(1 分 30 秒时举旗提醒，结束为挥旗，若辩手还未停止，由主持人提醒。)

6. 自由辩论。(共 8 分钟)

（1）自由辩论时间共 8 分钟，每队各占 4 分钟。

（2）自由辩论必须交替进行。当自由辩论开始时，先由正方的任何一位队员起立发言，完毕后，反方的任何一位队员应立即发言，双方依次轮流发言，直到双方时间用完为止。

（3）在自由辩论时间里，每位辩论队员的发言次序、次数和时间均不受限制。

（4）当一队的发言时间只剩 30 秒时，会有铃铛声提示，当该队的发言时间用完时，用铃铛声警示，该队应立即停止发言。

（5）如果一队的发言时间已用尽，另一队还有时间，则该队的一名或多名队员可以继续发言，直到该队的时间用完为止。

辩手应充分利用自由辩论这段时间，简洁明了地加强自己的论点，反驳对方论点。如进行空洞无物的进攻，有意回避对方的质询，发生言语混乱，将影响到该队成绩。

7. 总结陈词。（共 8 分钟）

先由反方四辩进行总结陈词，再由正方四辩进行，时间各 4 分。（3 分 30 秒时举旗提醒，结束为挥旗，若辩手还未停止，由主持人提醒。）

8. 执行主席请评判团退席评议和裁决。

9. 场外观众与选手交流阶段：时间为 4 分钟（不计入比赛分数），正反双方的拉拉队员和场外观众可针对本场比赛的论题对任意一方的辩手提问，相应的辩手是否回答，由执行主席予以裁决。

10. 执行主席邀请本场评判团代表分析赛情，作评判发言。

11. 执行主席宣布本场比赛的“优秀辩手”和获胜代表队名单。

12. 执行主席宣告本场比赛结束，有序退场。

六、辩论赛的过程

辩论赛一般分为赛前准备阶段和辩论比赛阶段。

（一）赛前准备阶段

1. 破题

破题即深刻理解辩题的中心思想，剖析辩题反映的核心问题。既要站在自己一方立场上审题，又要站在对方立场上审题，尤其是要分析对对方立论的潜在有利因素，它可能成为双方争论的焦点，对这样的内容有全面、深入的思考，能对本方论点做出更好的界定。破题正确，论辩的方向对路，辩论才能令人信服。

2. 立论

立论即为了证明本方观点确立的分论点，以支持本方观点。分论点不宜太少，否则根基不稳，独木难支；也不宜过多，否则战线太长，首尾难顾。一般三四个较好，形成鼎足之势。

作为分论点，首先必须无懈可击，站得住脚。分论点是为了支持观点的，分论点本身就漏洞百出，非但不能支持观点，还会成为负担，成为对方攻击的对象。其次，分论点对于观点的支持，越直接越好。

3. 论证

论证即运用充分的论据通过严密的推理证明观点的过程。可以用例证法，就是“以事证理”，运用一定的事实来证明自己的观点，事实胜于雄辩，论辩的力量就在于事例的真实性上。用于论证的事例并非多多益善，要选择具有典型性和针对性的事例。还可以用引证法，就是引用典故、名言等放之四海而皆准的道理论据，加强对本方观点的印证。更为重要的是加强逻辑论证的力量，使用多种逻辑推理方法，使自己的论述无懈可击。

（二）辩论比赛阶段

辩论双方各由四位辩手组成，四位辩手互相配合，构成一个完美的起承转合的完整辩论过程。

第一个阶段：一辩陈词

一辩一般要对辩题中的关键概念进行界定，对本方观点进行总的解说和陈述，为后面的辩论作铺垫。例如，2003 年国际大专辩论赛决赛“顺境还是逆境更有利于人的成长”，正方一辩张君的辩词如下：

顺境就是良好的境遇，逆境与之相对。人的成长指的是人从自然人转变为社会人，以及充分社会化的过程，以身心的健康发展和社会角色趋向成熟两个指标来显示，虽然顺境逆境，都是人成长过程中必然面对的人生境遇，但比较而言，顺境更有利于人的成长。

首先从人的身心发展来看，一方面科学的营养供给，健全的公共卫生体系，比起匮乏的物质保障、欠缺的公共卫生服务，更有利于人的生理成长。另一方面，顺境更有利于人心智的成长，人心智的成长包括认知能力的提升，性情的陶冶，品格的养成。逆境中，学习环境是压制性的，可以认知事物，但是顺境中，提供的是鼓励性的教育氛围，更有利于认知的系统发展。逆境中可以认识到人生的艰辛，但也容易产生焦虑和痛苦，甚至产生对他人的疏离感和不信任。而顺境当中，我们更可以体会到家庭的温暖，社会的关爱，友情的可贵，从而拥有宽容开放、健康的心态。逆境中，对人品格的培养是有条件的，很容易就超出了基本的心理承压范围，造成人格的扭曲。而顺境中，对人品格的培养，却是潜移默化的，通过积极的教育手段和良好的性情陶冶，锻造更健全的人格。

其次，从人的社会化进程来看，一方面顺境更有利于满足人生各阶段的成长需求。当我们还是孩童的时候，顺境中家庭的关爱让我们具有了自信心和自主意识，而在破碎家庭中长大的孩子，容易自卑多疑。青少年的时候，顺境中良好的教育，可以使我们学业有成，谋生有道，而缺乏教育，则一时失去成长依托，迷失生活方向。当我们到了成年乃至老年的时候，顺境使人在自我肯定中，获得终生成长的动力，而逆境的冲击，容易使人意志消沉，自我否定。另一方面，顺境更有利于人社会角色的成熟，因为人的成长，总是以其独立的担当、恰当的社会角色为标志的，逆境中的困顿，容易产生挫败感，使人打断终生成长的进程，而顺境中持续的社会发展，健全的制度安排，和谐的日常生活，为人的社会角色成熟提供了更良性的空间。

好风凭借力，送我上青云。凭借顺境的好风，我们可以展开成长的双翼，在人生的天际飞得更高，更远。谢谢！

张君对“顺境、逆境、人的成长”三个概念做了解释，然后围绕本方观点从人的身心发展和人的社会化进程两方面做了分析，论述了“顺境更有利于人的成长”的观点。

第二个阶段：自由辩论

自由辩论是在双方陈词的基础上，进行针锋相对的辩驳，不断进行反驳与辩护。自由辩论是双方辩论最激烈的时刻，是辩论的高潮阶段，也是区分胜负的时刻。进行自由辩论应注意以下问题。

1. 坚持本方观点，不被对方牵着鼻子走。在自由辩论中，无论是陈述论据，论述本方观点，还是回答对方盘问，都是为了证明本方观点，驳斥对方观点，而且是以证明本方观点为主，不能只顾着应付对方的提问，陷入被动。

2. 提问。赛前要认真分析论题，精心组织有价值的问题，而且要设想对方怎样作答，根据回答进一步发问，争取占有主动权。如果对方避而不答，就反复发问，同时别忘了说“第×次请教对方辩友……”，逼问到山穷水尽。

3. 回答。对方精心准备的问题可能就是对方观点的论据，回答不慎就会反而证明对方的观点，因此，首先要记住“证明本方观点是第一要务”，回答的时候，也尽量使用本方的论据；其次要拨云见日，从根本上找对方问题的毛病；最后，实在难以回答的情况下千万不要纠缠，顾左右而言他，对方再问，就说“我方已经很明白地回答了这个问题，鉴于时间关系，不再重复。请问对方辩友……”

4. 找错。辩论中精力要高度集中，保证敏捷的思维，善于发现对方论述中的常识错误、逻辑错误，尤其是对方辩手之间彼此矛盾的说法，抓住这些漏洞，一批到底，是制胜的关键。

第三个阶段：总结陈词

由双方的“结辩手”对全场的辩论进行总结。首先要系统归纳本方立论与依据，并能够在一个新的高度上加以概括和升华，巧妙地补充与强化本方观点，使本方中心论点更加完善。在完善本方观点后，还应系统归纳对方的矛盾与问题，并再一次全面地进行反驳，使对方立论体系从根本上动摇、瓦解。

这三个阶段相辅相成，缺一不可。任何一场完整的辩论都必须包含上述三个阶段。

七、辩论的技巧

辩论的过程是坚守自己的观点与反驳对方观点的过程，具有强烈的对抗性，应运用多种技巧克敌制胜。

1. 置换概念，反戈一击

抓住对方观点中的重要概念，换用其他概念进行分析、反驳。如有一个流传很久的故事：

一个大雪的清晨，一个长工披着羊皮在地主院子里扫雪。地主看见后趁机挖苦长工说：“穷小子，你怎么身上长出了兽皮？”长工并未恼，笑着回答：“哦，大老爷，您身上什么时候也长出了一张人皮？”地主一时无语。

——选自《演讲与口才》2018 年第 6 期。

地主用开玩笑的方式骂长工是畜生，长工在地主的话中将“兽”换成了“人”，巧妙地回敬了地主：你是披了张人皮的畜生，痛快淋漓地给了地主一个回击。

2. 一分为二，驳倒对方

一分为二，就是要全面地、客观地看待问题，找到对方论点或论据中片面、偏颇的地方，加以反驳。如 20 世纪 90 年代，南沙群岛的几个岛礁本属于中国，菲律宾却非法侵占。因为岛屿归属问题，中国驻菲律宾大使黄桂芳与菲律宾总统拉莫斯进行会谈。

拉莫斯摆出总统的架子居高临下地说：“家里的东西怎能拱手送出去呢？”黄桂芳义正词严地说道：“家里的东西，也有不义之财。”一句话让拉莫斯张口结舌，无言以对。

黄桂芳的论辩意味着：家里的东西，属于自己的不能拱手让人，但是不属于自己的不义之财，就应该还给人家，不能不管来源一味占为己有。这正是运用了一分为二的方法驳斥对方的错误观点。

3. 巧用对比，情中寓理

辩论论题往往是既包含理论认识，也富于人情世故的。因此辩论中应该情理交融才能令人产生共鸣。《奇葩说》有一期辩论主题是："如果父母提出要去养老院养老，我该支持还是反对呢？"正方陈铭的观点是："父母去养老院，可以获得更专业的护理。你真爱父母，就把最专业的事交给最专业的人去做。"反方马薇薇反驳道："小时候幼儿园的老师，在教育方面也最专业，你是愿意和老师过一辈子，还是和爸妈？如果选择和父母住一起，需要承担生活琐事的磨难，但是这并不难面对，父母就是这么过来的。而如果选择把父母送进养老院，你可以安心过二人世界，只要周末去看看父母就好，但是，有一天父母不在了，你就会后悔，当初为什么要因为一些琐事，就离开他们呢？你再也没有办法挽回了，孝顺这个词，就是由后悔构成的——无数个做错事的瞬间，无数个割舍不了的瞬间。"马薇薇巧用对比分析，用幼儿园老师与父母做比较，说明一辈子离不开的是父母，同时比较"和父母住在一起""送父母去养老院"两种选择的利弊，最后得出结论——把父母留在身边是最长情的相伴。

4. 借力打力，给予反击

这是不从正面驳斥对方，而是通过发问加强攻势，摆出与对方所讲的道理相反的事例，以责难压倒对方的论辩方法。例如 1958 年、1959 年，赫鲁晓夫先后两次来华。一次会谈的休息期间，赫鲁晓夫与周恩来总理坐在一起交谈，赫鲁晓夫突然恶意地挑衅说："我们两人有共同之点，都是总理，然而，我们两人不同之点是我出身于工人家庭，你出身于剥削家庭。"周恩来总理机智敏锐地给予有力回击说："我们两人还有一个共同之点，就是我们都背叛了各自的阶级。"周恩来总理借着对方的话，巧妙地给予反击，同时维护了自己的尊严。

5. 移花接木，还击对方

将对方论据中存在缺陷的部分剔除，换上有利于本方的观点或材料，轻松收到"四两拨千斤"的效果。移花接木法是说服力极强的论辩技巧，需要辩手对对方当时的观点和本方立场进行精当的归纳或演绎。

比如，在关于"治贫比治愚更重要"的论辩中，正方有这样一段陈词："对方辩友以迫切性来衡量重要性，那我倒要告诉您，我现在肚子饿得很，十万火急地需要食物来充饥，但我还是要辩下去，因为我意识到论辩比充饥更重要。"话音一落，掌声四起。这时反方从容辩道："对方辩友，我认为'有饭不吃'和'无饭可吃'是两码事……"反方的答辩激起了更热烈的掌声。正方以"有饭不吃"来论证贫困不足以畏惧和治愚的相对重要性，反方立即从己方观点中归纳出“无饭可吃”的旨要，鲜明地比较出了两者本质上的天差地别，有效地扼制了对方偷换概念的倾向。

6. 顺水推舟，辩倒对方

表面上认同对方观点，顺应对方的逻辑进行推导，并在推导中根据本方需要，设置某些符合情理的障碍，使对方观点在所增设的条件下不能成立，或得出与对方观点截然相反的结论。例如，在“愚公应该移山还是应该搬家”的论辩中：

反方：我们要请教对方辩友，愚公搬家解决了困难，保护了资源，节省了人力、财力，这究竟有什么不应该？

正方：愚公搬家不失为一种解决问题的好办法，可愚公所处的地方连门都难出去，家又怎么搬？……可见，搬家姑且可以考虑，也得在移完山之后再搬呀！

神话故事都是夸大其事以显其理的，其精要不在本身而在寓意，因而正方绝对不能让反方迂旋于就事论事之上，否则，反方符合现代价值取向的“方法论”必占上风。从上面的辩词来看，反方的就事论事，理据充分，根基扎实，正方先顺势肯定“搬家不失为一种解决问题的好办法”，既而带入“愚公所处的地方连门都难出去”这一条件，自然而然地导出“家又怎么搬”的诘问，最后水到渠成，得出“先移山，后搬家”的结论。如此一系列推论环环相扣、节节贯穿，以势不可当的攻击力把对方的就事论事驳得一败涂地。

7. 正本清源，指明错误

所谓正本清源，就是指出对方论据与论题的关联不紧或者背道而驰，从根本上矫正对方论据的立足点，把它拉入本方观点中，使其恰好为本方观点服务。较之正向推理的“顺水推舟”法，这种技法恰是反其思路而行之。例如，在“跳槽是否有利于人才发挥作用”的论辩中，有这样一节辩词：

正方：张勇，全国乒乓球锦标赛的冠军，就是从江苏跳槽到陕西，对方辩友还说他没有为陕西人民作出贡献，真叫人心寒啊！（掌声）

反方：请问到体工队可能是跳槽去的吗？这恰恰是我们这里提倡的合理流动啊！（掌声）对方辩友戴着跳槽眼镜看问题，当然天下乌鸦一般黑，所有的流动都是跳槽了。（掌声）

正方以张勇为例，他从江苏到陕西后，获得了更好的发展空间，这是事实。反方马上指出对方具体例证引用失误：张勇到体工队，不可能是通过“跳槽”这种不规范的人才流动方式去的，而恰恰是在“公平、平等、竞争、择优”的原则下“合理流动”去的，可信度高、说服力强、震撼力大，收到了较为明显的反客为主的效果。

8. 攻其要害，务求必胜

在对方一辩、二辩陈词后，迅速地判明对方立论中的要害问题，从而抓住这一问题，一攻到底，从理论上彻底击败对方。也就是“避虚就实”“避轻就重”，即善于在基本的、关键的问题上做文章。如“温饱是谈道德的必要条件”这一辩题的要害是：在没有获得温饱的状况下，是否能谈道德？在辩论中只有始终抓住这个要害问题，才能给对方以致命的打击。善于敏锐地抓住对方要害，猛攻下去，务求必胜，这是辩论的重要技巧。

9. 利用矛盾，不攻自破

辩论双方各由四位队员组成，四位队员在辩论过程中常常会出现矛盾，即使是同一位队员，在自由辩论中，由于出语很快，也有可能出现矛盾。一旦出现这样的情况，就应当马上抓住，竭力扩大对方的矛盾，使之自顾不暇，无力进攻本方。比如，在“法律是不是道德”这个辩题中，正方三辩认为法律不是道德，二辩则认为法律是基本的道德。这两种见解显然是相互矛盾的，反方乘机扩大对方两位辩手之间的观点裂痕，迫使对方陷入窘境。又如正方一辩起先把“温饱”看作是人类生存的基本状态，后来在反方的凌厉攻势下，又大谈“饥寒”状态，这就与先前的见解发生了矛盾，反方“以子之矛，攻子之盾”，使正方于急切之中理屈词穷，无言以对。

10. 李代桃僵，避免攻击

李代桃僵，即引入新的概念来化解困难。比如，“艾滋病是医学问题，还是社会问题”这一辩题，因为艾滋病既是医学问题，又是社会问题，从常识上看，是很难把这两个问题截然分开的。反方观点是“艾滋病是社会问题，不是医学问题”，在这种情况下，如果否认艾滋病是医学问题，违背科学，因此，反方在辩论中引入了“医学途径”这一概念，强调要用“社会系统工程”的方法去解决艾滋病，而在这一工程中，“医学途径”则是必要的部分之一。这样一来，反方的周旋余地就大了，正方得花很大力气纠缠在反方提出的新概念上，其攻击力就大大地弱化了。“李代桃僵”这一战术之意义就在于引入一个新概念与对方周旋，从而确保本方立论中的某些关键概念隐在后面，不直接受到对方的攻击。

辩论是一个正反两方辩手思维活跃、变化灵活的过程，只有将丰富的知识和辩论技巧结合起来，才会有不俗表现。

八、训练环节

1. 分析下面表格中的辩论题目，拟写辩论稿。

序号	正方辩题	反方辩题
1	青年成才的关键因素是外部机遇	青年成才的关键因素是自身奋斗
2	高薪可以养廉	高薪不可以养廉
3	法理比情理更重要	情理比法理更重要
4	人类永久和平是可能实现的	人类永久和平是不可能实现的
5	网络使人更亲近	网络使人更疏远
6	青年人应有自我意识	青年人应有群体意识

2. 将学生分成若干正反两方小组，从下面表格中选择辩论题目，开展辩论比赛。

序号	正方辩题	反方辩题
1	社会秩序的维系主要靠法律	社会秩序的维系主要靠道德
2	现代社会女人更累	现代社会男人更累
3	宽松式管理对于大学生成长利大于弊	宽松式管理对于大学生成长弊大于利
4	民族技艺应该保密	民族技艺不应该保密
5	学风建设应以人格提升为主要目标	学风建设应以成绩提高为主要目标
6	收入的差别能体现人才价值	收入的差别不能体现人才价值
7	法律有情	法律无情

经典辩论示例

第六届（2003年）国际大专辩论会决赛辩词

A组总决赛辩题：顺境还是逆境更有利于人的成长

正方：顺境更有利于人的成长（中山大学队）

反方：逆境更有利于人的成长（世新大学队）

一、立论陈词

正方

张　君：顺境就是良好的境遇，逆境与之相对。人的成长指的是人从自然人转变为社会人，以及充分社会化的过程，以身心的健康发展和社会角色趋向成熟两个指标来显示，虽然顺境、逆境，都是人成长过程中必然面对的人生境遇，但比较而言，顺境更有利于人的成长。首先从人的身心发展来看，一方面科学的营养供给，健全的公共卫生体系，比起匮乏的物质保障、欠缺的公共卫生服务，更有利于人的生理成长；另一方面，顺境更有利于人心智的成长，人心智的成长包括认知能力的提升，性情的陶冶，品格的养成。逆境中，学习环境是压制性的，可以认知事物，但是顺境中，提供的是鼓励性的教育氛围，更有利于认知的系统发展。逆境中可以认识到人生的艰辛，但也容易产生焦虑和痛苦，甚至产生对他人的疏离感和不信任。而顺境当中，我们更可以体会到家庭的温暖，社会的关爱，友情的可贵，从而拥有宽容开放、健康的心态。逆境中，对人品格的培养是有条件的，很容易就超出了基本的心理承压范围，造成人格的扭曲。而顺境中，对人品格的培养，却是潜移默化的，通过积极的教育手段和良好的性情陶冶，锻造更健全的人格。

其次，从人的社会化进程来看，一方面顺境更有利于满足人生各阶段的成长需求。当我们还是孩童的时候，顺境中家庭的关爱让我们具有了自信心和自主意识，而在破碎家庭中长大的孩子，容易自卑多疑。青少年的时候，顺境中良好的教育，可以使我们学业有成，谋生有道，而缺乏教育，则一时失去成长依托，迷失生活方向。当我们到了成年乃至老年的时候，顺境使人在自我肯定中，获得终生成长的动力，而逆境的冲击，容易使人意志消沉，自我否定。另一方面，顺境更有利于人社会角色的成熟，因为人的成长，总是以其独立的担当、恰当的社会角色为标志的，逆境中的困顿，容易产生挫败感，使人打断终生成长的进程，而顺境中持续的社会发展，健全的制度安排，和谐的日常生活，为人的社会角色成熟提供了更良性的空间。

好风凭借力，送我上青云。凭借顺境的好风，我们可以展开成长的双翼，在人生的天际飞得更高，更远。谢谢！

反方

梁佑诚：听完对方辩友的言论，对方辩友告诉大家，顺境是等于顺利的境遇，但是她没有告诉大家，到底她谈的是过程中的顺利境遇，还是结果的顺利境遇，所以显然这一点，我方认为是存疑的。现在我们来理清辩题的一个基本的概念，今天我方所指的逆境，其实所指的是一个人在追求目标的过程当中，他所付出的努力及遭遇的困难，是高于一般所谓的预期。所以如果一个人，他要付出三分努力解决一些问题的时候，结果他付出了八分，甚至他付出了更多的努力，也没有办法完成的时候，我们说，这个人，他面对了一定的逆境，当然这种逆境，不能威胁到他的生命，这种绝境就不是我们今天双方应该讨论的范围。

我方认为所谓的成长，指的是一个人在知识、经验以及能力、人格方面获得增进，所以简单来说，逆境更有利于人的成长。当人付出的努力，或者他遭遇的困难，高于他自己的预期的时候，我们依然能够从这个过程当中获得更多的知识上的发展。

我方说，逆境更有利于人的成长，是基于三个理由：第一，我方认为，逆境增长人的理念与知识，当我们发现，这条路我们走错了，我们就多知道一条错的路是怎么走的，所以我们人生的见识以及种种的经验就更丰富了。爱迪生花了 20 年的时间，做了 5 万多次的实验，才能够成功地发明这个简用的电芯，于是就有人问他说，哎，你怎么知道最后的成果一定是成功的呢？爱迪生告诉他说，成功不是唯一的成果，我有了 5 万多个成果，因为我吸取了 5 万多次的经验。第二，我们认为逆境拓展了人的视野及格局，当我们发现，这条路比我们想象中走得更困难的时候，下一次我们做的那种预期将会做得更高，我们做的准备将会更多。一个人如果预期他三分钟完成一个问题，结果他花了八分钟的时间，下一次他就会做八分钟的准备。第三，我们认为，逆境有助于刺激我们的潜能，有风险，有挑战，才会激发出我们原来自己也想象不到的这种能力。在心理学上来看，孩童在学习的过程当中，如果老师的期望值高于孩童自身的能力预估，则孩童的发展的结果是更美好的。

我相信在座每位都看过《西游记》，熟悉《西游记》的人都知道，西天取经其实最重要的不是取经的结果，而是这一路上克服了困难的这种过程。所以我们说，天将降大任于斯人也。谢谢大家！

二、盘问

反方盘问正方

庄智凯：对方辩友您好，下面我们来玩一个游戏，这个游戏很简单，就是现在我们桌上，上面有三个杯子，请您猜一下，哪个杯子里面，我们放了喉糖？

马薇薇：这个真猜不出来，是不是放了喉糖的就是顺境，没有放喉糖的就是逆境呢？

庄智凯：对方辩友，你先猜猜看就知道了，你随便猜，猜错还可以再猜一次也没关系。

马薇薇：那我猜三个里面都有行不行啊？

庄智凯：可以呀，对方辩友，我们先看，对方辩友，这里面有喉糖对不对？

马薇薇：嗯。

庄智凯：那您如果猜对这个，请问您，如果您没有机会再猜下一次的时候，您如何证明这两个里面有没有喉糖呢？

马薇薇：我为什么一定要证明这两个里面有没有喉糖呢？我觉得人活着，如果真的有糖吃，然后过得比较好，自己能获得发展，就已经够了。不需要去尝试很多条错误的途径，没有困难创造困难也要去上，你说是不是呢？

庄智凯：对方辩友，我想要告诉您的是，如果说今天您猜对了，这两个杯子里面到底放了什么东西，您就永远都不会知道了吧？

马薇薇：可是人生不是一场猜谜游戏，在这里，我猜对了喉糖有糖吃，猜错了喉糖没糖吃，很简单，损失并不大。可是有的时候，往往是对我一生都有重大影响的选择，如果我选错了，可能真的是追悔莫及了。所以能走正确的路的时候，我们还是不要往弯路上走。

庄智凯：对方辩友，今天您来参加国际大专辩论会，如果说今天您遇到的都是实力非常强的队伍，而他们的实力都超出您方所预期的实力，这时候，下次您再参加这场比赛的时候，您会不会更充分地准备，更认真地准备，因为担心会遇到更强的对手？

马薇薇：可是无论我的对手多么强，都有我的教练、队友，还有场下的观众支持着我，我觉得这是我发展的顺境，在这种顺境之中，无论遇到多么强的对手，我都会迎难而上，取得成功的，谢谢你。

庄智凯：对方辩友意思是说，下次遇到更强的对手，您方就不打算更认真地准备，因为觉得现在这个程度就可以打败更强的对手吗？

马薇薇：不，就算您是我的对手，您也不是我的困境，我觉得您是我成长中的动力，您的关心和鼓励，我都非常感谢。

庄智凯：谢谢您。

正方盘问反方

黄　磊：好，我们也谈一些小道具。刚才在场上，有人为我们擂鼓助威，但是有时候打辩论，可能是孑然一身，形单影只，哪一种更有利于您的发挥呢？

黄靖文：对方辩友，只要肯为我们加油鼓励，那就是好的了。

黄　磊：是呀，所以刚才有人为我们助威，更有利于我们的发挥，否则冷冷清清，可不利于我们的成长。第二个问题，您桌子上放的应该是方便面的盒子吧，方便面可以解饿和方便面有利于人的身体健康，是不是一个概念呢？

黄靖文：对方辩友，方便面是一种食物，我实在不清楚，这个问题跟顺逆境有什么样的关系呀？

黄　磊：其实呀，这只是一个简单的类比。在逆境中，人是可以解饿，也可以满足基本的需求，但是它和有利于人的成长，是不是两个概念呢？

黄靖文：对方辩友，天将降大任于斯人也，正因为这样子，苦其心志，我们才能够更加的成功，正因为我们失败过，正因为我们遭遇过逆境，我们才知道，我们更应该上去，更应该努力，更应该迈向人的成长啊。

黄　磊：如何是降大任于斯人呢？可要先饿你，再空乏你哟，要劳你哟，才能把责任给你。但是我们每个人的成长，是不是这样的经历呢？再问对方辩友，刚才上场的时候，有人为我们每个人送了一瓶水，让我们上场前润喉，这可谓是对我们的帮助吧，这是不是更有利的呢？

黄靖文：我当然要感谢刚刚送水给我们的这位先生，他的确让我们润润喉。再者对方辩友，刚刚所谓顺境可以饱食，然而对方辩友，当我们饿的时候，我们才会知道，原来非洲的难民他们是这样的饥饿，当我们有能力的时候，我们才会因为在饥饿的时候，遭遇过这样的逆境，我们才可以帮助这些人，才可以使我们人生更加地成长，不是吗？

黄　磊：可是按照对方的立论，非洲的人身处逆境，有利于他们的成长，我们要救助他们，不就是遏制他们的成长了吗？

黄靖文：正因为他们在非洲，他们饥饿，他们想要努力，他们就更加发展。对方辩友，你可以看看现在……（时间到）

三、驳论

反方反驳正方

黄执中：我们先来回顾一下，刚刚的质询答辩，对方辩友在猜我们桌上的喉糖的时候，她用了一个很巧妙的方式，说我三个都猜可不可以呀。在这场比赛当中，当然可以，可是我想请问一下在座的各位观众，我们在人生的选择当中，可以说我统统都要可以吗？好像不行吧。不管我们是科学家在做实验，不管我们是学生在选择人生的经历和过程，不管我们是一个企业家在选择企业投资的方向，我们好像都必须要从中择一，当然如果遇到顺境，我们第一次都猜对，我们就得到了成功的果实，我开了第一个杯子知道里头有东西了，可是在这个过程当中，我失去了什么，我失去了看看其他杯子里的东西的机会。《阿甘正传》里头不就有一句话吗？人生就像一盒巧克力，你不吃下去，你永远不知道它的味道是什么。顺利的人有一个特点，就是他永远都吃到他最喜欢吃的那颗巧克力，可是呢，他永远不知道其他巧克力是什么味道，他也永远不知道别的路途会有什么样的风景。

对方辩友今天告诉我们，所谓的顺境，有三个立意，第一个是在生理上的发展，可是我们要知道，生理上真的是在顺境当中比较容易带来发展吗？我们都知道，人体为什么会产生对病菌的抗体，就因为是我们生过病，才会有抗体的，如果从来就没有生过病，一场病就把你击倒了，这怎么会是顺境的发展呢？对方辩友又告诉我们说，有顺境，身体才会好，可是这跟我们的经历也不一样。一个富翁，有车子，有房子，有仆人，这种是顺境吧，他的身体会比农夫来得好吗？其次对方辩友告诉我们，说他的心智在顺境当中会成长，可是我们就要想想看了，如果我们去念大学遇到两个老师，一个是严格的老师，一个是偷懒的老师，随便课程都让你PASS，随便你交什么作业都给你高分，这总是顺境，可你的心智会成长吗？最后我们还想到，有关品格的问题，对方辩友，如果我生在一个父母极度宠爱的顺畅环境里，打破花瓶，父母说没有关系，捉弄小孩子，没有关系。对方辩友，这样的溺爱，品格会正常吗？谢谢大家！

正方反驳反方

黄　磊：谢谢执中师兄。我们也来简单分析一下对方的立论告诉我们什么。他们说，顺境给人带来的是一种安逸的环境，而逆境给人带来了一种机制，什么机制？让您知道哪条路是错误的。化学元素中有108项元素，如果在座的各位想实验一下，哪项元素是有毒的，您可要一个一个品，但是当品尝第一个有毒的时候，您就已经一命呜呼了。况且人的成长是什么，对方告诉我，人的成长就是猜巧克力的过程。这点我方不认同。其实人生啊，就像是一棵树的成长，需要有一个稳定的环境加以保障。对方混淆的是什么？在逆境中人可以成长，和逆境有利于人的成长，是两个截然不同的概念。为什么这样说？爱迪生通过实验，能够总结出自己的经验，有所获得，我可告诉你哟，爱迪生有一流的实验设备和一流的实验室，如果这些都匮乏的话，切莫说爱迪生实验5万种材料，恐怕他还在街边流浪，不能够进行科学研究。

话说回来，什么是在逆境中可以成长？这好比说司马迁的《史记》，是在逆境中造就的，但是逆境有利于科学研究，是另外一个概念，对不对？大家很容易理解，比如说毒品可以起到医疗麻醉的作用，但是要论证毒品有利于人的身体健康，这是两个截然不同的概念，否则我们还要禁毒干什么。其实逆境给人提供的是某些个别品格历练的过程，而顺境是人全面发展的过程。全面发展和某些极端性格的养成，是不是两个截然不同的概念呢？其实对方所说的逆境，我方不予否认，他所说的是逆境给人带来了挫折，但是顺境给人带来了克服挫折的能力和条件，是否更为重要呢？

对辩一

薛　乐：谢谢您，也许我们要谈一些成长中沉重的话题了。据调查，身处暴力家庭中的儿童，自卑心理的产生率是60%，而正常的家庭不到10%。请教您，家庭的关爱是否更有利于儿童的成长呢？

庄智凯：对方辩友刚刚说的这个虐待家庭，这是个绝境啊，它不是逆境啊，就像对方辩友说的，如果按照您方顺境来说，天天躺在那边，就有饭可以吃，完全什么事都不要做，这样有成长吗？

薛　乐：对方辩友，首先请您告诉我，为什么出现了家庭暴力，儿童就面临生不如死，还是必须要死呢？

庄智凯：对方辩友，因为他还没有成年，无法为自己的能力负责。再请问对方辩友，如果顺境可以让人成长，请问“富不过三代”这句话怎么解释呢？

薛　乐：“富不过三代”是一条必然的定律吗？那今天我们大家都不要致富好了，因为如果您一致富的话，您的孙辈可能就要倒霉了呀！

庄智凯：对方辩友，顺境如果让人成长，可“玉不琢不成器”。对方辩友，这句话您再解释一下好了。

薛　乐：对方辩友，为什么老让我们解释一些我们的问题呢？请教对方辩友了，今天我们说，犯罪心理学一项研究表明，青少年如果身处破碎家庭的话，比正常家庭来说，他的犯罪率要高出三倍。请教您，健全的家庭是否更有利于青少年的成长呢？

庄智凯：对方辩友又在举绝境了，我们应该是讨论，在家里叫你做事跟不做事，是哪个比较好？那请教对方辩友的是，天将降大任于斯人也，辛苦了他，让他获得磨炼，为什么还不能成长？难道说躺在那边，就可以变成一个大将军，或是一个大圣人吗？

薛　乐：对方辩友，孟子的这句话，这个“斯人”并不是说伟大的人物，而是指我们作为一个人，要这样做。请教对方辩友了，如果破碎的家庭就等于绝境的话，那今天我要告诉你……（正方时间到）

庄智凯：对方辩友一直说，顺境有利于成长，想请问对方辩友，《西游记》里面，整个故事讲的都是他们取经的经过，难道按照对方辩友的讲法，顺境如果很简单的话，那么唐三藏直接请孙悟空带他到西天拿个经回来，不就取经成功了吗？

对辩二

梁佑诚：延续刚才的话题，请教对方辩友，为什么孙悟空不直接飞往西天，马上取经呢？

马薇薇：因为他是孙悟空啊，他有72变，可是要换了我去取经的话，一变都没有，可能第一难的时候，就已经被老虎吃了，您还要故意这样磨难我吗？

梁佑诚：说得非常好，所以您看嘛，就是因为你怕被老虎吃，这些逆境都让你成长，如果你没有遇过这样的逆境的话，你下一次要如何面对这样的困难呢？

马薇薇：对方辩友，难道您不怕被老虎吃吗？那您真是明知山有虎，偏向虎山行啊！请教对方辩友，你们所说的绝境跟逆境有什么本质的区别吗？

梁佑诚：那在这之前，请教对方辩友，您方会认为成功跟成长有什么分别呢？

马薇薇：所有的成长不一定都成功，但是成长包括成功。对方辩友，请正面回答我的问题，绝境跟逆境有什么本质区别？

梁佑诚：首先我方认为没有必要回答为什么，因为对方辩友今天根本在前提上是错误的，他们让我方所选择的是什么，在成功和失败当中，您要选择什么？我们大家当然就会选择成功。但是，今天我们谈的是在成功之前那段过程。对方辩友，请你告诉大家，在过程当中，为什么顺境更有利？

马薇薇：我方一辩已经说得很清楚了，原来对方辩友是概念轰炸机，逆境不成，提出绝境，然后绝境解释不出来，又使出了凌波微步。请正面回答，绝境跟逆境到底有什么区别？

梁佑诚：如果自己解释不清楚的话，人家听不进去，那到底是谁的错？我想大家心知肚明。对方辩友到现在还没有清楚告诉大家，你们认为顺境的定义是什么？

马薇薇：是从生理、心理社会化两个层面四个点，我们都论证得非常清楚了，倒是对方辩友，从来不解释他们逆境跟绝境的区别。

梁佑诚：那请问在生理、心理这四个点上怎么样才算是“更”？

马薇薇：我方一辩刚才说得非常清楚了，难道您还让我再给您复述一遍吗？您从来不回答我的问题，是不是因为你们的逆境是不太逆，有点逆，还有一点物质帮助，又得到了人们的支持，这是人间仙境吧！（正方时间到）

梁佑诚：是你方把我方能力讲成“绝”，然后把你方的“顺”讲成是非常奋发向上，当然我们就没有办法回答了。对方辩友完全没有办法理清今天的前提，我们要怎么辩论下去呢？对不起，我们不认同这样的态度，谢谢。

四、嘉宾提问

余　磊：有请一下正方的四辩，薛乐同学。

薛　乐：谢谢您。

余　磊：首先我提醒你一下，今天的辩题是一个比较性的命题，比较的是哪个“更”，如果您把逆境理解成就是暴力家庭、犯罪环境的话，那么我们是不是也可以把顺境理解成衣来伸手、饭来张口、天上掉馅饼呢？这样的环境，有利于人的成长吗？谢谢！

薛　乐：谢谢您的问题。首先我们要告诉大家的是，其实身处破碎家庭和身处单亲家庭的确身处逆境，但是我们也不否认，也有人在这样的艰难困苦当中成长了。美国前总统克林顿，还有英国前首相希斯，他们都来自单亲的家庭，但是这并不意味着，单亲的家庭或者家庭暴力就有利于您的成长。同样回应嘉宾的问题，说顺境中也可能是衣来伸手、饭来张口，成了小皇帝。所以嘛，我们在顺境当中，也应该警醒啊，我们也应该在顺境当中，在家庭的关爱当中，做出我们的调整。但是请注意，这是在顺境当中的调整，有没有人因为看到别的家庭当中，有人因为溺爱而变成了小皇帝，我们作为父母的就要对孩子说，哎呀，为了避免让你成为小皇帝，我还是不要去关爱你了。显然这样子并不有利于儿童身心的发展，所以顺境中，要做出调整，并不能够论证出，逆境比顺境更有利人的成长。谢谢您。

王慰卿：我请问反方的一辩同学，我刚才注意到，你始终没有正面回答正方三辩同学的一个问题，即什么是逆境，什么是绝境。你方在定义的时候，认为无法承受的逆境即为绝境，那我是不是可以这么认为，所谓不利于人成长的逆境，你们都归结为绝境，这样的话，我认为你们在立论的时候，有循环论证的嫌疑。那么我倒要请问，既然会有人根本无法承受的逆境存在，它又怎么会有利于人的成长呢？希望您正面回答我的问题。谢谢。

梁佑诚：感谢王先生的问题。其实今天我方说，我们在一个竞争的平台上，我们在比较今天双方之间到底谁更有利于发展的时候，所比较的这个人，他在性质上必须是相同的。然后对方辩友告诉我们说，他们把我们今天的逆境，形容成所谓的绝境，而当然这个很难界定。不过我说，我今天面对一个绝境，然后马上就死了，那这个对我来讲当然就是绝境了。但是如果这个逆境，本身是我在整个过程当中，不是我自己预期的，举个比方说，今天我打算说，我要付出三分努力，但是最后我发现，我要付出八分努力才能解决这样的问题，这对我来讲是逆境，但是我要付出十分努力，最后也做不到，那就叫绝境。但最重要的是，我们必须要了解今天的平台在哪里，因为刚才对方辩友在比较的时候，为什么不能回答这样的问题，是因为对方辩友的比喻很奇怪，他们在谈自己本身顺境的时候，这个人是非常奋发向上，他遇到任何的问题，遇到再顺的顺境，他也可以非常努力，但是遇到我们的时候，遇到逆境，我们就要马上自暴自弃，所以这样的比较，我们真的很难比较下去，希望这位嘉宾能理解，谢谢！

路一鸣：我请问正方第二号选手。

黄　磊：谢谢您。

路一鸣：在你刚才的发言当中，我们听到顺境能够提供克服困难的条件，可是我们知道，克服困难不只是有条件，还需要个人的能力，人的成长，是一个持续的过程，一个成长的标志，我理解这个两方面四点比较困难，简单地说，一个标准就是，它解决和面对不确定性问题的能力的增加，这种能力的增加，是不是要由逆境来提供？如果人在顺境当中成长起来，在面对一个不确定性的时候，他的经验从哪里来，他的成长标志又是什么呢？

黄　磊：谢谢这位嘉宾的提问。其实我们坦然承认，每个人在人生中总有顺境，总有逆境，这位嘉宾所说的不确定困难会出现在我们的人生旅途之中，这点我方坦然承认。其实当困难出现的时候，这是对方所论证的，面对困难，我方说，顺境恰好提供了一个解决困难的途径，这就好比说，逆境带给我们的是面对挑战，但是面对挑战和解决挑战，是一个概念吗？显然不是，这两者是截然不同的，因为逆境中您面对了这个不确定性的困难，但是顺境中，给您克服这个困难提供了有力的保障。比如说我们有良师益友的指导，平时对我们谆谆教诲，为我们善言，来提醒我们哪些疏漏；比如说良好的物质条件，良好的生活环境，这些都为我们克服这个困难提供了有利的条件。其实话说回来了，面对困难和克服困难，恰是今天的分歧所在，而克服困难是成长标准。谢谢！

蒋昌建：我想请问反方第三位黄执忠同学。我的问题是这样：无数的英烈，他们为了下一代有一个良好的境遇而抛头颅，洒热血，其目的是为何？与之相关的就是无数个像杨振宁先生这样的科学家也通过自己殚精竭虑的研究，来尽量减少宇宙和我们生活环境的各种不确定性，以保证人类能够健康地、稳定地向前发展，那么他创造的克服不确定性的这个环境是顺境还是逆境呢？我希望您的回答，不要以这样的格式：如果杨振宁先生不克服种种困难的话，他怎么能够有科学创建呢？我回应这个方式就是，如果杨振宁先生不坚信我留下来的顺境，可以给下一代创造更宽适的环境的话，我何有研究的动力呢？我们能不能离开这种鸡生蛋和蛋生鸡的逻辑，你给我一个回答，谢谢！

黄执中：我了解，谢谢蒋老师的提问。我方的看法是基本上我能够知道，如果让我来选择的话，我当然是希望能够活在一个顺利的环境里头，如果让父母来选择的话，他当然是希望子女活在一个顺利的环境里头，为什么？因为这是人之常情，我们不忍苛责。可是我们要了解，我们希望下一代活在好的环境里头，是因为我们不忍心看他受苦。可是我们又知道，我们面对困难、解决困难的种种能力，其实都是从困难当中出现的。如果父母帮孩子解决困难，为他创造一个顺境，其实这个小孩子本人并没有解决困难，顺境不会让人拥有这样的能力。所以呢，我们知道，不管是科学家也好，先烈也好，他们对于其他的人，其他的百姓，或者是其他的民众，他怀的心意其实跟父母一样的，我希望我的所作所为，能够让大家更快乐，更幸福。可是成长，我们不希望你们以此为满足啊，你们要去寻找你们人生的逆境，你们才能更成长啊！谢谢大家！

五、自由辩论

张　君（正方）：请问人们去救助战乱饥荒地区的孩子，是不是为了让他们摆脱逆境，更好地成长呢？

黄靖雯（反方）：对方辩友，人们救助饥荒之中的孩子，他们是为了一份怜悯，一份爱。对方辩友，我想要请问你，如果在顺境当中可以让人成长的话，军队何必行军，僧侣何必苦行呢？

薛　乐：为什么我们要付出我们的关爱呢？不正是因为看到他们身处逆境，不利于他们的成长，我们才要付出关爱吗！如果逆境更有利于他们的成长的话，我们应该对他们表示羡慕，让大家都去贫困山区，更有利于大家的成长吗？

黄执中：对方辩友，非洲饥民饿到快生死关头了，你对他表示羡慕，这是不对的。我们去拯救他们，去帮助他们，属于怜悯，对方辩友怎么可以相提并论？

马薇薇：如果我们的怜悯却阻碍了他们在逆境中成长的话，这不是一种道德的虚伪吗？至于僧侣的问题，印度的苦行僧，可是能七天七夜在坟墓里不吃不喝，他成长好了，难道咱们成长，也要不吃不喝修道成佛吗？

梁佑诚：对方辩友，您告诉大家说，今天如果我们有选择的时候，我们当然不会选择逆境，但问题是，您刚才告诉大家很多人生的哲理，请问人生何时有选择呢？

黄　磊：其实人生何时有选择，对方辩友已经给我们选择，他要故意去尝试错误的道路，以验证道路的错误。我想请问您了，有良师为我们传道授业解惑和自己盲目摸索，哪一个更有利于您的成长？

庄智凯：对方辩友，这里有100位名人的故事，他们统统都在逆境中成长，如果按照您说的，他们的故事内容应该写的是，他生在一个富裕的家庭，躺在那里他就成长了吧。

黄　磊：这里有200万的观众告诉我们，顺境中有一个更好的环境成长，又说明什么？

黄执中：对方辩友，我们已经说过了，我们一般人，不忍心他承受逆境，一般人也只会选择顺境。可是伟人之所以成伟人，是因为他做选择的时候，愿意挑难的路来走，我没有这样的自信，所以我不会成为印度的苦行僧啊。

薛　乐：对方三号辩手告诉大家，其实我们可以选择人生道路，可是对方一号辩手刚才又告诉大家，人生没有选择，本来就是命定的，是不是要告诉大家，原来龙生龙，凤生凤，老鼠生儿会打洞呢？

梁佑诚：其实我方只是想告诉对方辩友，对方辩友一直告诉大家，人生是个选择，是可以选择好和坏的，但是他们告诉大家，我们今天谈的是人生，还是谈逆境和顺境呢？顺境、逆境如果是可以由自己选择的，有谁愿意走在街上，被掉下来的大广告牌砸死呢？没有人会做这样的选择，这证明什么？当逆境和顺境基于什么条件的时候，我们必须从当中寻找成长的元素到底来自哪里，对方辩友。

马薇薇：非常感谢对方辩友，难道您告诉我们说，有选择就等于逆境了吗？刚才我们抽签的时候，有选择吧，难道一抽签，我们双方就一起进入逆境了吗？

庄智凯：对方辩友，您方一直说的顺境，其实是得到别人的帮忙，不是在顺境中这个人成长，他只是获得别人的帮忙。请问这样他为什么可以成长呢？

黄　磊：谁在比较更有利的成长，是我们双方共同的比较。有朋友为您两肋插刀，可谓是顺境吧？但有朋友插您两刀，可谓是逆境吧？请比较一下。

黄执中：有朋友为我两肋插刀，我以后知道相信朋友，可是不是所有朋友都值得相信，我非得哪一天被人家插两刀之后，我才知道谁可信，谁不可信。

马薇薇：那对方辩友，您为了验证谁可信，谁不可信，是不是就要每天都挨上好几刀呢？

黄执中：对方辩友，不对，我们要讲的是，如果人永远都不被朋友插上两刀，他就会盲从地相信所有的朋友，这样的人只是蠢牛木马，怎么会成长？

张　君：人如果被插上两刀的话，都死了，您还何谈成长呢！请问一个好汉三个帮和众叛亲离，哪个更有利于人的成长呢？

梁佑诚：刚才对方辩友的四辩不是告诉我们，他们谈的不是死的绝境，现在正方的一辩告诉我们说，他都已经死了，那怎么谈成长呢？

薛　乐：好吧，我们说如果插上两刀不死，身负重伤，是不是对方辩友认为就更有利于我们的成长呢？请教对方辩友，如果逆境更有利于我们的成长的话，孟母三迁说明了一个什么道理呢？

梁佑诚：那对方辩友的意思是说，如果我们今天不谈插刀的话，那在顺境当中，我们所有的朋友每天陪着我们花天酒地，这就是你方所谓的成长吗？这是你方所谈的归谬的方法，我方要强调的是，这种态度我方不太认同。

黄　磊：为什么孟母要三迁，要躲开赌场，要躲开土匪所聚集的地方，按照对方观点，这都是更有利于人成长的环境啊。

黄执中：我解释给对方辩友听吧。孟母第一次迁的时候不晓得环境对孟子会影响那么大，发觉孟子学人家在那边玩不正经的把戏，才二迁，才三迁，是因为每次都搬错房，孟母才知道，环境对孩子影响很大。

马薇薇：那么孟母第一次发现自己搬错房的时候，就应该很后悔，原来赌场是个逆境，我们应该搬回去，让孟子在赌场里面好好成长，那不成了千王之王了吗？

庄智凯：对方辩友，孟母就是因为三迁之后，她越来越成长了。想请问对方辩友，如果要顺境，《西游记》的唐三藏，他只要坐飞机去取经，不是更快吗？

薛　乐：我方不是告诉大家了吗，孙悟空是72变，我们可是肉体凡胎啊，如果让我们去面对妖魔鬼怪，恐怕我们是在劫难逃了。请教对方辩友了，古代的社会，讲究男尊女卑，现代的社会呢，却是妇女能顶半边天，何者更有利于我们的成长啊？

黄执中：对方辩友，我们还是先聊一下刚刚没聊完的《西游记》问题，如果我们今天讲的是一开始，如来佛这本经书，不要你来取了，我坐一个祥云，跑过去，给你唐三藏，那唐三藏是不是更顺利，他成长就更大了吗？

马薇薇：那问题是人生不是每一次都是取经，我们也不是每一个人都是孙猴子，虽然我也很羡慕他。请问妇女缠小脚和今天我们妇女能顶半边天，哪个更有利妇女的成长呢？

黄执中：如果妇女以前没有缠过小脚，妇女怎么会知道她的地位是不平等的，由于有压抑，所以反弹才会更厉害啊。

黄　磊：衣食足而知荣辱，在逆境中，人们怎么提高自己的道德情操和艺术修为呢？

六、总结陈词

反方世新大学队

黄执中：大家好，对方辩友刚刚最后一句话是“衣食足而知荣辱”，可是我们要想想看，如果我们从小到大，衣食总是足的，我们怎么知道，荣辱这种事情会在衣食不足的时候消失呢？我们是不是就因为我们历经过战乱，饱尝过饥饿，看到道德往往要借由物质的一些基础才会出现，所以我们清醒地意识到了，哦，原来不足的时候，可能就没有道德，所以我们要小心，我们智慧就增长了。

对方辩友，我们今天聊过几个问题，我们今天谈到，唐三藏去取经，对方辩友一直在谈孙猴子，可是我们要了解，孙悟空为什么能有72变，他不也是被太上老君关在那个炼丹炉里头，炼了半天，才成火眼金睛吗？他不也是去求仙求佛才学到的72变？孙猴子当初蹦出来的时候，他就自满自足，他到现在为止，还是水帘洞的一个小猴王而已，怎么会成佛成仙呢？所以我们要知道，不管是对谁，逆境对我们而言，都是有助成长的。

对方辩友认为，这场比赛是一种什么样的对决呢，他认为逆境是面对问题，面对困难，可是只有顺境才能克服问题，解决困难，因此他们比我们价值上是更高的。可是仔细想想可能又不对了，什么叫作在顺境当中能够解决问题，那是人家帮你解决问题呀！我在顺境当中，父母帮我解决衣食问题，老师帮我解决课业问题，同学帮我抄笔记，解决了可能会被老师点到名的问题。在这样的顺境当中，我问题是解决了，可是我这个人有成长吗？我也许学历越来越高，可能我的地位越来越高，可是我还是我，一拉开你的衣服跟学历，你还是一只猴子呀！所以我们今天要做的是要了解，真正能够在逆境当中成长的动机是因为逆境当中勇于面对问题，在面对问题当中，你由于没有顺境了，没有贵人了，没有机运了，你能够有什么呢，两只拳头，两只脚，你要自己打出一片天，在这个过程当中，你如果成功了是你的成功，失败了，好歹你奋斗过一次嘛，这样的人生，不是比遇到贵人更值得我们欣赏吗？这样的人生不是不管成，不管败，好歹轰轰烈烈吗？如果今天我们在帝王家，从小养于深宫富人之手，就算有多大基业，这边有诸葛亮帮忙，那边有刘伯温妙算，底下这些一列开来，都是岳飞，要不然就是韩信的，这样当皇帝，你有成长吗？我不知道啊，所以我们要了解，逆境让人的本质成长了，让我们的历练成长了，让我们心智坚韧了，让我们看的东西，跟顺境家的小孩子看的不一样。他们看得到光鲜的门面，我们看得到厕所，他们看得到锦衣玉食，我们看得到馊水桶。这样眼界的不同，难道不是一种成长，难道不是我们所希望我们的小孩子能够偶尔试一下的成长吗？父母亲是父母亲，成长却是希望小孩子自己去历练，这两者是不一样的，谢谢！

正方中山大学队

薛　乐：对方刚才最后一句话说，父母亲是父母亲，但成长还是自己的成长。但是有没有一个父母亲不希望自己的孩子更好地成长呢？对方今天其实要告诉大家，天下的父母亲，如果让你的孩子幸福的话，那么你错了，因为你如果不忍心看到你的孩子受苦，那是不让他成长。如果一个老师不对一个学生苛刻地要求的话，那么你错了，因为如果你不对他苛刻地要求的话，这个孩子就没有办法成长。所以今天如果在座的各位，是身处名校，受过良好的教育的话，那么对不起，您没有成长。

对方又告诉我们《西游记》的故事，我们非常感动，但是《西游记》到底是有利于孙悟空的成长呢，还是有利于我们在座普普通通的人成长呢？孙悟空压500年可以练就不坏金身，可是如果您被压了500年，恐怕也很难泰山压顶不弯腰吧。孙悟空在炼丹炉里头，可以练得火眼金睛，可是如果我在炼丹炉里头，恐怕就要变成北京烤鸭了。所以其实今天对方辩友告诉我们的有两点，第一点，他告诉我们说，其实您在逆境当中，要付出更多的努力，顺境中，也许只付出了三分，逆境中，你也许付出了八分，所以三分努力叫顺境，八分努力叫逆境。可是有没有人在逆境当中，意志消沉，借酒消愁呢？不是有一句话叫“举杯消愁愁更愁”嘛，我没有付出努力，是不是因此我们就没有身处逆境了呢？如果我们有人在顺境中珍惜我们现有的资源，加倍地努力，付出十二分的努力，是不是在对方眼中，因为我们有了这些良好的资源，父母的关爱，因而即便我们如何的努力，我们依然身处逆境呢？

第二点，对方辩友其实要告诉我们的是说，如果您在逆境过程中，能够激发您的潜能，所以我们当看到一个盲人要过马路的时候，不应该去帮助他，因为您应该告诉他，黑暗的世界更有利于您激发您的潜能，可是我们如何能忍心呢？如果我们看到处于战乱和饥荒中的儿童的时候，对方辩友也应该告诉大家，我们不应该对他们施以援手，因为我们何尝忍心，对他们的帮助让他们转逆为顺，从而失去了成长的动力呢？所以今天对方辩友可以高呼说，有许许多多伟大的人物，他们在逆境中成长了，没错，他们成长得非常好，但是我们为什么对他们心怀敬佩呢，不正是因为他们身处逆境，这样如此不利于我们生存的环境，却能够创造出生命的奇迹吗？但是我们今天应该谈的是普普通通的老百姓嘛，您可以高呼逆境如何获取历练，但您有什么权利让我们不去追求幸福的生活呢？如果逆境让我们有了动力，那是因为我们顺境还拥有阳光，谢谢！

七、嘉宾点评

杨振宁（著名学者，诺贝尔物理学奖获得者）：我很高兴今天参加这个辩论会。我发现这个题目选得很好，因为两方面都有很有力量的材料可以讨论。那么我发现中山大学跟世新大学的8位也都是很有口才的。我问我自己，说是今天这个辩论的题目很有意思啊！假如要我参加，我愿意参加哪一面呢？这并不代表我觉得你们两方面哪一方面讲得更成功。我自己想：我会参加逆境这一面。也可以说或者是可以这样讲，从我自己的经验讲起来，逆境对我的意义恐怕还要更大一点。

逆境对于我是什么影响呢？有非常好的影响。为什么呢？因为不受到纷扰，对于应该做的事情，应该念的书，能够专心。

今天我跟美国的很多年轻小孩接触，我在大学教书，大学一年级的同学很多，他们最大的一个困难啊，是他们不能够集中，我感觉到，他们不知道他们将来是要做什么事情能够使得他们了解到：世界不是一切都是顺境，这不是一个很容易的事情。相反，在逆境之下，年轻人容易了解到什么东西真正是有意义的，什么东西不是有意义的。

我个人的经历，我想了想，我也经过逆境，也经过顺境。所以假如我要做一个结论的话，我想顺境有顺境的好处，逆境有逆境的好处。每一个年轻的人，不管他是在顺境，还是在逆境，如果他能够抓住当时的优点，能够充分利用的话，那么我想他是两方面都得到好处了。

假如我要有一点点意见的话，我觉得大家恐怕讲得太快一点。我猜想你们因为要辩论，所以有点着急，所以赶快要讲出来。可是我自己觉得，慢慢地讲出来，有时候这个效率还要更大一点。

总而言之，我很高兴今天看见了这么多的年轻人，看见了非常有辩才的一些年轻人的反驳的本领。我觉得这个节目办得很好。

比赛结果：

正方中山大学队：931 分

反方世新大学队：930 分

正方中山大学队获胜

世新大学队黄执中获得第六届（2003 年）国际大专辩论会 A 组“最佳辩手”称号；中山大学队获得第六届（2003 年）国际大专辩论会 A 组冠军。

——据腾讯视频整理，有改动。

2010 国际大学群英辩论会决赛辩词

辩题：新闻价值和人伦道德哪一个更重要

正方：新闻价值比人伦道德更重要（武汉大学）

反方：人伦道德比新闻价值更重要（中国政法大学）

一、立论环节

正方一辩：谢谢主席，大家好。众所周知，记者也许是当今中国一个最尴尬的职业。因为执着追求真相往往会显得不那么善良。那么，当新闻工作者面对误解时，是应该坚持新闻报道本身的价值，还是更看重踉风画足的效果呢？答案当然是本职工作为重，伦理教化为轻。第一，以伦理为重心会损害新闻工作者的可信度。新闻的生命是真实。真实的前提是公正。而公正，就因为不为情感所左右。然而人伦道德却恰恰是诉求情感而非理性的。面对公说公有理，婆说婆有理的人伦问题，只有坚持新闻价值本身做主，我们的新闻记者才能在各方当事人的复杂关系中秉持公正。第二，以伦理为重心会影响新闻工作者的判断力。就如外科大夫不可以给自己的亲人做手术一样，新闻记者对于人伦问题不能过于感同身受。比受害者更悲痛的记者采访不了灾难，比蒙冤者更愤怒的记者采访不了冤案。面对新闻事件，新闻工作者更多的应该是一个报道者，而非参与者。只有坚持新闻本位的冷静观察，才能让真相大白于天下。的确，对方辩友很可能即将告诉我们，任何报道都不能背离人伦道德，但是大家请注意，任何报道也不能背离新闻价值，二者都是前提。那么，就请对方辩友待会儿告诉大家，为什么人伦道德会是新闻工作者的工作重心。谢谢大家。

反方一辩：谢谢。对方立论刻意混淆了新闻价值和新闻道德两个概念。新闻价值是指时效性、显著性、重要性、阶级性、趣味性等特征。我们说一个事情有新闻价值，是说它能引起社会的广泛关注。但这并不包括客观、公正等新闻道德的范畴，请你方不要刻意混淆。我方认为人伦道德更重要，理由如下。第一，价值位阶的不同决定了人伦道德更重要。人伦道德是社会行为规范和准则。它不仅体现了人与人之间的良性存在，更凝聚成人类社会的共同理想。所以，孔子才说，志于道据于德。而新闻价值，作为一种位阶较低的技术性价值，必须服务于人伦道德这一目标价值。第二，时代的要求决定了人伦道德更重要。1644年，弥尔顿在《论出版自由》中确实阐述了自由主义新闻观，表示要反对强权干涉。但是，历史的演进却使我们进入了一个信息爆炸的社会。传媒学大师麦克卢汉告诉我们，在信息时代，媒体通过对信息的选择和传播，已经深入地渗透到了政治、经济、文化等各个领域。它掌握了社会话语，塑造了社会生活。这时，如果不注重人文关怀的理解，如果不恪守道德的底线，那么那种强大的力量就有遭遇意外的可能。这是最好的社会，也是最坏的社会。或许如你所说这是一个众神喧嚣的社会，但依然是一个信仰良知的社会。谢谢。

二、自由辩论环节

正方三辩：谢谢主席。对方辩友说我们混淆了概念，新闻价值到底包不包括客观公正，在场观众自有公论。但对方辩友直接把人伦道德等同于道德，到底是谁偷换了概念呢？请正面回答我，请问有没有哪个新闻报道能够背离新闻价值？

反方三辩：今天没有一个新闻报道可以背离新闻价值。但，是不是为了追求新闻价值，我们就要减损人伦道德？我手中是一张最近传得很火的挟尸要价的照片。这张照片的确非常震撼，很真实，追求了新闻价值。但我手中捂住的部分是死者的遗体，这对死者的家属造成了二次伤害。请问你能不能用不道德的手段追求有价值的新闻？

正方二辩：你说得很好。它是没有道德的手段。所以说你方的人伦道德一定不能背离。可是你刚才也正面承认了新闻价值同样不可背离。既然二者都不能背离，你方如何论述你方观点呢？

反方二辩：对方辩友，还是回到刚才我们《饥饿的苏丹》这张照片。我们今天不谈，说是不是一国的价值重于一个人的生命。说是不是这个真实和客观一定会被道德所减损。我问你一个最简单的问题，如果你是这个孩子的父亲，你能不能做出同样的选择呢？

正方一辩：好的，对方辩友。那我们就回到你方的立论来看看到底应该怎么做。你方立论一开始就告诉我们，今天人伦道德是一个社会的准则。可是请大家注意，新闻价值是不是一个新闻工作者的准则？如果两者同样是准则，如何得出你方结论？

反方二辩：新闻工作者首先是一个人，人的准则是不是比新闻工作者的准则更重要呢？你还是没能回答我方的问题，如果你是这个孩子的父亲，你会不会做出同样的选择？

正方三辩：如果我是这个孩子的父亲，我把我的孩子，以及我的孩子背后这个国家深重的灾难用新闻的方式呈现在世人面前，吸引对方的关注，我不知道有何不可？请对方辩友正面回答我，现在你方标准告诉我有所减损，那么我想知道，如果我是一个新闻记者，我的孩子病了，我为了报道奔赴一线，没有关心我的孩子，那是不是依你方标准也可以得出我方的结论呢？这时新闻价值比人伦道德更重要呢？

反方三辩：对方辩友，这时候你选择的不是新闻价值，而是你报道这个事件本身所彰显的人伦道德。还想请问对方辩友，在这个菲律宾人质事件中，我们看到媒体大肆地报道，不断地渲染这个事件中的细节，最后导致劫匪的情绪失控。第三次请问你，我们是不是可以用一个不道德的手段追求一个有价值的新闻？

正方二辩：谢谢。你方的确是很煽情地告诉我们，不能以不道德的手段。但是在逻辑上充其量只能论证人伦道德是一个新闻报道的必要条件。如何论清它更重要呢，新闻方的新闻工作者背负着摄像机而不是医疗箱，奔赴汶川大地震的现象，你告诉我们，他们何错之有呢？

反方一辩：对方辩友请你正面回答一下，能不能用不道德的手段追求有价值的新闻？

正方一辩：好的。对方无非在告诉我们，不能不择手段地追求有价值的东西，是这些价值就不重要了吗？今天我们不能不择手段追求任何事情，是不是任何事情也不重要了呢？请你正面回答我方汶川地震的例子。

反方二辩：感谢对方辩友已经承认我方观点。不能牺牲道德来追求新闻价值。但反过来说，我们说为了道德，就应该放一放新闻价值可不可以呢，我认为是可以的呀。

正方三遍：好，我来告诉你可不可以。今天我们为了彰显人伦道德，能不能放一下新闻价值呢？北京电视台曾经有这样一个《纸馅的包子》，记者为了彰显人民和社会对于市民未知安全问题的关注，就制造了一个假新闻。我想请问你，为了人伦道德的彰显制造一个假新闻，是不是在你方可以的范畴之内？

反方一辩：对方辩友，假新闻是不是不符合人伦道德？请对方正面回答。

正方二辩：对方辩友，它恰恰是为了吸引人们对自己生命的关注，这是最大的人伦道德呀。可是以人伦道德为初衷，一样也制造假新闻，还是说明二者都不可缺离嘛。

反方三辩：对方辩友，你这个例子恰恰说明了我们在追求人伦道德这个过程中，不能片面化。我们制造一条假新闻，可是在传播学上，假新闻恰恰是有新闻价值的。假新闻本身恰恰论述了不能片面追求新闻价值最大化，而必须遵守人伦道德。再请问你，美国记者协会 SPJ，它有四条原则，其中最重要的是最小伤害原则，请问你为什么不是最大真实原则？

正反一辩：好，对方辩友无非还是要告诉我们，在追求新闻报道过程中，一定要注意千万不能违背人伦道德这个底线。可是你想一想，新闻记者在报道时是不是也千万注意，一定不能违背新闻价值呢？所以请你正面告诉大家，那些在汶川地震坚守记者报道一线，没有亲身求援的记者，他们何错之有？

反方三辩：所以我来回答你。美国新闻摄影协会有一条很明确的规定正好可以解释这个问题。面对自然灾难的情况下，这是一个及时而紧迫的现象，记者在这种极端的情况下，必须先救人后摄影。你觉得这说明了什么？

正方二辩：你方充其量只能论证缓急嘛。但是今天论证轻重，对不对？在泥石流事件中，扛摄像机难道是去直接救人吗？

反方一辩：对方辩友，今天说两者都不可以偏废，但请你正面回答我，当二者冲突时你选哪个？

正方三辩：很简单，我方已经说了，今天在二者冲突的情况下比不出结论，为什么？因为在二者冲突的情况下只能得出一个结论，就是谁更急，比不出谁更重。而真正的重是要看我们今天这个记者扛着什么到灾区，到底是以什么为灾区的重中之重。

反方三辩：对方辩友，二者在冲突的情况下比不出轻重吗？那为什么我们的记者要选择坚守人伦道德的底线，而降低那一点点的新闻价值，而不是说放弃人伦道德，而刻意地追求新闻价值？他们的取舍说明不了轻重问题吗？

正方一辩：对方辩友，新闻价值不用刻意追求。只需要把记者真实看到的现象告诉大众，我们每个人看到汶川地震传播一线镜头时都感动得流泪。为什么没有人去苛刻那个记者，你为什么没有去救人而告诉我们真相呢？

反方二辩：对方辩友，真的不用刻意追求吗？《都城晚报》有一个记者，为了拍摄暴雨中行人连续跌倒的壮观场面，守在了一个明知道坏了的井盖旁边蹲了整整一个下午。你告诉我们这是不是刻意制造新闻，你告诉我们能不能以不道德的手段追求一个有价值的新闻？

正方三辩：我再次告诉你，不行。不能以不道德的手段追求有价值的新闻。但今天不择手段追求新闻价值，到底是不择手段错了，还是新闻价值错了？请你正面告诉我。

反方三辩：对方辩友，汶川地震这个例子你一直在追问，我给你解决一下。想一想汶川地震这个情况，记者来到现场，旁边有警察和医生，这是分工不同。人伦道德和新闻价值并没有必然的冲突。如果在这种情况下记者在报道的时候，不过度报道这个血腥的画面，要照顾到社会普遍的情感，我想请问一下这是不是在遵守人伦道德呢？

正方二辩：感谢你终于看到是因为分工不同。正是因为有这样的分工，才决定了新闻工作者应该以新闻价值为重，扛着摄像机去现场对不对呢？再请教你，在一个泥石流的现场他是应该扛着救生艇去呢，还是扛着新闻机去呢？

正方一辩：对方辩友，还是应该看情况吧。如果有人去救，还是应该保持一个客观的状态。这时候人伦道德和新闻价值不冲突啊。可是没人的时候，只有他一个人的时候，这是不是应该先救人，这是冲突时选择人伦道德嘛。

正方一辩：对方真的好奇怪啊。对方今天的人伦道德好像是忽高忽低呀。如果有人救援，我就可以袖手旁观，也不算不道德。我真不知道你方所说的人伦道德标准何在。那么请你告诉大家，如果今天你去现场，记者开的是报道车，而不是救护车，他们是不是走错了？

反方一辩：按照你方逻辑，我去医院应该是救死扶伤，而不应该让医生来救喔？这是不是不符合人伦道德呢，按照你方的逻辑？

正方三辩：这是你方逻辑推导的基础啊。你方反复在说那种最危急的时刻，记者该怎么办。我告诉你，记者该出手时就出手，没有任何问题。这个问题就是什么呢？今天我家里的保险丝一旦断了，我家里电器都不能用了，是不是以你方标准得出，保险丝比我家所有电器都重要呢？

反方三辩：这恰恰说明了在面对冲突的情况下我们心中把什么放在了第一位。在面对泥石流的时候，如果没有救人，我们把价值、把人伦道德放在第一位。为什么按照你方逻辑你就觉得是一个轻重缓急的问题，而不是一个价值轻重的问题呢？

三、总结陈词环节

正方三辩：谢谢主席。回到最初开始的立论，我们看一看对方辩友今天的论证。第一件事情，对方辩友用普适道德这个词偷换了人伦道德这个词，什么意思呢？今天人伦道德背后的不同文化，不同语境，与人伦道德的冲突，对方今天都不谈。今天一个半岛电视台播放的新闻完全符合阿拉伯世界的人伦道德却与西方自由主义的人伦道德大相径庭。你告诉我，如果一个新闻工作者一定要以人伦道德为重，以新闻价值放在后面的话，我们到底以何时何地的人伦道德为重是你方所渲染的？就算在同一个人伦道德的底线下内部有没有不可调和的矛盾？自古忠孝不两全。以你方这个标准，一个指南针，一会指东，一会指西，你让我们新闻工作者何去何从呢？好，没有问题，我们退一步。今天就算对方辩友说的道德，道德是不是比新闻价值而言更重要？刚才在自由辩论中，对方辩友反复一个词，叫底线。我们承认，今天新闻道德对于新闻工作者而言是底线的作用。任何时候都不可逾越，没有任何问题。这个任何时候都不可以逾越的东西，和一个新闻工作者毕生追求和努力工作的重心，到底何者为重，何者为轻呢？有没有比得出来？比得出来，我们和评委老师在超级辩论中已经说过了。今天主要有两个人，一个是我根本没法得罪的，另外一个我也不能得罪，并且要尽力争取的目标，对于我来说谁更重要呢？这是人伦道德。让我们来看看对方辩友今天对新闻价值的定义化，对方辩友告诉我们新闻价值，公平、客观、正义都不是新闻价值。我不知道在对方辩友定义中，到底什么才是新闻价值。我作为一个新闻学的学生，学了六年的新闻。所有的新闻老师都告诉我今天新闻有两大价值。左肩，传递真实。右肩，记载历史。今天新闻工作者就是我们社会看到真实的那双眼睛。人伦道德是我们内心中评判我们看到的这个善恶与否的内心评判的标准。你告诉我们，当我们的眼睛都带着范式主义的眼镜去看这个真实的世界，我们这个世界所看到的真实到底是怎么样的真实呢？今天的新闻就是明天的历史。如果今天我们的新闻工作者都不能秉笔直书的话，我们的后代又怎么知道今天历史天空究竟是什么颜色的呢？

反方三辩：谢谢。我们主要看一下比较的方法。在常态的意义下，是不是人伦道德和新闻价值总存在冲突呢？如果不是的话，那么今天引发这条辩题，引起这场讨论的个例和案件本身是什么呢？我方举了这么多照片，我能问一个问题吗？他们为什么总是那么极端的状况？这恰恰说明了在常态意义下，人伦道德和新闻价值的诉求并不必然冲突。我们今天关注的焦点恰恰在于新闻人他作为无冕之王，他有独特的历史使命。但这种历史使命是不是赋予了他们在极端的状态下可以突破底线的权利？我们来看一下，在阿富汗战争期间，有一个 88 岁的老太太失去了儿子。美国的记者长枪短炮冲到她的家现场宣布了这个消息。非常的震撼，但是这种震撼是他们制造出来的。我相信这幅《饥饿的苏丹》的作者也是在做这样的考虑，他觉得牺牲了这个小女孩，换取整个世界对这个国家的援助，这就是新闻价值，对方辩友所说的。我们面对黑暗的时候可以启蒙，可以呐喊，可以曝光。我们如果作为无冕之王，我们以笔为剑，以刀为枪。我们可以不受这个世俗条条框框所约束，我们挑战一下人伦，挑战一下道德又何妨？我们有更伟大的目标嘛。可是，这个伟大的目标是什么呢？求真吗？求真是为了什么？是拯救大众吧？为什么以伤害的方式拯救大众？为什么以牺牲一个小女孩的方式来援助一个国家？为什么以牺牲一个老太太的方式去反对一场战争呢？如果不是这样，那我们都这样地理解，是不是有一些过于自信，有一些过于狂妄，有一些不够清醒啊？我们心中还有没有最底线的敬畏呢？即使是新闻人，他并不能操控这个世俗，他作为无冕之王，我们承认他的历史使命，他可以不拘于世俗。但这并不意味着我们要走极端，我们要让世俗的世界来为我们新闻价值让步。到底应该谁尊重谁？

比赛结果：武汉大学胜

最佳辩手：中国政法大学三辩　肖磊

——据腾讯视频整理，有改动。

第五章 职业口才训练

第一节 求职面试口才训练

“职场如战场”，这句话对于奔波于谋职路上的求职者来说，应当是深有体会的。面对日益饱和的人才市场，求职困难是无法辩驳的事实，这对面临毕业的大学生来说更是一种考验与挑战。如何在硝烟弥漫的职场上占据制高点，最终迈进理想的职业大门？通过求职面试推销自己，打动考官，从而赢得就业机会是大多数求职者成功的必经之路。然而，据对 29 所高校的调查，68%的毕业生口才不好，不懂得在面试中如何展示自己，要么唯唯诺诺，要么夸夸其谈，从而错过很多的就业机会。本节的主要目的就是帮助求职者了解面试的基本过程，掌握求职面试的口才技巧，以更好地展示自己的才华。

一、求职面试基础知识

（一）求职面试的内涵

求职面试又叫面试测评，是在特定场景下，经过组织者精心设计，通过主试者与应试者面对面地观察、交谈等双方沟通方式，考察求职者的能力特征和个性品质的一种人事测评手段。面试通常安排在笔试和其他考核之后进行，时间可长可短，一般不少于 20 分钟，不多于一个小时。通过面试，用人单位重点了解应试者的语言表达能力、思维能力、处事能力、仪容仪表，以及对一些问题的看法和其他一些不能通过笔试反映出来的综合素质，以弥补笔试的不足，有利于全面、公正地考察、评价应试者。

（二）面试的种类

面试是一种灵活的测评方法，面试的方式和内容有很大的变通性。用人单位可以根据职位的特点和应试者的特点，灵活选用不同的方式。下面介绍目前广泛使用的两种面试方法。

根据面试者的人数，分集体面试和单独面试。

1. 集体面试

集体面试，又叫小组面试，是多名应试者同时面对考官的面试。这种方法主要用于考察应试者的人际沟通能力、洞察与把握环境的能力、领导能力等。目前，国际上不少大公司如西门子、英特尔等都喜欢在招聘人员时采用集体面试形式。

集体面试最常用的方法是无领导小组讨论。用人单位将许多应试者组织在一起，应试者被划分成小组，每组四到八人不等，然后就某个选题自由讨论，从中观察应试者的综合素质，进而决定是否聘用。讨论题目一般取自拟任岗位的职务需要，或是现实生活中的热点问题，具有很强的岗位特殊性、情景逼真性、典型性及可操作性。考官一般坐于离应试者一定距离的地方，不参加提问或讨论，通过观察、倾听为应试者评分。

2. 单独面试

单独面试是只有一个应试者的面试。单独面试一般分为两种类型：一种类型是只有一位考官负责整个面试过程，这种面试方式大多在较小的单位录用较低职位人员时采用；另一种类型是多个考官面试一个应试者，这种形式在国家公务员录用面试和大型企业的招聘面试中被广泛采用。

单独面试中，考官处于积极主动的位置，应试者一般是被动应答的姿态。考官提出问题，应试者根据考官的提问做出回答，展示自己的知识、能力和经验。单独面试的问题会深入到专业领域，所以，应试者的回答一定要表现出自己的专业性，要有技术上的分析，而不是泛泛而谈。

（三）面试的标准程序

对于应试者来说，了解面试的基本程序，能更加深入地了解面试的原理，从而更好地应对面试。为此，将对结构化面试的标准程序和无领导小组讨论面试的程序进行简单的介绍。

1. 结构化面试标准程序

（1）预备阶段

① 对进入面试的应试者讲解本次面试的整体计划安排、注意事项、考场纪律。

② 以抽签的方式确定应试者的面试顺序，并依次登记考号、姓名。

③ 面试开始时，由监考人员依次带领应试者进入考场，并通知下一名应试者做准备。

（2）引入阶段

① 首先由主考官宣读面试指导语，让应试者稳定一下情绪。

② 然后围绕其履历提出问题，目的是给应试者一次真正发言的机会。如："请用 3 分钟做一个自我介绍。""在简历表中提到喜欢看书，可否介绍一本你欣赏的书？"

（3）核心阶段

由主考官或其他考官按事先的分工，依据面试试题请应试者按要求回答有关问题。核心阶段主要是从广泛的话题中了解应试者的心理素质、行为特征和能力素质，问题可以是业务知识、岗位知识、社会问题等。各位考官独立在评分表上按不同的要素给应试者打分。给每个应试者提出问题一般以 6~7 个为宜，每个应试者的面试时间通常控制在 30 分钟左右。

（4）结束阶段

① 主考官允许应试者问一到两个问题，并做解释。

② 主考官宣布应试者退席。收集每位考官手中的面试评分表交给记分员，记分员在监督员的监督下统计面试成绩，并填入成绩汇总表。

③ 记分员、监督员、主考官依次在面试成绩汇总表上签字，面试结束。

案例

某市公务员招考的结构化面试

面试指导语：

你好，首先祝贺你顺利通过了笔试，欢迎参加今天的面试。我们会问你一些问题，有些和你过去的经历有关，有些要求你发表自己的见解。对我们的问题，希望你能认真和实事求是地回答，尽量反映自己的实际情况、真实想法。在后面的考核阶段，我们会核实你所谈的情况。面试的时间为 30 分钟左右，回答每个问题前，你可以先考虑一下，不必紧张。好，现在我们开始。

第一个问题：请你简单介绍一下自己的基本情况和主要经历。

第二个问题：假定你是我市人事局办公室工作人员，由于局长准备在本市召开一次关于考试录用工作的专家研讨会，领导责成你具体负责，请你谈谈具体打算。

追问：如果在会议开始的前两天，预定的会议地点由于有重要的外事活动而变更，你将如何保证会议的正常召开？

第三个问题：假定你是某国家机关的职工，在工作中有位领导对你很偏爱，在出国、评优等方面给了你很多的特殊待遇，可同时也引起一些同事对你的不满并疏远你。你会怎么处理这个问题？

第四个问题：伴随着我国经济和社会发展对人才培养的普遍重视和对人才需要的急剧增长，出现了国内人才向外流，西部人才向南流的现象，请你谈谈对这个问题的看法。

最后一个问题；请你对自己今天面试情况作一个评价。

很高兴你对我们的问题一一做了回答，今天我们就谈到这里，谢谢！

2. 无领导小组讨论面试标准程序

（1）预备阶段

讨论前事先分好组，一般每个讨论组以 6~8 人为宜。

（2）引入阶段

① 应试者落座后，监考人员为每个应试者发空白纸若干张，供草拟讨论提纲用。

② 主考官向应试者讲解无领导小组讨论的要求，并宣读讨论题。

③ 给应试者 5~10 分钟准备时间，构思讨论发言提纲。

（3）核心阶段

① 主考官宣布讨论开始，依考号顺序每人阐述观点（5 分钟），依次发言，发言结束后开始自由讨论。

② 各面试考官只观察并依据评分标准为每位应试者打分，不参与讨论或给予任何形式的诱导。

（4）结束阶段

① 无领导小组讨论一般以 40~60 分钟为宜，主考官依据讨论情况，宣布讨论结束后，收回应试者的讨论发言提纲，同时收集各考官评分成绩单，考生退场。

② 记分员去掉一个最高分，一个最低分，得出平均分，再计算出最后得分，主考官在成绩单上签字。

案例

某公司无领导小组讨论面试

1. 安排应试者在一个安静的房间，自行就坐于会议圆桌边。

2. 阅读讨论材料，做 5 分钟发言准备。

某天上午，你们坐飞机从某城到某城，在经过一个没有人烟的雪地时，因大风雪飞机失事，坠落到山林中。失事后机身多处撞伤，并引起大火。飞机驾驶员及一名乘客死亡，其他 9 人则无重大伤势。在飞机失事之前，你曾注意到飞机的高度显示：飞机是在 3 000 米左右。失事地点正好在雪线下不远，地面崎岖不平，树林茂密，乘客们穿着秋装，但每人有一件大衣，十五件物品：该地区的航空地图、大型手电筒、四条毛毯、一支手枪及十发子弹、一支雪橇、一小瓶白酒、一面化妆用的小镜子、一把小刀、四副太阳镜、三盒火柴、一瓶军用水、急救箱、十二小包花生米、一张塑料防水布、一支大蜡烛。

3. 讨论题目：飞机爆炸前，这群乘客从飞机中拿出 15 件物品，请你将这 15 件物品按照对生存的重要性，挑选出 5 件最重要的东西并进行排序，并说明理由。

4. 正式发言：每人按顺序先做简单的自我介绍，接着再做正式发言。

5. 自由讨论：会议组织者放任小组成员各抒己见，自由讨论。对小组成员的发言次数进行记录，并根据讨论评价表中的评价维度对各成员的关键发言进行打分评估。

6. 角度模拟，总结发言。在小组达成一个一致意见后，会议组织者要求每人对会议做 3 分钟小结，总结发言顺序与正式发言顺序相反。

7. 小组讨论会结束后，会议组织者汇总评价专家的评估分数，把各位被评价者的无领导小组表现得分记录在案。

（四）面试前的准备工作

1. 面试前的物质准备

（1）个人资料的准备

面试前要多准备几份能证明自己的推荐信、个人简历、业绩资料，然后准备好自己的毕业证书、学位证书、专业资格任职证书、获奖证书、发表的论文、著作、身份证原件及复印件等资料。

（2）公文包的准备

面试时的细小行为最能说明一个人的真实情况。因此，面试前，应把所有资料有条不紊地放在一个公文包内，这样会使你看上去办事得体，值得信赖。另外，面试前有一段时间在等候，会使人心情烦躁，打乱你早已准备好的步骤，因此，可以准备一本娱乐的书或杂志放在公文包里，因为看书可以让人安静镇定。最后，要检查笔和求职记录本是否放在包里，以便记录最新情况。

（3）饮食的准备

面试前应准备一顿含高蛋白、高碳水化合物的早餐，特别要添加蔬菜和水果，如香蕉、马铃薯等，可以使精力充沛。但是要注意面试前的饮食卫生，不要饮用碳酸饮料和乳酸饮料，更不要喝酒。另外，要准备好现金、车票等一切能使你从容按时到达面试地点的东西。

2. 面试前的心理准备

面对严峻的就业形势和众多的竞争对手，要想获得择业的成功，没有充分的心理准备，没有良好的竞技状态是不行的。面试前一般会有紧张、焦虑、莫名的兴奋、自卑等主要心理障碍。这时候，不必刻意去消除它们，因为正常的人难免有适度的紧张、焦虑。况且，适度紧张、焦虑往往是发挥自己水平的必要前提。如果你感觉到紧张、焦虑已令你难以承受了，可以采取放松身体、开怀大笑、散步、深呼吸、听音乐等方法让自己平静。

3. 面试前的信息准备

面试是一场“信息战”。面试前，一定要广泛收集各方面的信息，这往往是面试制胜的法宝。一个对招聘单位一无所知的求职者，面试时无疑会遭受失败。面试前尽可能了解清楚招聘单位的背景、历史、发展战略、规模、主要产品或服务项目、最近的主要活动等重要信息。

4. 面试前的仪表准备

给别人的第一印象是见面后的 20 秒，而这 20 秒的印象很大程度上是由你的仪表决定的。面对考官挑剔的目光，应试者要怎样准备自己的仪表呢？

（1）衣着：得体+干净+平整

总体来说，得体是最重要的。要根据自己的求职定位，把休闲装换成职业装。具体怎样转换，则要将自己的风格、习惯与企业文化、企业对员工的要求结合起来。女士要穿套装，最好是套裙，颜色不要太艳丽，避免穿无袖或露背衣服、迷你裙等。男士应穿西装、衬衣，打领带，颜色以深色调为好，不要有太明显的花纹。领带不要太鲜艳和太花，衬衣也如此。

干净也是面试时要特别注意的，必须保持干净整洁，这是最起码的要求。

另外，面试前还要注意一下自己的衣服是否平整，最好是熨烫过的衣服或在面试前一夜把衣服挂起来，这样也可以保持衣服的平整。

（2）化妆：淡雅+自然

面试中，脸部的化妆一定要淡雅而自然，拒绝浓妆。最好略将面颊修饰打扮一下，让自己看上去健康、精神焕发。尤其要注意一些细节，如牙缝里有没有食物的残渣，肌肤稍有瑕疵者，则可打一层薄薄的粉底，头发、指甲、配饰等要干净清爽，女士最好不要涂指甲油。

（五）面试的注意事项

1. 不要准时到达，要提前到达！去参加面试应该注意千万不要迟到，尤其是招聘单位给你单独面试的时候，提前 10 分钟到达效果最佳。

2. 不要让朋友或父母陪同前往，要独自前往。否则，会给用人单位留下“缺乏独立性”的不良印象。

3. 不要只带一份简历，要多带几份简历前往面试！面试你的人可能不止一个，预先料到这一点并准备好会显得你做事正规、细致。

4. 不要开手机等通信工具。

5. 不要有颤抖、摇晃等习惯动作，坐姿要端正，手势大方。

二、求职面试口才技巧训练

面试是口才的竞技场，面试口才是一种技巧，更是一门艺术。面试过程中主要涉及自我介绍和问答两方面的口才技巧。

（一）面试自我介绍的口才技巧

自我介绍是面试中非常关键的一步，是一种说服的手段和艺术。自我介绍是你所有工作成绩与为人处世的总结，也是你接下来面试的基调，考官将基于你的介绍进行提问。3~5 分钟的自我介绍是推销自己、打动面试官的极好机会，因此一定要好好把握。

1. 自我介绍的原则

（1）实事求是，不可夸张

进行自我介绍要实事求是，不要言过其实，夸夸其谈。应试者特别要注意自我介绍要与个人简历、报名材料上的有关内容相一致，不要有出入，更不要有意夸大或制造事实上并不存在的优点。

（2）简洁明了，思路清晰

“每个人都要像孔雀学习，2 分钟让整个世界记住自己的美。”自我介绍也是一样，要在最短的时间之内，将自己最美好的一面毫无保留地表现出来，给对方留下深刻的印象。同时，自我介绍要符合逻辑，思路清晰。介绍时应层次分明、重点突出，把最有价值的信息传达给面试官，将自己的优势很自然地逐步显露，不要急于罗列自己的优点。重要的不是告诉考官你是多么优秀的人，而是要告诉考官你是如何适合这个岗位。

（3）发音标准，吐字清晰

自我介绍时普通话应力求标准，不可讲错字或念错音，最好不用方言。同时，声音要沉稳、自然、洪亮，语速要适中，吐字要清晰，声调要响亮，这样才能给考官以愉悦的听觉享受。应使用灵活的口头语言，切忌以背诵、朗诵的口吻介绍自己。

（4）态度自然，注意礼貌

自我介绍时，整体上讲求落落大方，彬彬有礼。表情尽量放轻松，态度要自然、友善、亲切、随和，最好能略带微笑。可以面对镜子找出自己最具“亲和力”的笑容，学会用目光表达友善。

2. 自我介绍的内容

（1）问候语

自我介绍要从开场的问候语开始，它将决定整个面试的基调。当轮到你面试时，应轻轻敲两下门，得到许可后方可进入。进门后应轻轻地转过身关上门，然后要主动与主考官打招呼。例如：“各位考官上午好或下午好”“各位领导好”“各位老师好”等。声音要足够宏亮，底气要足，语速自然。若考官没有主动与你握手，你就不要主动与考官握手。等考官告诉你“请坐”时方可坐下。

（2）核心介绍

首先，应先向对方点头示意，得到回应后再向对方介绍一下自己的情况，包括姓名、年龄、毕业学校及学历或工作单位、职务等。介绍自己时应注意以下几点：

① 姓名：应当一口报出，不可有姓无名，或有名无姓。

② 单位：单位及部门，如可能最好全部报出，具体工作部门有时可以省略。

③ 职务：担负的职务或从事的具体工作，有职务最好报出职务，职务较低或者无职务，则可报出目前所从事的具体工作。例如：我叫×××，今年 23 岁，是哈尔滨师范大学中文系大四学生，将于 2017 年 7 月毕业。再如：我叫×××，2016 年毕业于哈尔滨理工大学，同年到北京工作，现就职于×××公司，任市场部经理。

其次，简单地介绍一下自己的学习或工作情况、取得的成绩、兴趣爱好等个人基本情况。这部分的陈述务必简明扼要、抓住要点。例如：介绍自己的学习情况时，一般只介绍本、专科以上的学习情况。工作单位则要选几个有代表性的或者你认为重要的进行介绍，而且这些内容一定要和面试及相应职位有关系。例如：大学期间，在学习与实践的不断磨练中，自身的知识、能力都有所提高。曾获得多项奖励并连年获得奖学金，多次被评为校三好学生标兵。2015 年 1 月通过大学英语四级考试，2015 年 9 月通过国家计算机二级考试，2016 年 6 月通过普通话一级乙等测试。

再次，充分展示个人能力。通过一两个自己学习期间或工作期间圆满完成的任务，来具体、形象地展示自己的经验和能力。如在学校期间担任学生干部时成功组织的活动；或者如何投入社会实践中，利用自己的专长为社会公众服务；或者自己在工作上取得的重要成绩及出色的学术成就等。与此同时，可呈上一些有关的毕业设计、参赛作品、纪录等，让他们了解你的实力，增加印象分。

最后，结合你的职业理想重点说明你应聘这个职业的原因，并希望得到这个机会。你可以谈你对应聘单位或职务的认识和了解，说明你选择这个单位或职务的强烈愿望。有工作单位的应试者应解释清楚自己放弃原来的工作而做出新的职业选择的原因。你还可以谈一下如果被录取，将怎样尽职尽责地工作，并不断根据需要完善和发展自己。例如：中国有句成语，叫“以身相许”，那么，今天，我愿把我的身心、我的全部青春与智慧，奉献给为商海服务的电视台商务频道，奋力为经济改革大潮推波助澜。记得作家柳青说过这样一句话，“人生的道路虽然漫长，但紧要处往往只有几步，特别是当人年轻的时候”。今天，在我人生的紧要处，还望在座的各位领导、老师给我一个“以身相许”的机会。谢谢！

（3）结束语

自我介绍后，考官可能就其中某一点向你提出问题，也可能过渡一下，继续下面已经安排好的问题。这时考官会说“我们十分欣赏你的能力……”或“你的自我介绍很精彩”等，这意味着自我介绍的结束，此时你一定要站起来对考官表示感谢，说声“谢谢”。在走出面试房间时先打开门，转过身来向考官鞠一躬，并再次表示感谢，然后轻轻将门合上。

3. 自我介绍注意事项

（1）面试之前一定要写一个自我介绍的草稿，最好找些朋友试着讲述几次，感觉一下，尽量令声调听来流畅自然，充满自信。

（2）多用短句子以便于口语表述，在段与段之间可使用过渡性句子，尽量避免颠三倒四，同一句话反复说几遍。

（3）避免过分使用语气词、口头语。例如，总是用“那么”“就是说”“嗯”等引起下文，不仅有碍于内容的连贯，还容易让人生厌。

（4）注意掌握时间。如果面试考官规定了时间，一定要注意时间的掌握，既不能超时太长，也不能过于简短，一般在 3~5 分钟。

（5）做自我简介时，眼睛千万不要东张西望，四处游离，显得漫不经心的样子，这会给人做事随便、注意力不集中的感觉。眼睛最好多注视面试官，但也不能长久注视，目不转睛。

案例

自 我 介 绍

各位老师好，我叫×××，2014 年毕业于×××工业大学，同年分配到北京工作，现在就职于×××公司，任市场部部门经理。下面我想从两个方面介绍一下我自己。

第一，工作业绩。

2014 年 7 月，分配到北京×××公司重点实验室；2015 年 4 月作为首席代表组建并运作上海办事处，一年就为公司实现了×××万元的销售业绩。

2016 年 5 月加入×××公司，在市场部任商务经理，带领员工推动中小企业的网站建设。

2017 年元月，加盟×××科技发展有限公司，任职市场部部门经理，主要负责培养销售团队，带领我的客户经理及销售人员推广我们的软件系统。

其中，最大的成绩：在×××公司，作为市场部部门经理，带领客户经理面对包括×××公司等竞争对手，最终将我们的软件系统与惠普、康柏、恒基、伟业四大随身计算机硬件平台捆绑成功！使我们的软件成为该行业的一种标准！

（二）面试回答问题的口才技巧

面试像一场演出，“台上一分钟，台下十年功”。面试更像一场战争，应试者将要迎战考官提出的一个又一个问题。面试中的问答是竞聘面试的重中之重，应试者的回答将成为考官考虑是否接受你的重要依据。因此，对于应试者而言，了解回答问题的口才技巧至关重要。

1. 回答问题的原则

（1）观点正确，要点准确

观点是回答问题的灵魂，观点的正确是问答的基础。要使自己的观点正确，就必须加强对党的路线、方针、政策及时事政治的学习。同时，回答问题前应理清观点，明确从几个方面来说，要点要准确，做到直截了当，重点突出。

（2）全面辩证，条理清晰

很多面试题的回答要求辩证地分析，思想要开阔，忌绝对化，大多应采用辩证的观点去评析，防止答问出现片面性、简单化。同时，面试要求测试的能力中有一条是逻辑思维能力，在听到面试题后的思考准备中，首先要求思维的逻辑性，然后便是陈述的逻辑性，这种逻辑性要求层次清晰，调理分明，前后衔接紧密，表述前后呼应。

（3）见解独特，认识深刻

考官每天要接待若干名应试者，相同的问题要问若干遍，类似的回答也要听若干遍，考官会有乏味、枯燥之感。因此，只有具有独到的个人见解和个人特色的回答，才会引起对方的兴趣和注意。应试者可以提出自己独特的看法，甚至是批评、推翻前人的看法、观点，只要能言之有理、自圆其说即可。但千万要注意，不要生搬硬套书上、前人既定的观点和思想，没有自己思想的应试者很容易直接出局。

(4) 知之为知之，不知为不知

面试遇到自己不知、不懂、不会的问题时，不应不懂装懂或回避闪烁、牵强附会，应诚恳坦率地承认自己的不足之处，这样反倒会赢得考官的信任和好感。

2. 常见面试问题的回答技巧

提出问题是面试最常见的方式，应试者应“悟”出问题的思维方式，并活学活用。下面对面试中的常见问题进行整理，并给出相应的回答思路。

(1) 动机类问题的回答技巧

① 出题原因：这通常是面试官最先问到的问题。求职动机类问题能够考察求职者的求职动机与拟任职位的匹配性，内容会涉及应试者的价值取向和生活态度等多个方面，意在从你的回答来评估新工作是否适合你。

② 常见问法：“你为什么选择我们公司?”或“你为何想离开原工作单位，到我们公司来呢?”

③ 答题思路：建议从行业、企业和岗位这三个角度来回答。对于社会新人，由于之前没有工作经验，所以建议你可以坦诚地说出自己的动机，不过用语还是要考虑一下！求职者必须充分了解这个部门、这家企业是干什么的，提供的职位应达到的工作目标是什么，这样才能有针对性地回答求职动机，即把个人的人生追求与用人单位及职务联系起来。多谈积极性的求职动机，比如“我喜欢有挑战性的工作”，“可以更好地锻炼自己，实现人生进取的目标”，“我本人不喜欢清闲的工作，越是带创意的事业我越爱干”，“我十分看好贵公司所在的行业，我认为贵公司十分重视人才，而且这项工作很适合我，相信自己一定能做好”之类。少谈、不谈消极的求职动机，比如“我来求职是因为在家里呆着没意思”，“失业了，没个事干，让家里人瞧不起”。

(2) 个人爱好、特长类问题的回答技巧

① 出题原因：业余爱好和特长在一定程度上能反映应试者的性格、观念、心态，这是招聘单位问该问题的主要原因。

② 常见问法：“你有什么业余爱好?”或“你有什么特长吗?”

③ 答题思路：不要说自己没有业余爱好和特长，不要说自己有那些庸俗的、令人感觉不好的爱好和特长，也不要说自己仅限于读书、听音乐、上网等爱好，可用爬山、游泳等来“点缀”你的形象。要尽量突出自己的长处，但也要注意适可而止，不要给对方以浮夸、吹嘘的印象。答问的重心仍要放在对你申报的新职位有利的特点、长处上，否则考官不会对你感兴趣，最好以事实

为证。

（3）实践经验性问题的回答技巧

① 出题原因：如果招聘单位对应届毕业生提出这个问题，说明招聘单位并不真正在乎经验，关键看应试者怎样回答。

② 常见问法："你是应届毕业生，缺乏经验，如何能胜任这项工作？"或"请谈谈你的工作经验。"

③ 答题思路：对这类问题的回答要体现出应试者的诚恳、机智、果敢。要注意关于工作经验问题是不能编造的，必须据实汇报，否则会给对方以不诚实的印象。语气既要肯定，又要谦虚一些。应尽量渲染以前的经验如何对这份工作有利。如："作为应届毕业生，在工作经验方面的确会有所欠缺，因此在读书期间我一直利用各种机会在这个行业里做兼职。我也发现，实际工作远比书本知识丰富、复杂。但我有较强的责任心、适应能力和学习能力，而且比较勤奋，所以在兼职中均能圆满完成各项工作，从中获取的经验也令我受益匪浅。请贵公司放心，学校所学及兼职的工作经验使我一定能胜任这个职位。"

（4）知识性问题的回答技巧

① 出题原因：知识性问题能考察应试者对所要从事的工作必须具备的一般性和专业性知识的了解和掌握程度。

② 常见问法：知识性问题包括一些常识性的知识和专业性的知识。常识性的知识指从事该工作的人都应具有的一些常识。例如，一个文秘人员应了解一些必要的秘书实务，一个人事工作者应了解必要的劳动人事制度和法规。专业性知识指专业领域的专门知识，例如对网络维修人员的面试来说，就可能会提出下列专业问题：什么是计算机病毒？如何更好地预防计算机病毒入侵？

③ 答题思路：对于此类问题的回答没有什么窍门，只能靠应试者自己平时的积累和扎实的基础。

（5）智力性问题的回答技巧

① 出题原因：智力性问题能够考察应试者的反应能力、逻辑分析能力、判断能力等。

② 常见问法：选择一些智力题，考察应试者的综合分析能力。在微软的面试中，有这样一道面试题：假如你在飞机上遇到一位高尔夫球的生产商，向你询问中国每年消耗的高尔夫球的数量，你怎样回答？

③ 答题思路：这类问题一般不是要应试者发表专业性的观点，也不是对观点本身正确与否做评价，而主要看应试者是否言之成理。怎样回答，对于在现实生活中没见过高尔夫的人来说无疑是一头雾水。其实对于这种不可能回答的问题，我们只要找到它的解决办法就可以了，因为连面试官自己也不知道问

题的答案。我们可以这样回答："首先，统计中国高尔夫球场的数目。然后，统计平均每天有多少客人。再次，统计每位客人平均每天消耗的高尔夫球的数量。最后，我们把三个数相乘，再乘以一年的营业天数，就可以知道中国每年消耗的高尔夫球的数量。"

（6）情境性问题的回答技巧

① 出题原因：此类试题能够考察应试者的应变、计划、组织、协调能力和情绪稳定性等，是目前面试中广泛使用的一种提问方式。

② 常见问法：设计一种假设性的情境，考察应试者将会怎样做。此类试题的基本假设是一个人说他会做什么，与他在类似的情境中将会做什么是有联系的。如："当你的客户很明显在刁难你的时候，你如何应对？"

③ 答题思路：对于此类试题，应试者首先要理解自己的角色，把自己放到情境中去，然后提出比较全面的行为对策。如："首先要以公司的利益为重，尽可能让客户明白，公司的宗旨是全心全意地服务于客户。很多时候我相信客户对于我的刁难也是出于对我公司的办事能力的一种考验，我一定竭尽全力使客户相信公司，相信我。不过，如果客户提出一些很过分甚至违背人性的要求，我不会妥协，我相信公司也一定不会让自己的员工在外受到人格上的侮辱。"

（7）压力性问题的回答技巧

① 出题原因：这种问题通常是故意给应试者施加一定的压力，看看其在压力情境下的反应，以此考察应试者的应变能力和忍耐力。

② 常见问法：有些考官可能会提出真真假假的"题外题"。如：某电视台招聘记者，小郑前去应聘。面试中，考官指出："你说你爱好写作，可是我看了你填的报考表，在'自我评价'栏中竟然出现了三处语法错误，现在既没有多余的表格，也不准涂改，你怎么办？"

③ 答题思路：对于此类试题，应试者不要简单地就题答题，要多向思维，想得全面一些，使答案更完整圆满，首尾相顾，不致顾此失彼，留下缝隙，授人以柄。比如对于上面提出的问题，小郑听罢吃了一惊，心想填表时自己是字斟句酌的，怎么会有三处错误呢？但时间不允许他多想，他当机立断，回答说："为了弥补失误，我可以在表后附一张更正说明，上面写上：'某某地方出现了三处语法错误，实属填表人的粗心，特此更正，并向各位致歉。'不过……"他停顿了一下说："在发出这份更正之前，我想知道是哪些错误，因为不能无的放矢，错误地发出一份更正说明，我不愿意再犯这种错误。"他的机智应对令考官们笑了。其实他的报考表并没有错误，这不过是考官设的一个圈套，用以考察他的自信心和反应能力。从表达角度看，他的得分主要在于后

半部的补充说明。这一段内容的表达十分完满，滴水不漏，印证了他的机敏、认真仔细、一丝不苟的品格，赢得了好评。

（8）薪酬类问题的回答技巧

① 出题原因：薪酬问题既是一个敏感问题，也是一个实际问题。考官在初步有意向选某位应试者时才会提出薪酬问题。同时，提问的另一个目的，是观察应试者的态度。如果对工资持无所谓的态度，那就试着给你一份低工资，看你能否接受。有的小公司往往在薪酬问题上讨价还价，能少给就不多给，目的是减少行政开支和降低经营成本。

② 常见问法："你希望挣多少钱？"或"如果你被聘用，你有哪些要求？例如：工资、待遇。"

③ 答题思路：事先了解这份工作大约应该得到多少薪酬，这个行业的一般薪酬是多少，心里有一个"参照点"。建议应试者利用网络查询薪资定位的相关资料，配合个人的价值观、经验、能力等条件，设定最基本的薪资底限。建议无工作经验者持保守的态度，以客观资料作为最主要的考虑重点。如果你说得低了，你会失去一个本来可以得到高薪酬的机会，还会让用人单位以为你没有什么真本事；如果你说得过高，人家会认为你这个人是"狮子大开口"，"价码"太高，因而把你筛选掉。如果你真的不知道要多少薪酬，也不能说"您看着给就是了"，这不是要求对方给赏钱。你可以技巧地回答："我回去考虑一下，薪酬问题好商量"。在回答工资多少问题时，别忘了询问对方的奖金是多少，有没有住房津贴，有没有医疗保险、交通补贴，一年有多少特别假期，有没有年终分红等。这就是我们讲的"整体价""总收入"。因为有的单位确实是工资不高但福利特别好，所以要看"整体价"。

3. 回答问题的注意事项

（1）管住自己的耳朵。倾听是回答的基础，面试中应试者应耐心、专心、细心地听清考官谈话内容的要点、主题的变化、语音、语言、语调、节奏变化等各种信息，准确进行分析，然后回答。倾听时身体要前倾，并用点头或摇头的肢体语言表达你对说者的理解程度。

（2）把住自己的嘴巴。考官问完问题后，应试者可以考虑5~10秒钟后再做回答。若是你在回答这些问题时根本不用思考，且倒背如流，面试官的第一感觉可能是你事先经过了精心准备，继而会对你所说内容的真实程度打个问号。在回答时，要注意语速不可太快，太快容易导致思维与表达脱节。同时，问答过程中尽量不要抢话，更不要打断对方的讲话。如果确实需要插话，应先征得对方的同意，用商量的语气问一下："我提一个问题好吗？"

（3）控制自己的肢体。面试考官试图通过你对一些问题的回答观察你在压力下的反应，所以应避免消极的身体语言，如经常摸嘴、回答问题时咳嗽、咬嘴唇、笑容僵硬、抖动腿脚等。

（4）稳住自己的情绪。面对考官提出的意想不到的问题或刁钻的问题，一定要稳住情绪，沉着理智，千万不能乱了分寸。

最后要说明的是，技巧是锦上添花的，包装的作用也是有限的，实力才是真正的竞争力。所以，磨炼实力是面试取胜的根本。

三、综合实训

1. 求职面谈是一个同时涵盖心理及智慧的探索、观察、求证的过程，同样的题会因为参与者（招聘及求职双方面）的不同而产生截然不同的思考与响应，因此当然也就不会有“标准答案”的存在。主要看求职者的口才交际技巧，是否能巧妙地回答，或是较合适地回答。下面这 15 道题目，试着作为求职者回答一下：

（1）你找工作时最主要的考虑因素是什么？

A. 公司的远景及产品竞争力

B. 公司对员工职业生涯规划的重视及人性化的管理

C. 工作的性质是否能让我发挥所长并不断成长

D. 合理的待遇及主管的管理风格

提示：这道题人事主管的选择往往是 C 项。找工作时当然应该有个全面的评估与考虑，不过最根本的因素还是取决于工作本身。如果工作内容无法满足个人对于工作的期望，则公司的前景再乐观、待遇福利再优厚，终究是留不住人才的。企业固然希望以好的名声及优良的企业文化吸引人才，但是它要选择的首先还是工作表现好、能够真正有所贡献，并将公司推向更高境界的人员，而不是纯粹慕名求利而来的人。

（2）请谈谈你个人最大的特色。

A. 我人缘极佳，连续三年担任班级和学生会干部

B. 我的坚持度很高，事情没有做到一个令人满意的结果，绝不罢手

C. 我非常守时，学习、工作以来从来没有迟到过

D. 我的个性很随和，是大家公认的好学生

提示：这道题的选择多数人倾向于 B 项。A、C、D 三项虽然也都表现出应征者性格上的优点，但 B 项的回答是最能与工作结合的。能够与工作表现或岗位要求相结合的优点和特长，才是招聘者比较感兴趣的回答。

（3）你为什么想来我们公司工作？

A. 主要是这份工作的内容很吸引我

B. 贵公司在行业内颇为出名，听说管理也很人性化

C. 我的大学同学在贵公司会计部工作，是他建议我来应聘的

D. 贵公司在业界的声誉及这项工作的性质都很吸引我

提示：最理想的回答为 D 项，A 项居次。D 项的回答是比较完备的，显示应征者是经过事前的考察才做出的综合评估。谨慎的招聘者都希望录用深思熟虑的人选，唯有双方都认为是“适当”的合作，才能走得长久。A 项的回答固然也没错，但就完整性及其背后所显现的意义来说，还是略逊于 D 项。

（4）你对我们公司了解多少？

A. 贵公司去年在长达八个月的时间里都高居股王的宝座

B. 贵公司连续三年被 ABC 杂志评选为“求职者最想进入的企业”第一名

C. 不是很清楚，能否请您做些介绍

D. 我最欣赏贵公司有意改变策略，加强与国外大厂的 OEM 合作，自有品牌的部分通过海外经销商扩大了销售

提示：这道题的回答以赞赏 D 项的居多。求职者对于要前往面试的公司一定得有所准备、多加了解。求职者能多搜集到更深入、详细的背景资料，在言谈间，招聘方很快就能感受出你应聘的决心与诚意；你事前所投注的心血不仅会使你的回答言之有物，而且也能明显地使你与其他应聘者区别开来。

（5）你期望的待遇是多少？

A. 是否可以先让我了解一下贵公司的薪资及福利制度

B. 我希望至少要高过我目前的薪水，依我的职位每年可分配多少股票呢

C. 我目前是 3 000 元，但下个月要调薪，可能是 10%，所以我希望至少 4 000元

D. 月薪 3 000~4 000 元，不知道这是否在贵公司的预算范围之内

提示：这道题选择 A 项的人事主管最多，其次为 D 项。选择 A 项，除了显示求职者态度上的谨慎外，其实也是对求职者最有利的一种回答方式。当然，求职者要非常注意措词与语气上的礼貌，并看情况来决定是否能更深入地追问下去。如果你发现招聘者并未给予具体而详细的回答，或是外表看来显得严肃而保守，那就一定要适可而止。因为一旦对方认为你态度不够配合、有挑战的意味，那可就说不定弄巧成拙了。回答 D 项，则是不得已中的答案。请记住：求职者如果一定要提出一个具体数字，那么提出一个范围就远比提出单一的明确数字更为周全。

（6）你什么时候可以开始上班？

A. 再等一个半月，拿到上年度的分红之后

B. 原则上我可以尽量配合，但我必须与我目前的老板讨论交接的日期

C. 是否可以给我两个星期的时间考虑一下，并与家人通个气

D. 我的好朋友下个月在美国结婚，我必须参加，是否可以等我从美国回来

提示：人事主管的一致选择是 B 项。公司总是希望能尽快将缺憾补齐，以免影响日常运作。你既有意争取，态度上自然要积极，而不是让对方来等你。要注意的是：回答时应记得交代对于前一份工作的责任，收尾也要收得干净漂亮，而不是丢下一个烂摊子一走了之，招聘者会由此顺便观察求职者的工作责任感。

（7）你为什么想离开目前的职务？

A. 别的同事认为我是老板的红人，所以处处排挤我

B. 调薪的结果令我十分失望，完全与我的付出不成正比

C. 老板不愿授权，工作处处受限，绑手绑脚得很难做事

D. 公司营运状况不佳，大家人心惶惶

提示：超过半数以上的人事主管选择 C 项，其次为 D 项。C 项确实是一个相当能反映现实状况的回答，尤其对于资深的主管级人员而言，一旦发现无法与其直属主管配合得天衣无缝时，往往只好另寻舞台发挥。因此往好的方面想：这样的回答正可以显示应征者的企图心、能力强，而希望被赋予更多的职责。当然应征者也要留意在回答其他问题时的态度及内容相互之间的整体一致性，避免被招聘者解读成“人际关系不佳”或者“不能被充分信赖”。另外，也有相当多的人事主管选择 D 项。虽然不一定每位应征者都会遇到“公司快要倒闭”这样的状况，但这是一个可以参考的方向，你的“离职原因”如果是因为一些“个人无法改变的客观外在因素”，则招聘者也就不会对你个人的工作表现或能力产生出太多的疑虑与顾忌了。

（8）请谈谈你在前一份工作中的最大贡献。

A. 因事前准备得宜，使得产品……在去年的交易展会上大出风头

B. 据理力争，为同事争来了年度免费健康检查的福利

C. 重新设计生产线，使得生产周期缩短了 30%，每季出货量增加了 35%

D. 以一份长达 20 页的评估报告建议公司必须尽快投入电子商务

提示：最理想的回答是 C 项。你所提出的成就必须与现在所应征的工作岗位或职能产生出关联，以显示能转移或沿用自己的经验能力，并且尽量予以数字化地具体表现。

（9）如果我录用你，你认为你在这份工作上会干多久呢？

A. 这个问题可能要等我工作一段时间后，才能比较具体地回答

B. 一份工作至少要做个三年、五年才能学习到其精华的部分

C. 这问题蛮难回答的，可能要看当时的情形

D. 至少两年，两年后我计划再出国深造

提示：选择B项的最多，A项次之。B项的回答能充分显示出你的稳定性，但是要注意你的履历表上是否也呈现出这样的一致性。如果不是，那可就得加以留意了。如果你之前的工作，每一次服务的时间都只有一年左右，那么你只是个很会面谈的求职者，却未必是位稳定性好的工作人员。A项的回答则非常实际，部分人事主管因为欣赏应征者的坦诚而能够接受这样的回答。

（10）除了我们公司，你还应聘了其他哪些公司呢？

A. 除了像贵公司这样的计算机外设产品公司之外，我还应征了ABC饮料公司、DEF软件设计公司及XYZ化工公司

B. 因为是通过人才网站求职，所以有很多公司与我联络，不胜枚举

C. 我只对计算机类的公司较感兴趣，除贵公司外，我还应征了IBC及COMP公司

D. 我不是很积极地想换工作，这半年多来陆陆续续寄了一些简历，公司的名字不太记得

提示：最理想的回答是C项。对于工作性质及经验与产业（产品）密不可分的工作（如研发、设计、制造、专业性高的业务），C项的回答方式能显示出应征者的目标明确，对于自己的下一个工作该在哪里思考得很清楚。反观A项的回答，如果是一位业务工作的从业者，A项的回答就会令人觉得像是病急乱投医，根本不清楚自己的方向；但要说明的是，如果求职者是从事人力资源、会计、行政、秘书等性质的工作，则A项的回答也就比较可以接受了。

（11）你希望五年后达到什么成就？

A. “做一天和尚敲一天钟”，尽人事、听天命，顺其自然

B. 凭我的机灵及才干，晋升至部门经理是我的中期目标

C. 自己独当一面开公司

D. “全力以赴”是我的座右铭，希望能随着经验的增加被赋予更多的职责与挑战

提示：理想的回答是D项。应征者回答的重点一定要放在希冀从工作本身获得自我提升及成长这一方面，这样所显现出来的自然就是积极进取的工作态度。但也要掌握分寸、拿捏得宜，不要表现过了头，结果给对方留下狂妄自大、目中无人的印象。

（12）你认为你在哪方面最需要改进？

A. 时间管理

B. 人际关系

C. 我有点迷糊

D. 不应该以高标准去要求部属和同事

提示：这道题的回答多数人倾向于D项。每个人都会有缺点，但面谈时，招聘者最关切的是求职者的缺点会不会影响到工作表现。D项的回答就相当微妙，对工作有着高标准的要求，这对于工作本身无疑是非常好的，但对于与其共事的人可能会产生压迫感，虽然从这个角度看确实是一个“缺点”，但这样的缺点无伤大雅，反而会让招聘者高兴。C项的回答就让招聘者担忧，如果求职者把迷糊的个性也带到工作上去，那工作表现岂不是要大打折扣？

(13) 如果你离开现在的职务，你认为你的老板会有什么反应？

A. 很震惊，因为老板对我很器重也很信赖，我就如同他的左右手一样

B. 还好吧，他大概心里有数，反正公司现在也不忙

C. 他大概习惯了，反正他手下的人来来去去早已司空见惯

D. 我想他一定会生气地破口大骂，他是一个相当情绪化的人

提示：理想的回答是A项。招聘者正想由此了解：你在前任（现任）工作上与主管相处的情形，在主管心目中的地位如何。因此，求职者就要能听出弦外之音，在回答时充分传达出有利于自己的信息——你是能力强且足以被托付重任的好部属。

(14) 知道我们为什么录用你吗？

A. 因为我比别人都优秀

B. 因为我有很强烈的事业心，想要与贵公司共同成长

C. 您可以由我过去的工作表现所呈现的客观数据，看出我全力以赴的工作态度

D. 我在这个产业已耕耘了八年，丰厚的人脉是我最大的资产

提示：这道题的理想回答是C项。提示：C项的回答明确显示，求职者在履历表或之前的回答内容中，都以客观的数字来辅助说明了业绩。你为什么值得录用？再美妙的形容、描述，也不如明确的业绩数据、具体的工作成果展现而令人感受强烈、印象深刻。如何让对方“看”到求职者的“好”，认同求职者是自己要招聘的最理想人选？业绩数据就是最令对方信服的。

(15) 你有没有什么问题要问呢？

A. 通常在这个职务上工作多久才有升迁的机会

B. 目前工作上常用的设计软件包括哪些

C. 我想不出有什么好问的

D. 以我的职等而言，去年平均可以分到多少股票

提示：最理想的回答是 B 项。与岗位、工作相关的问题尽可以提出，但与薪资、福利相关的问题或其他问题，如非十分重要，在初次面谈时都应尽量避免。

2. 几个人一组创设一个模拟招聘的现场情景，完整显现一个求职面试口才交际的过程，包括自我介绍、一些特殊的应答和其他一些细节。

第二节　导游口才训练

众所周知，“口才”是一名导游必备的基本功之一，一名导游口才的好坏直接影响到旅游者在景区游玩的质量。身为一名导游，仅仅能说、敢说是远远不够的，导游的才华应当体现在会说、善说、能说别人所不能说的。导游是一种特殊的职业，能说而不乱说是一个导游应当掌握的度，而会说并说得有理、有味、有情、有调，又是导游应当争取达到的境界。我国的传统文化一直都提倡处事做事以不偏不倚、适可而止为佳，所以身为导游者更应该掌握并善于熟练地运用这种恰到好处的讲话技巧。

一、导游口才的基础知识

导游语言的表达，堪称旅游的第二风景。游客通过导游的精彩讲解，可以增强游览的兴致，减轻旅途的疲劳和寂寞，加深观光的印象，了解到风景名胜背后所看不到的许多知识，并感受到宾至如归的浓郁人情味，从而留下深刻、美好的记忆。

（一）导游人员的概念

人们常说，导游是旅游业的“灵魂”。“导游”一词有两层含义：既可指导游工作、导游业务、导游接待服务，也可用作对导游工作人员的简称。导游人员是指按照《导游人员管理条例》的规定取得导游证，接受旅行社委派，为旅游者提供向导、讲解及其他服务的人员。

（二）导游服务的基本程序

导游服务的基本程序主要包括以下几个阶段。

1. 出发前的准备

出发前，导游应做好有关的准备工作，如携带游览券、导游小旗、宣传材料、游览图册、导游证、胸卡、名片等，并与司机联系集合的时间、地点，督促司机做好有关的准备工作。导游应提前 15 分钟抵达集合地点，引导游客上车。

2. 沿途导游服务

初次与游客见面时，应该给游客留下良好的第一印象。致欢迎词时要用词恰当，给游客亲切之感，向游客表示提供服务的诚挚愿望，预祝旅途愉快、顺利。要做好首次沿途导游，以满足游客的好奇心和求知欲。精彩的首次沿途导游会使游客产生信任感和满足感，有助于导游树立良好的形象。首次沿途导游的内容主要是介绍当地的风光、风情及下榻饭店的情况，讲解内容与所见景物同步，见人说人，见物说物，取舍得当。

3. 现场导游讲解

抵达景点后，导游应对景点进行讲解，讲解应繁简适度，内容包括该景点的历史背景、特色、地位、价值等方面。导游人员应一直陪同旅游团，边游览边讲解，随时回答旅游者的提问，并注意观察旅游者的动向和周围的情况，以防旅游者走失或发生意外事故。在景点导游的过程中，导游应做到讲解与引导游览相结合，集中与分散相结合，劳逸适度。

4. 送站工作

游客到机场（车站、码头）途中，导游人员应向游客征询在本地停留期间或游览过程中的感受、意见和建议，并代表旅行社向游客表示感谢。游客到达机场（车站、码头）后，导游应提醒和帮助游客带好行李和物品，协助游客办理相关手续。若确认航班准时起飞，导游应将游客送至隔离区入口处，同其告别，热情欢迎他们下次再来。

5. 结束工作

在旅游团离开后，导游应认真处理好旅游团的遗留问题，并认真做好工作小结。

（三）导游语言的特点

1. 导游语言的准确性

导游语言的准确性是指导游的语言必须以客观实际为依据，即在讲解时使用规范化的语言，准确地反映客观实际。

（1）内容准确无误，有据可查

对所讲解景点的背景资料，如历史沿革、数据、地质构造等必须表述准确，要有根据，有出处，不能编造。即使是故事传说、民间传奇也要有据可查，不能道听途说，信口开河。

例如：游客问："长城是什么时候修建的？"导游人员回答："秦朝。"这种回答属于表述不清，因为早在春秋战国时期，燕、赵、秦三国为防御北方的匈奴、东胡等民族的骚扰就筑起了高大的城墙，即为长城的起源。秦统一六国后，在原有长城的基础上修筑成一条颇具规模的长城。如果对外国游客，还应讲清春秋战国和秦朝的公历年代，这样外国游客才会对中国长城的历史有一个明确的认识。

（2）遣词造句准确，词语搭配恰当

遣词造句准确，词语搭配恰当是语言运用的关键。一个句子或一个意思要表达确切、清楚，关键在用词与词语的组合及搭配上，要在选择恰当词汇的基础上，按照语法规律和语言习惯进行有机组合与搭配。要用最简练的语言表达最丰富的内容。关于这一点，我们要尽量做到“三避”，即：避免使用晦涩难懂的语言，避免使用冗长、倒装的句子，避免使用非大众化的成语和俗语。否则，听起来一大串，给人留下的却只是模糊的印象。所以，运用通俗、简明的语言，才能收到良好的效果。应做到言之有物、言之有据、言之有理、言之有趣、言之有情、言之有礼、言之有神、言之有喻。

2. 导游语言的生动性

讲解生动可以更好地表现景点的特色和意义所在，也可以更好地打动旅游者，引起他们的共鸣，使他们得到美的享受。导游人员的语言表达要力求与神态表情、手势动作及声调和谐一致，使之形象生动、言之有情。如果导游人员的语言表达平淡无奇，和尚念经般的单调、呆板，或者十分生硬，游客听了必定兴趣索然，甚至在心理上产生不爱听、不耐烦或厌恶的情绪。反之，生动形象、妙趣横生、幽默诙谐、发人深省的导游语言不仅能引人入胜，而且会起到情景交融的作用。为此，导游语言的表达应力求：使用形象化的语言，以创造美的意境；使用鲜明生动的语言，以增加语言的情趣性；使用幽默诙谐的语言，以增强语言的感染力。要使口语表达生动形象，导游人员除了要把握好语音、语调之外，还要善于运用比喻、比拟、夸张、映衬等修辞手法。

例如下面一段介绍园林假山的导游词：

“山不在高，有仙则灵。”眼前宛如一幅气势磅礴、重峦叠嶂、曲折蜿蜒的空间山水画。山上修竹滴翠，花木葱茏，极富自然情趣。“水不在深，有龙则灵。”山下一泓池水，明波若镜，天光云影，碧波游鱼，荷花睡莲，更添生机。“山以水为血脉，故山得水而活，水以山为面，故水得山而媚。”如果你能登上这座假山游览，宛如置身迷宫，时而登临峰峦之巅，时而沉落幽洞之底，自下往上看，重峦叠嶂，自上往下看，水深幽邃，身临其境，仿佛真的走进崇山峻岭……

——选自高雅杰编著：《实用口才训练教程》，清华大学出版社 2008 年版。

3. 导游语言的明确性

导游语言的明确性，是指导游在讲解时要条理分明、脉络清晰、符合逻辑，把所讲的内容一层一层地交代清楚。如下面一段介绍哈素海的导游词，采用自问式设问，所提的问题重点突出，切中要意，使游客能非常容易地把握讲解的要点。

哈素海究竟美在哪里？它又有什么特别之处呢？下面我就给大家介绍一下：

概括地说就是自然美、人文美的融合及其独特的物产。哈素海自然美最突出的特点是湖水中亭亭玉立的一丛丛茂密翠绿的芦苇。如果说“接天莲叶无穷碧，映日荷花别样红”的荷花是西湖一道独特的风景线，那么与碧水回环相连的茫茫芦荡就可以说是哈素海一绝了。正是这占湖面五分之一的青青芦苇，把哈素海点缀得如诗如画。大家看，在广阔的湖面上，自然错落而生的苇丛使空间流通，视觉舒畅，隔而不绝，层次丰富，湖中芦苇迷离摇曳，远空蓝天白云飞游，这自然天成的景色让人看不透也望不够。一位旅游界的诗人赞誉哈素海芦荡景观曰：“土默川中，汪洋玉海，阴山南麓。碧水扬波，渔舟点点，游艇伴鸥鹭，连天芦荡，绿阴环抱，塞外江南顿悟。恰晴望，无边秀色，醉人心脾肺腑。”现全国人大常委会副委员长布赫同志曾题诗哈素海曰：“马达声，向水鸭惊，船行推波摇山影。眺望海面连天碧，水畔萋萋芦苇葱。”可见，哈素海的芦苇在人们心目中留下了多么深刻而美好的印象啊！哈素海的芦苇还具有很高的实用价值。据统计，哈素海每年可向社会提供优质芦苇 4 000~5 000 吨，因芦苇骨硬而富有弹性，被用作编织和造纸的上等原料。

好！朋友们，现在我们所乘的游船已徐徐驶入芦荡深处，请大家抓紧时间欣赏。请注意，芦苇有一股淡淡的清香，可不要错过。这些露出水面的芦苇大都 2 米多高，船进入芦苇丛中，就像进入青纱帐里，让人很自然地联想到水泊梁山和白洋淀中的天然屏障。

——选自白文媛：《内蒙古哈素海旅游度假村》。

4. 导游语言的幽默性

幽默风趣的语言如果使用得当，可以活跃气氛，提高游兴，增强导游人员和游客之间的感情交流，使游客回味无穷，有时还可以摆脱尴尬。幽默既是一种技巧，又是一种艺术，更是一种智慧，它在很大程度上是对修辞方法的综合运用。一位导游在向游客讲解上海元芳弄时说道：

各位游客大家好，在广东路和福州路之间有一条不起眼的小路叫元芳弄，它曾是上海外滩著名的风味区，最为有名的是香气扑鼻的猪油大米菜饭、麻辣鲜香的四川火锅、油豆腐细粉汤，还有闻名中外的小常州排骨汤面等。所以这条街上中外游客不断。

提起猪油大米菜饭还有一段有趣的传说呢。一次，有个“老外”慕名而来，他坐下以后要了一碗猪油大米菜饭，两只百叶包。一碗下肚以后觉得很好吃，但没吃饱。他接着又要了一碗，吃完后服务员过来一结账，要付八两米饭的钱。这位“老外”惊呆了，心想上海有句俗话叫“斩冲头”（斩客之意），你们不要斩我这只“洋冲头”，我这一辈子还没吃过八两米饭呢。经服务员耐心解释，他终于信服了，边掏口袋付钱边回味着这米饭的美味，另一边却打起嗝儿，发出了“格得、格得”的声音，嘴里还在称赞地说：“饭灵、饭灵”，“格得、格得。”你知道英文中的“好——very good”是从哪里来的吗？它的出典就是元芳这碗猪油大米菜饭。

导游刚讲完，游客们都笑了。导游人员就是充分利用“饭灵”和打嗝儿发出的“格得”声，巧妙地与英文“very good”构成谐音，以达到幽默的目的。

二、导游口才交际技巧训练

好的开场白往往更能开启一段愉悦的旅程，怎样才能说出一段经典的开场白呢？这不仅需要导游对景点做到特别熟悉，更需要导游有满腔的热情，同时，也需要导游在工作中不断累积，总结出日渐经典的开场白。

1. 导游词开场白

导游词开场白从结构的角度划分，可以分为完整式和简略式两类：完整式开场白大致包括问候、寒暄、自我介绍、欢迎、良好祝愿、明确游览目的等内容；简略式开场白至少要有问候、明确游览目的两项。从游览过程的角度划分，有预设开场白和现场开场白两种。从表达的角度划分，有叙述式开场白和抒情式开场白两类。

案例一：

女士们、先生们：你们好！欢迎大家光临××。（自我介绍之后）非常高兴能有机会陪同各位一道欣赏领略这雄伟壮丽、庄严肃穆的古坛神韵。让我们共览这“人间天上”的风采，共度一段美好的时光。（徐志长《天坛导游词》）

一般开场白，常常是在第一次接待游客时开始的，而这种开场白也叫欢迎词。欢迎词的主要内容应该包括向游客问好，代表旅行社向游客表示欢迎，向客人介绍司机和车牌号，自我介绍，简要介绍当地气候等情况，下榻饭店概况，游览活动安排，必要的卫生、饮食、安全等注意事项以及其他必要的内容等。应力求在第一次留给游客较深的印象。

案例二：

各位朋友：来杭州之前，您一定听说过“上有天堂，下有苏杭”这句名言吧！其实把杭州比喻成人间天堂，很大程度上是因为有了西湖。千百年来，西湖风景展现了经久不衰的魅力，她的风姿倩影令多少人一见钟情。就连唐朝大诗人白居易离开杭州时还念念不忘西湖："未能抛得杭州去，一半勾留是此湖。"朋友们，下面就随我一起从岳庙码头乘船去游览西湖。

风趣的开场白，目的在于通过欢迎词来增强与游客之间的感情，制造一种轻松、愉快的氛围。有时为了与游客更快熟悉，可在自己的称呼或姓名上幽默一下，让游客放下戒备，缩短与游客的心理距离。

案例三：

各位游客：你们好！欢迎大家到湄洲岛旅游。我们今天游览的景点是湄洲岛妈祖庙，导游的内容有：湄洲岛概况→湄洲岛妈祖庙朝觐活动盛况→祖庙山门→仪门→太子殿→寝殿→妈祖石像。预祝我们愉快地度过这美好的一天。(段海平《湄洲岛妈祖庙》)

这是简略式开场白，其形式简洁明快，适用于时间紧迫、游客长途旅行疲劳、渴望休息的情况或晚间接待时。不是首次见面的开场白则只需简单问候和介绍当前的行程即可。

2. 导游主体用语

主体用语主要是讲解性的口才交际表达。导游要带好团，仅靠开场白的第一印象是不够的，更重要的是讲解。在何种场合使用何种讲解用语，是永无止境的学问。

(1) 概述式表达

概述式表达是指导游在引导游客前往旅游途中，对前往景点的综合布局、景色特征、行走路线以及一些注意事项进行介绍，让游客心中有数。例如《长江三峡名胜古迹的介绍》：

长江三峡是我国著名的旅游景区之一，这里以美丽迷人的自然风光，以及多彩多姿的神话传说，每年都吸引着大量的游客。你知道长江三峡是指哪三峡吗？长江三峡是指瞿塘峡、巫峡、西陵峡。瞿塘峡在我国重庆市内，是长江三峡中最短的一个，虽然瞿塘峡最短，却非常的雄伟壮观，两边都是非常险峻的山峰断崖，自古以来都是地理要道。长江三峡，人杰地灵，它是中国古文化的发源地之一。大峡深谷，曾是三国古战场，是无数英雄豪杰用武之地。这儿有许多名胜古迹：白帝城、黄陵、南津关、孙夫人庙等。它们同旖旎的山水风光交相辉映，名扬四海。长江三峡是世界大峡谷之一，以壮丽河山的天然胜景闻名中外。

通过对三峡的介绍，使人仿佛置身于山水画之中，见其景，得其韵。

(2) 介绍式表达

介绍式表达是指导游用准确、简洁的语言进行介绍，先让游客初步了解景物，再自去欣赏品味。有位导游在带游客去海南天涯海角景区时，这样介绍：

天涯海角位于海南省三亚市西南海滨，寓意为天之边缘，海之尽头。天涯海角风景区总体规划陆地面积 10.4 km^2，海域面积 6 km^2。风景区最有名的是一片形象奇特的大石群：中央一块圆柱形状巨石，周长 60 m，高约 10 m，上面刻有“天涯”两字，是清雍正十一年崖州州守程哲的手迹。巨石后的石群刻有“海角”二字。离巨石 300 m 的东面屹立着一块圆锥形大石，上刻“南天一柱”四个大字。这些巨石雄峙南海之滨，为海南一绝。景区内有海水浴场、钓鱼台及海上游艇等设施，既可观赏自然风光，又是海泳胜地。并有一个由“点火台”“望海阁”“怀苏亭”和曲径通道组成的多层次游览胜地。“天涯物寨”是游客观赏、购物的好去处，“天涯民族风情园”盛满了黎族文化的精粹，“天涯历史名人雕塑”使天涯海角那古远雄浑的情调凝结得更加浓烈。

这段导游词，既介绍了景区的地理位置、基本设施、独特风貌和文化内涵，又能让游客在游览时，根据介绍，自己品味景区的独特之处。

（3）畅想式表达

畅想式表达是指导游以畅想式的话语，说出一些饱含哲理的话，帮游客抒发出想说而一时说不出或说不透彻的话，从而使游客得到很大的满足。在号称“海天佛国”的普陀风景，一群游客登上佛顶山，俯览大海，仰望苍天，让人静思无语。导游充满人生哲理的畅想式表达如下：

朋友们，脚下那锦鳞片片、白帆点点的水面就是东海，多少年来，这海冲刷着佛顶山，以它特有的英姿启迪着人们：海是辽阔的，胸怀无比宽广；海是深沉的，永远那么谦逊……

（4）述古式表达

述古式表达是指导游向游客叙述与景点有关的历史人物、神话故事、轶闻典故等，能沟通景史，使游客在欣赏美景的同时提高历史文化知识素养，更好地了解美景。述古式表达尤其适用于历史人文景观。一位导游在带游客游览长江三峡上的著名景点白帝城时，这样叙述：

白帝城位于长江北岸，距奉节城 8 km。它一面靠山，三面环水，背倚高峡，前临长江，气势十分雄伟壮观，是三峡旅游线上久享盛名的景点。

早在西汉末年王莽篡位时，他手下大将公孙述割据了四川。公孙述势力渐渐膨胀，野心勃勃，自个儿想当皇帝了。他骑马来到瞿塘峡口，见地势险要，难攻易守，便扩修城垒，屯兵严防。后来公孙述听说城中有口白鹤井，井中常冒出一股白色的雾气，其形状宛如一条龙，直冲九霄。公孙述故弄玄虚，说这是“白龙出井”，是他日后必然登基成龙的征兆。于是，他在公元 25 年自称白帝，所建城池取名“白帝城”，此山也改名“白帝山”。公元 36 年，公孙述与刘秀争天下，被刘秀所灭，白帝城亦在战火中化为灰烬。在公孙述称帝期间，各地战乱频繁，而白帝城一带却比较安宁，当地老百姓为了纪念公孙述，特地在白帝城兴建白帝庙，塑像供祀。至明朝，公孙述的塑像被搬开，为刘备像所代替。庙内还有关羽、张飞、诸葛亮的塑像，但白帝庙的名称一直沿用至今。

《三国演义》中“刘备托孤”的故事也发生在白帝城。蜀国皇帝刘备的结拜兄弟关羽败走麦城，死于刀下后，刘备为他报仇，不听众臣劝阻，起兵讨伐东吴。途中另一个结拜兄弟、伐吴先锋——张飞丧身叛将范疆、张达手中，刘备愤而不谋，催兵猛进。章武二年（公元222年）夏六月，被东吴大将陆逊用计火烧700里军营，再败于彝陵，因而退守到白帝城中。三国久未统一，两弟先后丧命，大军新遭重创，国事私仇使刘备忧愤成疾，眼看朝不保夕，乃招丞相诸葛亮星夜赶至。在永安宫中，刘备把儿子刘禅（阿斗）委托于诸葛亮，然后便一命归天了。从此，白帝城就因这段脍炙人口的故事而更加闻名于世了。白帝庙内现陈列有“刘备托孤”大型泥塑。

白帝城是观“夔门天下雄”的最佳地点。历代著名诗人李白、杜甫、白居易、刘禹锡、苏轼、黄庭坚、范成大、陆游等都曾登白帝，游夔门，留下大量诗篇。李白“朝辞白帝彩云间，千里江陵一日还。两岸猿声啼不住，轻舟已过万重山”的诗句，更是脍炙人口。故白帝城又有“诗城”之美誉。庙内还陈列有瞿塘峡悬棺内的文物和隋唐以来73块书画碑刻，以及历代文物1 000余件，古今名家书画100余幅。其中“竹叶字碑”诗画合一，风格独特；“三王碑”镌凤凰、牡丹、梧桐，精美华丽，堪称瑰宝。其中还有著名的春秋战国之交的巴蜀钢刨，其形如柳叶，工艺精湛。东、西两处碑林，陈列着70多块完好的石碑，其中隋代碑刻距今已有一千三四百年的历史。

游客们听到介绍，置身的空间延伸了近2 000年，这滋味是单纯浏览山水所无法得到的。

（5）风趣式表达

游客的兴趣是能动的，经常转移，会由此转移到彼。兴趣程度也会时增时减。劳累、景观重复等原因会使游客情绪降低。这时，导游可用风趣调侃式的语言，让游客在笑声中消除疲劳。可以化平淡为奇趣。例如：

游客们，这是我们旅游的最后一个景点——石笋擎天。大家看看，这石笋参天耸立，有18米高，听说20万年才长1分米，愿我们20万年后再聚于此，共诉衷肠，大家说好吗?

（6）互动式表达

可用猜谜语、问答、悬念等方法形成互动表达。导游可结合具体景观编一些谜语，与游客互动。这样既介绍了景物，又增添了情趣。例如，有位导游在杭州九溪十八涧对游客说：

这儿的路，处处曲；路边的水，叮咚响；远近的山，绿葱葱。清代文人俞樾到此，诗兴大发，挥笔写道："曲曲环环路，叮叮咚咚泉，远远近近山……"前面已用了叠词，朋友们，猜猜看，第四句写树的，俞樾用的什么叠词？

在导游的启发下，最后有人猜出是"高高下下树"，大家惊叹俞樾用词的精妙，这"高"和"下"贴切传神，活画出沿山而长的树木的情态。

游览中导游"一言堂"的单向信息传输有时不很适宜，导游可在介绍某些景点时先充分调动起游客的好奇心，然后引导游客发问，再针对游客的提问给出有针对性的介绍，力求有问必答、应答如流，完成游览解说。

依据具体的导游实际情形，导游口才交际类型可任选其一或相应组合使用，无论采用哪种或哪些导游用语，一切以游客满意为目标。又因为游客的需求是多变的，相应的导游用语类型也应灵活多变，要在实践中不断加以总结。

3. 导游结束语

导游结束语一是随着某具体景点的参观完毕，该景点的导游词也告一段落。这种情况下，导游词的结束语没有一定之规，有时是以导游引导游客参观下一景点为衔接，有时是导游带领游客坐车返回住处并预报当晚和次日的安排为结束。二是当游客完成所有的行程，导游应在送行的行车途中或在机场（车站、码头等）向旅行团致辞欢送，为本次旅游接待工作画上完美的句号。这种情况下的结束语相当于欢送词。欢送词的内容通常包括以下五个方面：回顾旅游活动，感谢大家的合作；表达友谊和惜别之情；诚恳征求游客对此次旅游接待工作的意见和建议；若旅游活动中有不顺利或服务中有不尽如人意之处，导游可借此机会再次向旅游者赔礼道歉；期待下一次重逢，表达美好祝愿。欢送词的形式和内容，要根据每个旅游团的实际情况因团而异。

欢送词在形式上大致可分为抒情式和总结式两种。抒情式即借助抒情语言的感染力，打动游客，使交流双方产生强烈的情感共鸣。若采用这种形式，导游则应以热情洋溢的语言，真实地抒发惜别之情，切忌过分夸张，以免让人觉得虚伪造作。总结式即用叙述性语言对全程旅游情况做一个简单的回顾，对游客的配合表示感谢，并期待重逢，最后用祝福语结尾。因这种欢送词简洁朴实，易于被游客接受，所以采用率较高。有时结束语可抒情、总结兼而有之。例如：

各位团友：时间过得真快，五天的海南行程好像一下子就过去了，回忆那天出发时的情景，似乎还在眼前，那时候我们互相还不太熟，而今天，我们都已成为好朋友啦！

还记得我们这几天游玩了什么好玩的地方吗？啊，有的团友已经记不清啦！好，我们来回顾一下。先说说大家认为最好玩的是什么地方？噢，张阿姨说了，她觉得最好玩的地方是亚龙湾。对啊，那里的海水真是蓝极了，清极了，沙滩又是那么洁白绵长，而且那天我们遇到的天气又特别好，所以景色特别漂亮。大家要知道我们这次的运气真是好，以前我去过几次，天气都不太好，海水看起来可没有那么湛蓝湛蓝的，有一次遇到台风，大海看起来是黑黄色的呢！

还有什么景点给大家留下了深刻印象？啊！一位游客说，他最喜欢的景点是热带植物园。我们在那里看到了咖啡、可可、胡椒等许多热带植物，还记得可可是怎样生长的吗？一颗颗红红绿绿的，那是咖啡！阿梅说对了，是一个手掌大的果实，两头尖尖，像个大橄榄，直接长在树干上！

还有什么好玩的景点吗？啊！总算有人提到天涯海角了。这可是海南最最重要的景点啊！天之涯、海之角嘛，最浪漫的地方，情人们都会发誓“天涯海角永不分离”。我们团里有好几对情侣和夫妇呢，今天大家相携来到了天涯海角，一定会白头偕老的！

……

我们还去了鹿回头、五公祠、南山文化区、海瑞墓等，我一提大家都想起来了。为了帮大家留下更深刻的海南印象，现在我们来有奖答题。（与游客互动，略）好，我们的有奖竞答进行完了，好玩的景点也回顾了。下面，我要说说这次行程中遇到的问题了。由于这次我们赶上的是海南的旅游旺季，简直是到处人山人海，以前我们旅游界有句顺口溜，叫“到桂林观山头、到苏州看丫头、到南京看石头、到上海看人头”，我看如今要改了，到海南也是看人头了。

我知道大家对在鹿回头那一顿中餐竟然要排队等桌子很不高兴，所以今天都没有人说鹿回头这个景点好玩，我在此再次代表地接社和我们组团社向大家道歉。海南由于夏天太热，所以它的旺季都集中在秋冬时节，因此人流太过密集，有时候就会发生一些供不应求的情况。大家幸好不是春节来呢，我上次春节带团来，住的地方都没有，酒店叫我们睡在车上或睡草地呐！这一次还算不错，天天都能住到满意的酒店，是不是？相信海南的旅游业也会随着游客的增加而不断发展，下次大家再带着亲朋好友来时就不会再遇到这种情况了。

我们这次虽然遇到一次小小的不顺利，但开心的事还是很多的！还记得我们在猴岛喂猴子吗？还记得我们品尝到的海南美食吗？还记得我们路上遇到的有趣的事情吗？还记得我们讲过的笑话吗？……我们的欢声笑语洒满了整个海南岛，等大家再次踏上这片美丽的土地的时候，我们要像捡拾贝壳一样将它们从记忆的大海中找出来，握在手心，永远珍藏！

下面，让我们齐声高唱一首《友谊地久天长》（有条件可播放音乐），让我们在温馨的歌声中回味这五天来快乐的旅程，但愿我们像歌中唱的一样："友谊长存你我心内，今天且有暂别，他朝也定能聚首！"最后，预祝大家一路平安！

——选自王光华主编：《实用口才交际训练》，机械工业出版社 2010 年版。

上面这篇欢送词主要采用的是总结式，带领游客回味游程中值得记忆的景点和事件，对工作中的疏忽也能十分真诚地找原因，让游客觉得很舒服。最后两段的抒情不做作，不夸张，和前述语言的质朴很好地统一在一起。

各位游客朋友：

我们的旅程到这基本上就结束了，小张也要跟大家说再见了。临别之际没什么送大家的，就送大家四个字吧。第一字是缘分的缘，我们能够相识就是缘，人们常说百年修得同船渡，可以说我们是百年修得同车行。这次旅程也是百年修来的缘分啊，现在我们就要分开了，缘分却未尽。第二字就是财源的源，也希望各位朋友在以后的日子，财源如滔滔江水连绵不绝！第三个是原谅的原，在这几天的旅程中，小张有什么做的不到的地方还请大家多多包涵、多多原谅，多提宝贵意见，让我以后的工作能做得更好。最后是圆满的圆，朋友们，我们的旅程到这就圆满地结束了。预祝大家以后工作好、家庭好、身体好、心情好、今天好、明天好、不好也好、好上加好、来点掌声好不好！谢谢大家！

这段欢送词简洁明了，兼顾到了欢送词的几个方面，并且很好地运用了谐音的修辞手法，能给人留下深刻的印象。

三、综合实训

1. 假设有一兄弟院校参观团来学校参观，你作为一名学生导游，如何引导他们参观校园？如何设计欢迎词、主体用语及欢送词？分组讨论并创设这一训练情景，然后登台表达，并进行自我评价或互评。

2. 讨论分析如下导游词有何特点，哪些地方值得我们借鉴。

各位尊敬的游客朋友们（停顿）——吃了吗？啊？没吃啊，没吃就让刘导我带您吃去吧！我就知道您几位刚下火车（飞机），一路上奔波劳碌的，肯定没吃，其实早给您安排好了，我们马上就要去沈阳有名的特色餐馆——老边饺子，让您先从味觉上感受一下我们沈阳人的热情！

光顾着说吃了，还没自我介绍一下呢，我呢，叫刘峰，沈阳××旅行社的导游，正宗的东北爷们儿（亮相）。也许有的人觉得我们东北男人比较粗犷，不太适合做导游这种细致的工作。其实不然。联合国教科文组织 36 名专家经过 147 天的科学论证，得出结论——俺们东北这圪垯出导游！

您看您别着急鼓掌啊，您得让我给您说出个一二三来不是吗？为什么说我们东北汉子最适合当导游呢？原因如下：第一，我们东北人实在、热情、没有坏心眼，这是全国公认的。所以说我们东北导游的服务肯定是一流的，因为我们热心肠啊！第二，导游是个重体力活，起早贪黑不说，每天东跑西颠的，没个好身体可不行。不说别的，您几位游客光玩还累呢，何况是我们导游了，对吧？所以说这就是我们东北人适合做导游的第二个原因，我们牙好，嘿，胃口就好，身体倍儿棒，吃嘛嘛香，您瞅准了——东北男导游！（众人笑）

您可能会说了，小刘你这说得都对，你们东北男导游是有这些优点，不过别的地方的导游就不热情了吗？他们身体也不错啊。而且南方的一些漂亮的导游妹妹不用说话就光看着，就能让人那么舒服——你行吗？要说这个我真不行，不过我们东北导游还有她们比不了的一点好处呢！什么啊——我们东北导游个个都是兼职保镖！您看您又不信了，哦，说我长得这么瘦弱，还当保镖呢。这您就有所不知了！有句话叫人不可貌相，海水不可斗量！不瞒您说，我还真是个练家子！

把势把势，全凭架势！没有架势，不算把势！光说不练，那叫假把势；光练不说，那叫傻把势！连说带练，才叫真把势！连盒带药，连工带料，你吃了我的大力丸，甭管你是让刀砍着、斧剁着、车轧着、马趟着、牛顶着、狗咬着、鹰抓着、鸭子踢着……行了，您也甭吃我这大力丸了，我们的饭店到了，您跟我下车去吃饭吧！

3. 课外选择自己熟悉的一处景点，写一则导游词，字数 1 500 字左右。

第三节　主持人口才训练

正式的聚会活动少不了主持人，主持人并不只是广播电视节目中的专有名词。在社会生活中，以交流信息、沟通关系为目的开展的各种文艺演出、竞技比赛、社交或学术等活动中，充当主导、引领人们话题的人物都是主持人。主持人语言水平的高低直接决定主持的成败。优秀的主持人除了具备其他各种良好的素质之外，还要具备卓越的职业口才交际能力。本节主要从生活主持和节目主持两方面入手，讲授主持人口才技巧。

一、主持人口才基础知识

（一）主持人的内涵

主持人的概念有狭义和广义之分。从狭义上说，主持人是指广播、电台、电视台的各栏目的主要负责人。从广义上说，是指各种活动，如大小会议、喜庆仪式、联谊活动、文艺演出、朗诵、演讲、辩论赛、广播、电视等的主持人。

（二）主持的分类

1. 根据主持内容的不同，可以将主持分为社会活动主持、文化活动主持和广播电视节目主持。

（1）社会活动主持，比如会议、演讲、辩论、评比、典礼、面试等的主持。

（2）文化活动主持，比如文艺演出、舞会、联欢会、婚宴等的主持。

（3）广播电视节目主持，比如各种综合性、专题性、专业性的有声板块节目的主持。

2. 根据主持人在活动中所担负责任的不同，可将主持分为报幕式主持和角色式主持。

（1）报幕式主持，如报告会主持。主持人的责任是把会议事项和报告人等介绍给与会者，宣布会议开始、结束，其作用贯穿会议始终。

（2）角色式主持人担负着活动中的角色，在活动的开始、中间、结尾都有戏，并且其戏不能从整个活动中剥离抽出。而在一些广播节目里，主持人即演员，除了主持人的主持外，不再有别的声音。

综上所述，主持的对象、内容、职责、要求不同，便有不同的主持类型。广播和电视主持人要求专业，因为他们本身就是一种职业，由于有外表形象、嗓音、气质、专业背景、普通话水平等方面的制约，一般人不经过专业学习难以胜任。而会议主持、婚宴主持、庆典主持是生活中常见的主持，因其要求的宽泛和民间活动的随意性，距离我们不是很远。

（三）主持人应具备的素质

主持人应具备敏锐的观察能力、深厚的文化底蕴和较强的组织协调能力。具体从以下几个方面来看：

1. 主持人应具备优秀的语言表达能力

作为一名主持人，普通话标准、语言通顺流畅是最基本的要求，能言善辩是主持人的基本素质。主持人要求表达清楚，口齿伶俐，尤其对较长篇幅的串场词要能讲得如行云流水，一气呵成，才能让观众有信服之感。倘若吞吞吐吐，语流滞涩，观众就不会明白你要表达的意思，更不能进一步了解你的意图。所以，主持人一定要时刻锻炼自己普通话和表达上的基本功，要言语有心，言语用心，这样才能把话说好、说通、说顺、说巧、说妙。

主持人的语言要具备严密清晰的逻辑性，这一点十分重要。主持人要把自己的所闻和意图传达给观众，需要把头脑中已有的东西按照一定的逻辑思维整理出来，然后再用言语表达出来，最忌讳在言语表达上生搬硬套、张冠李戴。主持人应刻意去培养自己缜密的逻辑思维，更好地与观众沟通与交流。

主持人在语言表达上要有自己的特色，要富有感染力。要通过自己的语言、目光、手势、仪态等与观众进行交流，语言一定要富有感染力，才能吸引和打动观众。

2. 主持人应具备一定的临场应变和即兴发挥能力

主持人不仅要避免自己言语表达上的不当，更要有积极活跃的思维，培养自己快速反应的能力，做到从容镇定、挥洒自如。主持人在主持过程中一定要有临场应变和即兴发挥能力，遇到了突如其来的情况时，在客观条件允许的情况下，能充分调动自己的主观能动性，迅速做出快捷敏锐的反应，并进一步在此基础上发挥，使变故巧妙地朝好的方向转化。

3. 主持人应具备个性鲜明的主持风格

幽默、潇洒、沉稳、轻快的风格都能将观众带到和主持人共同的意境中，使观众在感受节目气息的同时，也感受到主持人的魅力。

二、主持人口才技巧训练

社会生活中的聚会活动丰富多彩，主持人的口才交际表达也千姿百态。主持人职业口才交际有相对固定的程式，其中常用语包括开场语、串联语、推进语和结束语。一般正式的聚会活动，采用“半文本操作”或“文本操作”，但在具体场景中交际表达，主持人既要执行文本，又要不囿于文本，即关键性的话语按文本表达，同时，主持人要积极灵活地现场发挥，使主持和活动既庄重、严谨、凝练，又生动、活泼、机智。

1. 精巧的开场语

俗话说“万事开头难”。主持人的开场语，包括称呼、介绍语、宣布主题（或主要活动内容），营造与主题相应的气氛。因此，主持人开场语有实现沟通、营造气氛、确定基调、表明主旨和吸引观众的作用，既要精辟到位，又要巧妙自然。开场语可以先营造氛围，再入题，也可以反之。

例如校园文艺晚会的开场语：

甲：尊敬的各位领导、各位老师：

乙：亲爱的各位同学、各位朋友：

甲：春风贺喜无言语，排比花枝满校园。在这莺歌燕舞、百鸟争鸣、姹紫嫣红、绚丽多姿的日子里，我们迎来了我院首届校园文化艺术节。

乙：在艺术节活动中，同学们高扬智慧的风帆，有思想的翱翔，有感情的抒发，有青春的旋律，有技能的展示，有科学的探索，有毅力的体现，有诗意的飞扬……

合：这一切一切，充分展现了文学院的青春活力，展现了当代青年的精神风采。

甲：今天晚上，艺术节的压轴戏——文艺会演即将拉开帷幕。

乙：让我们以热烈的掌声预祝演出成功。

开场语是起先导作用的，为将要展开的活动开头。一场活动真正的主导者或主角不是主持人，如此，无论什么类型的聚会活动，主持人的开场语对活动的内容只提示即可，开场语的主要任务是要制造氛围，主持人必须根据活动的整体内容，准确把握好或庄重、或欢快、或热烈、或轻松的感情基调。

2. 灵活的串联语

串联语又叫串台词，主持人在把握活动主题的基础上，用巧妙的串词或赞扬，或强调，将相对独立的内容或环节前后衔接，串成一体，形成活动的整体效果。串联的效果不仅仅是把前后内容连接起来，更重要的是在于巧妙点染、开掘、升华；在于突显精彩之处；在于沟通台上、台下，不断营造气氛。主持人是台上的“主人”，但不是台上的主角，其职业口才交际表达不可喧宾夺主、长篇大论，而要点到为止、简短精要。

例如，在一次学校元旦晚会上，在介绍同学的节目时，需将王晓丽的女声独唱《冬季到台北来看雨》和成雪蜂的相声《大一学生过元旦》加上一些串联语，以增加欢快气氛。串联语是这样的：

听完了王晓丽同学缠绵哀怨的《冬季到台北来看雨》，大家变得沉默，可能是心里受到一种感动，这时大家可能会有一种莫名的感伤，这是成长中每个人都会遇到的感情纠葛，希望大家处理好。青春的天空永远是晴朗的，我们的心情应该是永远充实而快乐的，下面我们换个快乐的话题，请听成雪峰同学的相声《大一学生过元旦》。

再如，一个节目是武术表演。武术所体现出的气息和关键字是：英武、强健、活力、热血澎湃，与企业及精神主旨相关联，自然就可以衍生出一个企业的斗志与活力，一个企业的豪迈与英姿飒爽。那么在这个节目之前的主持人台词就可以写成：

一心有一份大海的气魄、一生有一份苍穹的广阔。跨艰难而含笑，历万险而傲然。一路走来，正是凭借着内心深处这份果敢和英武，我们不畏惧困境、不畏惧坎坷，迎难而上，谱写出一路高歌。让我们一起来欣赏中华武术。

3. 机智的结束语

主持人的结束语只是活动的一个局部，一般只就内容收尾，不同于报告、讲话、讲课等的结尾是整场活动的收尾。结束语既可包括内容也可包括活动形式。主持人在整个活动中肩负的是统领、引导、串联、推进的任务，其结束语不可向活动的参与者发号施令，提出要求和号召。主持人的结束语也要简短精练，既不拖泥带水又不草草收场。其策略表达为总结、强调、升华和情深意切。

例如，某电视台“共度好时光”活动主持人的结束语：

甲：这一期的“共度好时光”活动已接近尾声，在和朋友们说再见的时候，我们也将与2015年说一声再见了！

乙：流光飞转，时间带领我们不断向前！回顾往日，我们也有那么多怀念，因为记忆里，有那么多真挚的笑脸！

甲：时光荏苒，欢乐伴随我们走向新的一年。我们“共度好时光”活动在2015年和观众朋友们相见相识，同乐同欢！就让这一年中我们共同拥有的美好时光，留在我们生命的记忆里，一起走向2016年，明天会更灿烂！

乙：一年又一年，让真情和欢乐伴我们一路同行，直到永远！

合：2015年——再见！

惜别昨天，迎接明天，眷恋、憧憬在主持人情真意切的结束语中会和观众产生共鸣，将活动推向最后的高潮。

三、综合实训

1. 如果你主持一场“八一”建军节音乐会，请根据下面歌曲的内容，设计开场语、串联语、推进语和结束语，然后登台表达。

《我是一个兵》《外婆的澎湖湾》《再见吧，妈妈》《游击队员之歌》《黄河颂》《闪闪的红星》《在那桃花盛开的地方》《我的中国心》《听妈妈讲那过去的事情》《南泥湾》《打靶归来》《军港之夜》《欢乐今宵》

2. 分小组虚拟一个活动，如晚会、毕业典礼、座谈会等，推举一个主持人主持，其他人配合，先模拟后登台完整表达。

第四节　推销口才训练

随着市场经济的发展，我们走进了一个自我推销的时代，媒体上各种商品信息铺天盖地，无时无刻不在刺激我们的感官。我们也许不会去推销任何产品，但我们必须要“推销”自我。“酒香不怕巷子深”“皇帝女儿不愁嫁”的时代已经成为过去，“亮出自己”“闪亮登场”才是这个时代的特点。“秀出自我”的方式很多，如巨额的电视广告、雪片似的广告传单，然而最简单、最经济的方式仍是语言。语言推销是最简捷、风险率最低、投入最小的一种商品推销方式。运用口才是市场经济中不可缺少的活动，是人类从竞争走向合作的桥梁，是获取最大利润的手段。本节将推销艺术与口才学结合在一起，系统阐述提高推销口才的技巧，以及树立形象、推销商品的诀窍。

一、推销口才基础知识

（一）推销的内涵

推销的实质是推销主客体双方在推销中所形成的销售关系。推销的关键是“相互获益”，推销的重要手段是说服。推销员就是要从双方获益的目标出发，通过直接的对话，说服顾客接受他所推销的产品或服务。虽然形式千差万别，推销活动的基本要素却不外乎推销人员、推销对象和推销产品。其中，推销人员指的是向推销对象主动开展推销的各类推销员；推销对象是接受推销员推销的各类顾客；推销的产品则是为推销员所推销，且又能为推销对象所购买的一切商品或劳务。

（二）口才在推销过程中的作用

1. 好口才是排除推销障碍的有效保证

就顾客而言，个性特点和购买动机各有不同，同时在购买过程中，还会伴有对产品不放心、猜疑不定等问题，这些都是影响成交的障碍。如果解决不好，常常会让推销员的所有努力付诸东流，而要妥善处理推销过程中这些突如其来的变化，不仅要求推销员有良好的心理素质，能随机应变地解决问题，还有一个非常关键的环节，就是推销员的口才。推销员的语气要随时调整，体现出不同的侧重点。那种不分对象、不分时机、千篇一律的套话和废话，会让顾客感到厌烦和产生反感。通过有效的语言艺术，推销员可以洞悉顾客的心理活动，了解推销障碍产生的原因，从而正确使用推销技巧，促使顾客达成购买行为。

2. 好口才可以让推销员在推销过程中掌握主动权

作为一个推销者，需要通过你的言语，让顾客顺着你的思想进行思维，只有这样，才能将问题引向对你有利的方面。如果丧失了主动权，推销活动往往会以失败告终。这里面的一个关键就是推销员应具有好的口才。实践证明，一个好的推销员能够通过自己的口才扭转不利局面，达成推销活动。

3. 好口才可以赢得顾客

推销是面对面的交易活动，在整个活动过程中，购销双方需要不断地进行沟通，直至最后成交，这就对语言表达提出了较高的要求。俗话说：“良言一句三冬暖，恶语伤人六月寒。”可见，会不会谈话是会造成不同结果的。

（三）推销员的基本要求

推销产品前首先推销的是自己，要想办法让顾客接受自己。那么，如何让顾客接受自己呢？

1. 推销员要注意自己的外表形象

推销员的外表对于推销成功与否起到重要的作用。要想推销成功，首先要让顾客建立良好的第一印象。而推销员的个人外在形象是客户建立第一印象的基础。一个衣着大方得体、精神饱满的推销员，不仅能使自己快乐和自信，还能赢得顾客的信任。一个衣冠不整、精神萎靡不振的推销员，不仅会使顾客心生抗拒，还会影响公司的形象和品牌。

案例

小杨是一个从乡下到城里求职的年轻人，他的第一份工作就是为某家办公设备公司做推销工作。小杨认为，一个人的业绩怎么样，与他的衣着完全没有关系，所以，他还穿着从乡下来城里时的那套皱皱巴巴的上衣和已经洗得没有了颜色的绿军装裤子，还穿了一双黑底绿面的胶鞋。以这样的形象进行推销，结果可想而知，小杨根本没有见到总经理，而是被保安挡在了门外。经过这次之后，小杨开始注意起自己的形象了，相应地，他的推销业绩也越来越好！

2. 推销员要注意自己的言行举止

这是对推销员最起码的要求。注意言行举止，首先就要注意声音，吐字一定要清晰，语言要流畅，语音也一定要洪亮；其次还要注意说话的语气和表情，要随时保持微笑，表情要自然。

3. 推销员要注意自己的礼仪

礼仪是一个人学识、教养的综合表现，注意自己的礼仪，会赢得顾客的尊重和好感，从而促使推销活动顺利进行。在推销过程中要使用礼貌用语，还要注意倾听顾客的声音，保持对顾客谈话的兴趣，不轻易打断顾客的发言，这往往会起到事半功倍的效果。

4. 推销员要全面掌握产品信息，善于把握顾客信息

一名合格的推销员，首先要熟悉自己的产品，全面掌握所要推销产品的信息。推销员不仅要熟悉和掌握自己产品的性能、技术构成及产品的市场、品牌力度，还要知道自己产品的不足与产品的价格构成，以及产品的售后服务程序和服务质量。

第一，推销员要对产品的性能和质量有充分的认识。

推销员要对自己推销的产品熟悉性能和技术构成（质量），如对推销的产品的材料、质地、性能数据、规格、操作方式等要有清楚的认识。产品的性能和质量能够满足顾客什么样的需要，也是顾客最为关心的问题。

案例

小李是一所高职院校计算机专业的毕业生。毕业之后，他在一家电脑城做了一名业务员，所谓业务员其实也肩负着推销的职能。他将自己要推销的计算机配件的品牌、性能、效用等都牢牢地记在了心里，面对前来组装计算机的客户，他能将产品的这些知识倒背如流，同时还将计算机可能出现的其他小毛病都一一向顾客做了交代，再加上他热情的服务态度，到他这里来组装计算机的顾客越来越多，他的业绩也越来越突出，最后被公司提了职，涨了工资。

第二，推销员要了解产品的市场和品牌的影响力。

产品的市场和品牌的影响力对推销的成败有着直接的决定作用。有关产品的市场份额和品牌影响的介绍，会对顾客的购买心理造成强烈的刺激，进而对你所推销的产品产生一种“群体意识”，可提高顾客的购买概率。

案例

小张是昆仑润滑油厂家的推销员，在一次推销活动中，他面对一个从事润滑油行业的年轻老板。在这种情况下，小张做了充分的准备，他向该老板做了全面、细致的介绍之后，该老板对这个品牌的润滑油兴趣不高，小张灵机一动，说：“您看过雅典奥运会吗？”“当然看过！”“那您记不记得有这样一句话：昆仑润滑油，为中国健儿加油！”老板恍然大悟：“哦，就是这个呀！”小张接着说：“在央视2004年雅典奥运会招标现场，昆仑润滑油以3280万元的高价在所有招标广告中最先胜出，夺走了‘奥运金牌榜’独家特约播映权，是国内影响力较大的润滑油生产企业，产品信誉好，质量绝对信得过！”老板听后说：“这么好，我再考虑考虑吧，你等我电话吧！”几天后，小张等来了老板的订购电话。小张的成功之处在于他注意宣扬自己产品的品牌力度，同时，适当地运用了推销中的营销策略。

第三，推销员要把握产品的不足。

把握产品的不足，并将它诉之于众，往往更能吸引顾客。推销员在介绍一件商品的时候，由于对个人利益和业绩的向往，以及“家丑不可外扬”等传统思想的影响，往往会对自己产品的缺点闭口不谈，甚至是欺骗过关。这样做会使顾客对你的产品产生怀疑，而将产品的不足清楚地介绍给顾客，更能迎合顾客的购买心理，他们会将你作为一个建议者，而不是一个只会兜售商品的推销员。

案例

一位衣着普通的妇女来到了服装店，选定了一件粉色的上衣，但还有些犹豫。

促销小姐："您好，您喜欢这件衣服吗？"

妇女："是的。"

促销小姐："这件衣服不错，颜色也很适合您，您穿着很漂亮！"

妇女："是吗？"

促销小姐："是的，这种衣服卖得很快，这是最后一件了。还可以看看其他款式也很不错！"

妇女："这件不错，我喜欢这件！"

促销小姐（有些为难）："这是最后一件了，是别人试过剩下的。当然这也没什么，不过，这件衣服……"

妇女："这件衣服怎么了？"

促销小姐："这件衣服在运输的途中，不小心掉到了地上，被水打湿了，后来我们将它洗了，虽然看起来和新的没有什么差别，但毕竟不是新的，只是作为一个款式挂在这里，我们也不准备卖，所以，您最好还是看一下别的款式！"

妇女："我还是喜欢这件，您要是不说，我也不知道它是二手的。"

促销小姐："那好吧，如果您执意要的话，我就给您打5折吧！"

妇女喜滋滋地走了，过了几天她带来了一大群顾客，说这家店铺里的衣服价格信得过，而且讲诚信，所以就把朋友也领到了这里。

第四，推销员要了解产品的价格构成。

产品的价格构成是顾客衡量自己购买行为"有没有必要"和"值不值得"的关键。产品的价格过高或过低，都能让顾客产生购买疑虑，"货比三家"是顾客常有的购买心理。推销员不仅要了解不同类产品的价格，对同类竞争产品的价格构成及其原因也要充分知晓，做到有备无患。

案例

波司登羽绒服的价格比其他羽绒服的价格高出200~300元，波司登的销售员每天都会遇到顾客问同样的问题。

顾客："你这里的羽绒服为什么这么贵呀？"

售货员："我们的品牌不同，波司登在市场上是一个比较有影响的品牌，我们是有质量保证的。"

顾客："可是去年我买的这个牌子的怎么没有这么贵？"

售货员："您购买的肯定不是这个款式的，这种款式是新开发出来的，不光是款式有了变化，而且面料也是不沾油污的新材料，另外，采用了纳米杀菌技术，是国内数一数二的绿色免检。"

顾客："确实不是这种款式的。"

售货员："而且我们这种款式的羽绒服里面的鹅绒是经过高温处理的。所以，价格较高也是存在原因的。"

顾客："虽然不错，但价格还是有些过高。"

售货员："价格不同的原因主要有两个：一个是城市的消费水平有差别，而且我们的运费也包含在价格里；还有一个就是羽绒服的款式和材料的差别，这也是羽绒服价格不同的主要原因。"

顾客："你说的有些道理。"

售货员："您如果感觉价格有些高的话，可以选择这个款式的，这个款式的比较便宜。"

顾客："就买你说的这种吧，应该不会错。"

第五，推销员要熟悉产品的售后服务。

在推销过程中，为了使产品交易能最后成功和避免售后的纠纷，对产品的售后服务等相关事宜，推销员一定要交代清楚。准确、清楚地回答顾客对产品售后服务的询问，会使顾客更加放心地购买商品，达到购销双方都能满意的效果。对售后服务，推销员切忌模棱两可地回答。

案例

小李是一家抽油烟机销售公司的促销员，他们厂家生产的X牌抽油烟机在性能上比其他商家的产品也好不到哪里去，但是售后服务很吸引人，很多顾客就是看到他们的售后服务才动心，最后决定购买的。所以，售后服务是小李进行推销的一个主要内容。

一天，一对夫妇走进卖场，小李接待了他们。

小李："您好，你们想要买抽油烟机?"

顾客："是的。"

小李："那您对抽油烟机有什么要求吗?"

顾客："其实抽油烟机的性能都差不多，我想选择一款售后服务好的。"

小李："那你就来对了，我们的抽油烟机有很好的售后服务保障。"

顾客："那你说说你们都能提供哪些售后服务吧。"

小李："首先，我们的保修时间长达一年半，比一般商家的都长，顾客可随时联系我们；其次，我们可以为顾客在保修期间提供一年两次的免费清洗服务；再次，顾客参加我们举办的各种形式的抽奖、娱乐活动，终身不变。"

顾客："听起来不错，我们再考虑一下，你把你的产品介绍和联系方式留给我吧。"

几天后，顾客把X牌抽油烟机买回了家。

第六，推销员要充分掌握竞争对手的信息。

要做一名优秀的推销员，在大量掌握了自己产品的信息之后，还要对竞争对手的信息有一定了解，比如竞争对手产品的质量、性能数据及其产品价格等，这些都可以为推销活动的成功创造条件。

案例

张先生在一所大学的附近经营着一家运动鞋专卖店，在他的周围有很多这样的鞋店，为了让生意好一些，张先生采取了一些促销手段。由于他的货源相对较好，可以比别人低的价格进货，同时也因为他的消费者主要以学生为主，所以，他将自己鞋的价格定得非常低，有的甚至比别家的低出一百多元。本以为这样可以让自己的生意更加红火，但出人意料的是，到自己这里来买鞋的学生反倒少了许多。这是为什么呢？他后来经过调查发现，同样的鞋子，在别的商场可以卖到800元以上，而他这里只卖700元，正是因为这样的价格，让学生产生了怀疑，学生的理解很简单，"一分钱一分货"，谁也不愿意花六七百元买一双次品鞋。了解到这些，张先生调整了销售思路，他将鞋价在800元的基础上下调10元左右，这样他的生意很快红火了起来。

二、推销口才技巧

推销是交谈艺术，在整个销售活动中，从接触顾客到最后成交，都离不开一张嘴。

（一）推销语言的基本要求

“一言之辩重于九鼎之宝，三寸之舌强于百万之师”，这些话形象地说明了语言的重要性和影响力。通俗地讲，推销就是把话说出去，把东西卖掉，把钱收回来。如何把话说出去？这里有一些要求。

1. 推销语言必须客观、真实

以事实为依据，客观、公正地运用语言进行沟通，表情达意，是推销员所要遵循的一条基本原则。购销双方以诚相待，会使整个推销过程极为融洽、和谐。同时，由于你追求的是一种长期效益，想要得到一个稳定的客源，真实、客观地介绍自己产品的性能、质量等方面的内容，会为以后的合作打下良好的基础。

2. 推销语言要有针对性

在推销的过程中，顾客存在个体差异，在购买动机、性格习惯、文化层次、性别、年龄等方面都有所不同。这就要求推销员在推销过程中，要根据不同的顾客使用不同的语言，做到有的放矢、对症下药。同时，还要根据不同的洽谈环境和洽谈气氛，使用不同的语言艺术。只有选择顾客最熟悉、最容易接受的语言，才能说服顾客。

3. 推销语言要体现出情感性与逻辑性

“感人心者莫先乎情”，“通情才能达理”，充满情感的语言是联系购销双方的纽带。在推销过程中，使用有情感色彩的语言，可以拉近推销员与顾客之间的关系，为成功推销奠定基础。我们都有过这样的经验，拉近与陌生人之间距离最好的办法就是使用一些有亲情色彩的称谓，体现出语言的情感性。除此之外，在推销的过程中，语言的逻辑性也是推销员必须要考虑的。推销员在推销之前，要做一系列的准备活动，要详细了解顾客的情况，并认真分析和整理，同时还要结合所要推销的商品和所面临的市场形势，尽可能地收集相关信息，只有这样，才能使推销的语言体现出较强的逻辑性，才能使语言艺术成为说服顾客的有效手段。

4. 推销语言避免以自我为中心

推销员在与顾客交谈过程中，要充分考虑到“我怎么说才能不至于伤害对方的自尊心”，要学会换位思考，这样才能拉近与顾客的感情。过于固执、自我意识很强的人，交谈起来滔滔不绝，明明对方说的对，他也要“找点茬”，以显示自己“高明”；明明可以跟着对方话题谈的，偏偏要急急忙忙打断对方的话。这样的交谈十有八九会失败，交易也做不成了，所以，推销员要避免以自我为中心，与顾客打交道时，要慎重选择语言。

（二）推销口才的常用技巧

1. 直言不讳

直言不讳是推销者真诚的表现，也是和对方关系密切的标志。只有发自肺腑的话语，才能打动别人的心。推销员在推销过程中，直言不讳，说真心话，往往会取得意想不到的好效果。

案例

小王是一名服装导购员，一次有一位体态肥胖的中年妇女要购买一件上衣，妇女试了几件，看中了一件非常瘦小的红色上衣，征询小王的意见。小王在认真考虑之后，直言不讳地说："这件衣服并不适合您，因为您的体态偏胖，如果您买一件休闲款式的黑色上衣，我想效果会更好！"这位妇女在听了小王的意见之后，非但没有生气，反而听从了小王的意见，买了一件黑色的休闲上衣，并对小王的服务赞不绝口。

直言不讳并不意味着粗鲁、不讲礼貌，推销员在对顾客坦诚直言时要注意配合适当的语调、语速和表情、姿态，在拒绝、制止或反对对方的某些要求和行为时，一定要注意诚恳地说明自己的原因和与顾客的利害关系。

2. 避免争论

避免争论，创造真诚合作的气氛，是推销取得成功的基本前提。在推销过程中，当有可能发生争论的时候，有经验的推销员总是会使用恰当的语言艺术创造一种轻松愉快的气氛，以便消除顾客的排斥心理，达成合作意向。

案例

一位自动办公设备的推销员在到一个大公司进行产品推销时，恰巧碰到另一个办公设备公司的推销员正在不遗余力地向公司老总进行产品推销。"你们的办公设备已经过时了，如果使用我们的设备，一天可以节省几个小时的工作时间。""你不要听信某某公司的推销员，他们全都是骗子，我们的产品才是真正的一流货色。"这位推销员听到这样的话，并没有马上出言反击，而是选择了一张椅子坐了下来，并且拿出纸和笔，将刚才那个推销员的话认真地记了下来。当那个推销员走了之后，他对公司老总说："他们公司的产品确实不错！"老板很有兴趣地看着他，问他为什么要将刚才那个推销员的话全都用笔记下来。他说："很简单，我不想以后和他犯一样的错误！"公司老总听了之后哈哈大笑，很愉快地听取了他的产品介绍，并和他达成了购买意向。

3. 长话短说

能说会道对推销员来说是非常必要的，但推销员也不要说话过多，发表长篇“演说”，因为这样很容易引起顾客反感。一名优秀的推销员一定要清楚顾客的购买意图，长话短说，有针对性地进行宣传。

案例

小张想要买一台电视机，本来已经决定了要购买的品牌，到了商场，恰巧碰到这家工厂销售代表正在进行产品促销介绍，介绍的内容将他吓了一跳：原来，某某模糊式控制是要淘汰的，某某彩显管有国产和进口之分，某某电压不稳时不能正常使用……总之，言外之意，就他们厂的彩电最好。最后，小张并没有买这家工厂的电视机，而是选择了另一家普通型号的名优品牌。因为，厂家代表过度的介绍让小张心里没了底，他只能挑选一家售后服务好，有保修年限的品牌。

4. 善说反语

善说反语就是将自己心里想说的话用相反的话语表达出来。在推销过程中，正确使用反语往往会取得意想不到的效果。但要注意，在使用反语之前，一定要确定顾客是否已经与你产生了一定的默契，否则将会适得其反。

案例

美国福特汽车公司的一位推销员向一家公司的董事推销福特汽车，之前他已经来过了几趟，每趟都无功而返。这次这位董事坚持说他们的汽车“发动机性能不好”“舵轮转动不灵”“跑起来费油”等，表示拒绝购买。推销员惊讶地说：“您对我们的汽车了解得可真够清楚！我作为推销员怎么没有发现这些问题呢？先生，不买汽车不要紧，如果您有时间的话，能否坐上我的汽车跑一圈，将我们公司的汽车存在的问题告诉我，以便我们回去修理改正！”董事听了推销员的话，不以为然地说：“我说的话是有根据的，试试也好，咱们服从真理。”于是钻进推销员的汽车，脚踏油门，手握方向盘，飞快地跑了起来。他们在院里转了三圈后，又在公路上跑了一会儿。大约过了 10 分钟，董事才把汽车停下来，笑容满面地说：“这车不错，我买一辆！”

5. 幽默

幽默在推销中起着非常重要的作用，它可以使紧张的气氛变得轻松，使彼此间产生信任。一句得体的幽默语会消除一场误会，一句巧妙的幽默言辞可以胜过许多平淡乏味的攀谈。

案例

一位鼻子很大的推销员到一户人家进行产品推销，这家小孩看到一个陌生人，长着一只很大的鼻子，马上叫出来“大鼻子！”大人和推销员都很不好意思，一段短暂的停顿之后，推销员率先打破了尴尬，他笑呵呵地对小孩说：“你就叫我大鼻子叔叔吧！”大家一笑了之，推销员很快地赢得了这家主人的好感。

（三）推销口才禁忌

1. 忌用嘴而不用脑

推销应以顾客为中心。用顾客的语言和思维顺序来介绍产品、安排说话顺序，不要将自己准备好的话一股脑说下去，要注意顾客的表情，灵活调整。应保持商量的口吻，避免用命令或乞求语气，尽量用以顾客为中心的词句。

2. 忌用嘴而不用耳

要把握“说三分，听七分”的原则，注意倾听顾客的要求，所谓言多必失，推销员应该谨记这一条。

3. 忌用嘴而不用手

推销人员在介绍产品时，应尽量用手进行示范，现场对产品进行操作，把商品的性能、特色、优点直观地展示给消费者。

三、综合实训

根据提供的训练材料，学生通过角色扮演进行模拟训练。

1. 训练迎合顾客兴趣、破除顾客心理障碍的口才技巧

你是一家办公用品企业的推销员，奉命到某大公司进行业务推销，但你与公司高层领导没有任何交往，你唯一知道的就是他们的董事长非常喜欢集邮，而你却对集邮一无所知。请你就集邮的话题与他们的董事长谈论五分钟，并力争通过这五分钟，让他们的董事长对你推销的产品产生兴趣。

2. 训练正视疑义、细心解释的口才技巧

你是一家电视机生产厂家的推销员，经过你的一番介绍，一对年轻夫妇购买了你的产品。但是过了不到一个月，他们又回来退货，说电视机的质量有问题，画面不清楚，而你的电视机其实没有任何问题，电视机画面不清楚可能是信号或是接触不好导致的。请你用热情、周到的服务和能够让人欣然接受的解释，消除年轻夫妇心中的疑虑，将电视机抱回家。

3. 根据顾客心理，正确引导提问的口才技巧

有一名顾客到一家洗护用品商店买洗发水，但是看了很久都没有决定买还是不买，这个时候，你作为商店的导购员走过去与顾客交谈，找到顾客犹豫的原因，并有针对性地作出回答，顺利实现促销目的。

4. 通过训练材料中对不同产品的介绍，提高推销商品的口才技巧

① 一对夫妇来到商场，要购买一台洗衣机，他们正犹豫不决，不知购买哪一个品牌。此时，你作为某品牌的推销人员，如何劝说顾客购买该品牌的洗衣机？

② 某医院要大量采购一批治疗感冒的药品，某药厂将推销的工作交给了你，希望能够与该医院合作。

③ 一位女士走进一间时装店，对一件新款的高档服装打量了很久却沉默不语。你作为营业员应该怎么说服她购买这件衣服？

第五节　公关口才训练

在当今的信息社会里，不论你从事什么样的职业，在什么样的环境中生存，都需要有一定的社会交际能力和口语表达能力，以便正确地开展公共关系活动，更好地生活与工作。有人说过，“人”这个字的形成是由于人是相互扶持的，从而也可以知道，人是不可能一个人活着的。因此我们要借助各种机会来树立自己的良好形象，显示自己的优势，通过自己的努力让别人愿意接近你，从而进一步了解你。怎样才能很好地与人相处？让我们从公关口才开始。

一、公关口才基础知识

公关口才是指公关人员为了达到公关目标而与特定对象进行的有效交流及运用语言表情达意的能力。面对处处有竞争、时时有挑战的当今社会，公关能力在一定程度上影响大部分人的事业成败。因此，挖掘我们的才智和潜能，加强对语言文字的驾驭能力，培养积极思索的能力及良好的心理素质，已成为我们个人之需、社会之需、时代之需。布瓦格说：“一句漂亮话之所以漂亮，就在于所说的东西是每个人都想到过的，而所说的方式却是生动的、精妙的、新颖的。”那么公关口才有哪些特点呢？

1. 富有感情、幽默

公关人员有感情地运用语言会使人听起来感到真诚、悦耳。这种有感情的表达并不是拿腔作调、装腔作势，而是发自内心的，经过深思熟虑的思考，用

语言和肢体等各方面感染对方，使人听着感到舒服，感到可信。幽默是智慧、爱心与灵感的结晶，是一个人良好素质和修养的表现。创造出幽默就是创造出快乐。所以，幽默在公共关系中能起到重要作用，幽默的语言或者使人感到愉快，或者能使人摆脱尴尬。

2. 语言繁简适当

说话、演讲、汇报时有的人爱长篇大论，滔滔不绝，利用语言的触角去打动每一位听众。这是很常用的，也是很容易见效的方式。当然，也有一些人，会把自己的意思浓缩成短的几句话，恰如其分地表达出关键意思，往往令人拍案叫绝，久久难忘。公关语言的繁简适当，主要根据语言环境及目标对象的情况而定。应该详细介绍时就要说得多一些，让人听得懂。而该简单的就应该言简意赅、简明扼要。公关人员做到语言的繁简适当能提高信息的传播效果，有利于公关目标的实现。

案例

两千多年前，马其顿国王亚历山大率领军队出征印度，途中断水，军队将士干渴难忍。于是，国王命令士兵四处寻找淡水。士兵找了很久，只找回来了一杯水，便把它贡献给了国王。这时，国王下令把部队集合起来，端起这仅有的一杯水，充满信心地对全军战士发表演说："水源已经找到了，我们只要前进，就一定能够找到水！"说完，国王把那杯水泼在地上。将士们顿时精神为之一振，仿佛忘记了难忍的干渴，充满希望地跟着国王继续前进。这一杯水的激励作用之大，远远超过了滔滔不绝的长篇大论。而这个鼓励，只来自短短的三两句话。这位国王，用智慧的语言，使将士们在绝望中看到了希望。

3. 灵活应对

公关交流不同于书面语交际。在书面语交际中，交际双方不在同一场合，发出信息的一方（作者）在写作时，对于接受信息的一方（读者）阅读时会有什么想法和反应，很难全部预料，所以也就不可能根据读者的需要随时调整自己的写作内容。但在公共交流中，交际双方当面进行，在接受信息和做出反馈方面远远胜于书面语交际。各方都可以边谈、边听、边观察，并根据对方的话语和表情迅速地调整自己的言语内容或行动。所以，灵活应对是公关口才的一个重要特点。

（1）做一个好的倾听者

听是一种礼貌，是一种尊重讲话者的表现，是对讲话者的一种高度的赞美，更是对讲话者最好的恭维。每个人都希望获得别人的尊重，受到别人的重视。当我们专心致志地听对方讲时，对方一定会有一种被尊重的感觉，同时也会喜欢你，信赖你，这样双方之间的距离必然会拉近。

倾听是公关过程中一个重要的环节。几乎在任何情况下，我们所能做到的最重要的事情就是倾听。在商务谈判中，公关人员认真地倾听，不但是尊重别人，更重要的是听到点子上，抓住要害。所以，倾听能够帮助你在公共关系中取得有用信息，俗话说“听话听音”就是这个道理。

案例

某外商企业向我国一家公司购买原料油，双方经过几次交涉，外商对货物各方面表示满意。外商出价每公斤 40 美元，可是我方开价 48 美元。这时，对方急了：“不，不，你们怎么能指望我们出 45 美元以上的价格呢?”情急之中，对方把底牌亮出来了。我方立即抓住他的话，巧妙地反问：“这么说，您是愿意以 45 美元成交了?”外商见露馅了，只得说：“可以考虑。”谈判结果，以每公斤 45 美元成交。

这次外贸谈判的顺利与成功，主要在于我方公关人员捕捉到了对方语言的漏洞，这与善于倾听是分不开的。

（2）学会说“如果”，而不是说“不”

在公关过程中，很多时候是为了争取自身利益的最大化，也的确会和对方有激烈的对抗，但更重要、更本质的还是合作。为了这个本质的目标，公关人员就要灵活地运用自己的语言技巧，或以退为进，或迂回前进。面对对方提出的不合理要求而我方无法满足时，如果直接急于反驳或拒绝，肯定会招致对方反感。要多运用“如果你们……那么我们就……”这样的句子，这比直接说“你们这样，肯定不行”让人感觉舒服得多，而且更有助于公关目标的实现。

案例

有一次，一个看上去十分高傲尊贵的女士想带着她的爱犬一同乘坐公共汽车，但受到了汽车司机的阻拦，司机再三向她申明公交车上不允许带动物。相持不下之际，这位傲慢的女士最后气愤地从钱包里抽出大钞，对司机说：“我可以给狗买一张票，让它也和人一样有座位，这样总可以了吧?”一直站在旁边沉默着的售票员这时走了过来，对这位女士说道：“可以，不过您得保证它也必须像人一样，把双脚放在地上。”听了售票员的话，那位女士鼓着眼睛愣在那里说不出话来。

在这里，售票员没有像司机那样生硬地拒绝，而是巧妙地说了“可以，不过您得保证它也必须像人一样，把双脚放在地上”，从而使那位女士知难而退。在公关过程中有很多类似这样的情况，需要公关人员灵活运用自己的语言技巧，以达成公关目的。

二、公关口才的技巧

（一）公关口才的语言技巧

在现代社会里，尽管传播手段已极为便捷、发达，但是万变不离其宗，讲究语言技巧仍然是进行良好交际所必需的。公关口才的语言技巧主要有以下几种。

1. 接近语言

所谓接近语言是指公关人员为了达到目的，在处理与内外公众的人际关系的过程中，主动接近对方，赢得好感的语言。在现代社会里，生活节奏快，人员流动频繁，人际交往广泛，与陌生人接触和交谈的机会也多。初次见面，不知道各自的性格、喜好，很难有共同的语言。那么，怎么样和陌生人在初次见面时开口说话并取得良好的沟通效果呢？这就需要我们掌握一些接近语言的技巧，从而能更好地和陌生人交流。

与陌生人交流，要善于察言观色。一个人的心理状态、精神追求、生活爱好等，都或多或少地要在他们的表情、谈吐、举止等方面有所表现。只要善于观察，就容易找到彼此之间的共同点。

案例

小王是一名退伍军人，一次他乘车回家和一个陌生人坐在驾驶员后面。汽车上路后不久就抛锚了，驾驶员车上车下地忙了半天仍没有修好。这时，小王旁边的陌生人建议驾驶员把油路再查一遍，驾驶员将信将疑地去查了一遍，果然找到了原因。小王以自己在部队的经历感到，这位陌生人也是从部队回来的。于是试探着问：“你在部队待过吧？”“嗯，待了六七年。”“哦，算来咱俩还应算是战友呢。你当兵时部队在哪里？”“某某路第七坦克营，听说过吗？”“真的吗？我就在附近的那个炮兵团啊！”……

下面介绍一下对于不同的人应该怎样接近他，怎么样说话能够开场，让对方相信你，愿意听你说话。

第一，对不认识的人的接近语言。先自然地说出是如何被介绍给对方的，继而称赞对方，然后留出话头让对方来说。称赞是恰如其分的，这样很容易激发对方，使双方不知不觉从不认识到认识。

第二，对一般认识但无思想交流的人的接近语言。对对方的职业、职务、年龄和一般特点有一些概括了解，这样可以事先想好一些话题与对方攀谈。可根据情况从天气、时装、孩子等方面打开话题。

案例

有一位青年记者去采访一位有成就的女科学家，他们的对话是这样的：

“请问，您毕业于哪一所大学？”

“对不起，我没有上过大学。我搞科学研究全靠自学，我认为自学也能成才。”

“那您的孩子在哪儿上大学呢？”

“我早已经决定把毕生的精力献给自己的事业，因此，我一直独身至今。请原谅，这个问题我不愿多谈。如果您没有其他问题的话，就谈到这吧，我还要工作。”

在这里，那个青年记者事先没有了解这位女科学家的情况，结果正式采访时提出了令对方不悦而尴尬的问题，最终谈话不能继续，使得采访失败。

第三，与有过一般交流的人的接近语言。主要是多接触、多沟通，增加交往频率，同时语言也要相对贴近一些，内容可从泛泛的谈话加深一个层次。从关心对方身体谈起，一般人都愿意接受。这样接近对方，使对方感到你的关心，容易增进好感。

2. 拒绝语言

拒绝别人和被别人拒绝，是每个人一生中每天都可能经历的事情。谁都可能有过朋友、同事甚至领导找你帮忙，但是自己没有能力完成或者是不愿意做的经历。因此，我们或者拒绝了别人的请求，或者违心地接受，却勉强地去想办法兑现承诺。在公共关系中，要是直截了当地说出拒绝的话，很难出口。然而，有时候又不得不拒绝对方。那么，这时我们就很有必要掌握拒绝的语言技巧了。

（1）拒绝语言要委婉，避免直接冲突

案例

美国总统富兰克林·罗斯福在就任总统之前，曾在海军部担任要职。有一次，他的一位好朋友向他打听海军在加勒比海一个小岛上建立潜艇基地的计划。罗斯福神秘地向四周看了看，压低声音问道："你能保密吗?""当然能!"他朋友说。罗斯福微笑地看着他，说："我也能。"

罗斯福在这里用委婉含蓄的话，拒绝了朋友的要求，既坚持了自己的原则，又没有令朋友太难堪，起到了非常好的语言效果。

(2) 给自己的拒绝找理由，可以不让对方没面子

案例

某位从事公关工作的女士打算邀请一位同事参加他们举办的鸡尾酒会。这位同事其实不愿意参加这样的活动，说："今天我和人约好了要去看电影，但还是要谢谢你的邀请，对不起啊!"这位女士微笑着说："没关系！我也很抱歉!"

在这里同事并没有生硬地拒绝这位女士，而是找了一个理由不去参加。这样，这个同事不但拒绝了去参加酒会，而且也不会让这位女士感到自己没面子。

3. 说服语言

当别人对某事已经形成自己的看法，或打算做某事，或已经做某事时，要说服他改变自己的看法，放弃要做的事情或纠正已经做错的事情，不是一件容易的事。一般人的劝说都是从事情是否合理的角度来做的，这样做可以收到一定的效果，却不一定理想。要想改变别人，一般不要直接地批评或否定他，最好的方法是通过诱导或启发使他自觉地去改变自己。

如果你向对方提出一项要求，遭到对方的拒绝，可以采用让步策略，用你表面上的让步赢得他的同意，这是说服语言中的一项基本技巧。

案例

有个山区的支部书记带领群众修路时，放炮炸石砸断了一家农户的果树，这棵果树是这家农户的财源，支书说秋后一定赔偿，但主人不肯罢休，招呼兄弟一拥而上，把支书打了一顿。村里的党员和群众都火了，要求狠狠整治打人者。第二天开村民会，闹事的人也觉得理亏，准备挨批。不料，支书竟先做检讨："老少爷们，我还年轻，得大家多帮扶。哪个地方我做得不对，哪句话说得不对，大家担待，我做检讨。"他对被打的事竟一字不提。后来闹事的人找到支书，当面认错："你是为全村，我是为自家，我错了！以后你说什么，我们都跟着干，听你的。"

这则案例中支书为了让全村富裕起来，他忍受个人的委屈，这不是懦弱，而是以集体利益为重。同时，自己检讨是一种让步，但这种让步比直接说服闹事人效果更好，能让人更加心服口服。

（二）公关口才禁忌

我们生活在一个复杂的社会，应以诚待人，与人为善。不要打听、干涉别人的隐私，评论他们的是是非非。要学会倾听，学会提问，巧妙应答，把握说话的要领，让别人对你产生好感，从而推动事业的前进和发展。下面列举在社交场合中的禁忌。

1. 忌耳语

在众目睽睽之下，和同伴耳语是很不礼貌的，可视为不信任在场人士而采取的防范措施。这样做不但会招致别人对你的注意，还会使别人对你的教养表示怀疑。

2. 忌失声大笑

在公共场所不要失声大笑，无论听到多么有趣的事情，都要保持优雅的微笑。

3. 忌话多

保持落落大方的姿态，学会倾听别人说话。切忌盲目地向人“报告”自己的身世，或向对方详细打探，别人会视你为长舌妇。

4. 忌说长道短

饶舌的人肯定不是有风度的社交人物。若是在社交场合说长道短，揭人隐私，会让人反感，使人敬而远之。

5. 忌大煞风景

在任何场合与人见面交谈，别人都期望一张可爱的笑脸。忌情绪低落，大煞风景，进而影响别人的情绪。应笑容可掬，周游于当时的人物、环境之中。

6. 忌随便发怒

在公共场所忌随便发怒，否则会让人莫名其妙，感觉你的精神有问题。可尝试用散步、深呼吸进行自我调节。

7. 忌恶语伤人

在公共场所要表现得温文尔雅，谦虚谨慎。忌恶语中伤他人，无论听到多么让人不可理解的事情，都要保持头脑清醒，客观评判。

8. 忌言而无信

与人相处要做到言而有信，言而无信的人是没有真正的朋友的。说到就要做到，否则就不要随便承诺别人。

三、综合实训

1. 假如要举办一个社团活动，你作为代表去一个可以给你们社团赞助的公司，创设一个这样的公共交际情景，登台演示。

2. 将学生两人分成一个小组，分别扮演训练中的不同角色，如：顾客、朋友、恋人、妈妈、同学、同事，而后两人互换角色进行对话。考查在社交场合的介入能力、适应能力、控制能力及协调性的公关口才技巧。

训练材料

① 在宾馆里，顾客说："瞧！你把我的新衣服洒上了水，怎么办？"你作为服务员如何回答？

② 在饭店酒桌上，顾客说："这杯子没有洗净，下面还有手印呢！"如果你是服务员，做何回答？

③ 在公共汽车站，你和朋友因人多而没有挤上车，你的朋友说："等一会儿再上吧！"你如何回答？

④ 在公共汽车上，由于人多而拥挤，有人对你说："不要挤！"对此，你做何反应？

⑤ 与恋人约会时，恋人因来晚了而对你说："哟，我来迟了。"你做何回答？

⑥ 在家中，妈妈说："成绩还是这样差，是怎么回事？"你如何回答？

⑦ 在学校，当你和同学们一起议论另一个同学时，其中一位同学说："他又碰钉子了。"你如何接着说？

⑧ 与同事约好一起去某地，结果因事迟到了，见面后你如何向同事解释？

3. 在训练①中，将学生两人分成一个小组，分别扮演训练中的"你"和供销专家。"你"将用什么语言向专家传达"你"的观点和看法，完美地处理好此事？

在训练②③④中，以提问的方式依次让每一名学生说出各自认为的最佳答案，然后教师和学生共同进行分析、点评。

① 办公空间有限，你不得不将一位供销专家安排在打字员办公桌旁。这位专家是公司的元老，工作一向出色，年薪也相当高；但他常迟到，不到休息时间便去喝茶小憩，桌子总是乱糟糟的，而这会给那些优秀的打字员造成不良影响。你将怎么做？

② 你知道这位可能成为你的客户的人是个蝴蝶标本收集者，你带着业务目的拜访他。你拿出一个标本说："听说您是蝴蝶标本专家，这是我孩子捕到的一只蝴蝶，我把它带来是想请教您它是什么蝴蝶。"你预计可能发生什么样

的情形？该如何化解？

③ 你希望一位执拗的同事按你的建议去做，应怎么办？如何去说服他？

④ 假设你是一家商店的经理，一位顾客闯入你的办公室，怒气冲冲地向你发泄不满，你意识到完全是他的错，应如何走第一步棋？